JN409403

속 빈
여자

속 빈

여자

신아출판사

■ 작가의 말

수필의 매력

나는 음악을 좋아했다. 초등학교 5학년 때 전주 KBS어린이합창단원으로 뽑히기도 했고, 중고등학교 시절에는 틈만 나면 바다르체프스카 작곡 〈소녀의 기도〉를 즐겨 들으며, 가곡을 원어로 외우느라 땀 흘리곤 했다.

막연하나마 성악가를 꿈꾼 적은 있었으나 문학가를 꿈꾼 적은 없었다. 수필과의 인연은 어느 날 응접실 바닥에 떨어진 전북대학교 평생교육원에서 배포한 한 장의 전단지로부터 시작되었다.

늘그막에 수필을 만난 것은 큰 횡재였다. 마치 시간이 뒤로 흐르듯이 더욱 젊은 모습으로 나를 이끌어 수필은 나에게 제2의 사춘기를 가져다 주었다.

이제 낙타봉 속의 물이 다 밭을 때까지 사막의 열풍과 싸우며 오아시스를 찾는 낙타를 본다. 만 6세가 되어서야 영구치가 나기 시작한 낙타라면, 수필의 맛을 짭짭거리는 나는 지금 이빨이 몇 개나 났는지 모르겠다. 세월의 연륜이 쌓이면 서서히 멋과 맛의 향이 조금씩 묻어나지 않을까 싶다.

유난히 멋 부리기를 좋아하는 나는 겉만 멋쟁이가 아니라 내면의 멋도 겸비한 청초한 여인이고 싶다. 나다운 수필을 씀으로써 내 특유의 향이 새록새록 피어나서 내가 즐겁고 더불어 이웃도 향기로워진다면, 이것이 바로 수필이 주는 매력이자 횡재가 아니겠는가. 내 몸에 잘 맞는 수필이란 옷을 지어 입고 오래오래 행복해지고 싶다.

수필을 쓸 수 있도록 지도해주신 김학 교수님을 비롯하여 수필반 문우님 그리고 책을 예쁘게 엮어주신 신아출판사 임직원들께 감사드린다.

2012년 7월

一向 최정순

■ 차례

제 3부 • 수신확인

제 4부 • 어머니의 장독대

제 5부 • 라디오와 엄지발가락

제 6부 • 배다른 형제

제 7부 • 우리 집 10대 뉴스

발문

벽그림

沐 川

지난봄 어두운 방구석에서
벽이랑 앓고 난 뒤
벽에 못을 모조리 뽑아버렸다

한결 가벼워진 나의 벽
지금 그림 하나만이
눈부시다

저 '창밖에 해바라기'

제 1부

봄이 입덧 났네

봄이 입덧 났네

봄이 입덧 났네, 하늘과 땅, 앞산과 뒤뜰, 마을마다 입덧이 나서 몸살을 앓고 있다.

문을 박차고 나가보자. 하늘은 눈을 감았다 떴다 하며 뿌연 안개를 토하고, 땅은 어디서 물을 게워내는지 졸졸거리고, 바람은 황사까지 토해낸다. 나무는 파랗게 내장을 토하고, 꽃은 울긋불긋 선혈을 토한다. 새들도 주둥이가 가려운지 제 겨드랑이를 쪼아댄다. 봄바람에 옷자락 휘날리며 봄에 미쳐서 나도 봄날을 간다.

입덧 난 이 봄에 누구를 만나랴. 내가 처음 입덧하던 그때를 만날까. 아니지, 그보다도 더 먼 먼 우리 엄마를 만나겠지…….

누가 나더러 가장 행복했던 시절이 언제였느냐고 묻는다면, 입덧하던 때였다고 서슴없이 말하리라. 봄날의 변덕만큼이나 입덧은 몸에 울렁거리는 이상한 기류가 흐르게 하고, 불면증과 변비로 피부를 까칠하게 만들며, 우울하고 짜증이 나며, 어지럽고, 나중엔 허벅지까지 거북등처럼 트게 하여 몸매마저 앗아가버렸다. 입맛은 요사 간사해서 조석 변덕을 떨어 빼덕어멈만큼이나 비위맞추기가 어려웠다. 음식이 입맛에 맞지 않으면 그냥 토해버리기도 하고, 청개구리 같아 여름철에 겨울 음식을, 겨울철에 여름 음식을 찾기도 하며, 어느 때는 호랑이 눈썹도 뽑아 오라 하고, 또 어느 때는 하늘의 별도 따오라고 하니, 그야말로 입덧의 변덕과 위세는 담을 넘어 하늘에 닿았다. 그러다가 입덧은 마치 한 병사가 천 리 길을 달려와 승전보를 전하고는 기진하여 쓰러지듯이, 결국은 회오리바람처럼 스러져버렸다.

하지만 그 시절이야말로 내 인생에 꽃이었으니 어찌 행복하다 하지 않겠는가.

봄을 걷다 보면 어머니가 그립다. 나를 붙안고 이러한 봄을 얼마나 겪어야 했을까. 엄마의 입덧으로 내가 태어났으니 말이다. 여름의 만삭을 거쳐 가을에 분만의 기쁨을 낳는 봄은 무엇을 먹는 걸까. 아무거나 함부로 먹지 못해서 저리도 꽃샘바람에 아지랑이 하늘하늘 요동치고 있는 것은 아닐까. 새 하늘, 새 바람, 새 구름을 먹느라 꽃피고 새 울고, 나를 꼬집기까지 하는 걸까. 아무거나 먹지 말고 고운 꿈만 먹자고, 우리 엄마가 달래 무침에 쑥국을 끓여 먹고 들었을 저 쑥국새 소리, 오늘도 어디선가 푸룻푸룻 들려오는데, 내 어찌 구정물을 마시랴. 내 어찌 궂은 말을 지껄이랴. 봄날의 입덧으로 꽃샘바람 속에 허기진 문을 열고 활짝 꽃피어 나부끼고 싶다. 그리하여 한 잎 두 잎 스러져서 결실의 가을을 맞으리라.

인생은 생 전체가 입덧 난 봄인지도 모른다. 더 큰 또 하나의 태동일까. 살면 살수록 자꾸만 그리워지는 인생, 자꾸만 더 보듬어 보고 싶어 몸부림치는 인생, 이 봄날과 함께 나도 입덧이 났다 하자. 결국, 흐르는 세월과 함께 스러져버릴 봄날의 입덧. 저기 저 입덧 난 눈물겨운 내 꽃 한 송이를 바라본다.

(2008. 4. 17.)

'별장'을 나는 새

드디어, 아파트로 이사를 간다. 엊그제 아파트 계약을 했다. 작년 가을부터 집을 보러 다녔다. 집이 마음에 들면 돈이 모자라고, 돈이 맞으면 집이 마음에 들지 않고, 입에 맞는 떡이 없었다.

전셋집을 전전하다 결혼 10년 만에 장만한 집에서 여태껏 살았다. 화산공원 끝자락에 자리한 집을 사람들은 '별장' 이라 부르며, 나에게 '산장의 여인' 이란 별명까지 붙여주었다. 창문을 열면 푸른 소나무가 손에 닿을 듯 너울거리고, 하늘이 그만큼 더 가까운 산기슭, 달빛도 별빛도 먼저 닿는 곳, 7, 80년대 한여름 가뭄에도 급수차가 물탱크 가득 그것도 공짜로 채워주니 그야말로 도심 속 '별장' 이 아니겠는가.

이사한 날 밤 눈이 내리면 잘 산다더니, 그래선지 그해 초등학교 2학년인 아들이 어느새 장가들어 자식을 낳아 손자가 초등학교에 다니고 있다. 이사 기념목이라 할 목련, 라일락, 단풍나무 등 그때 심은 나무들이 무성하게 자라 새들의 둥지가 되기도 하고, 산소에서 옮겨다 심은 더덕, 도라지, 둥굴레가 어머니 산소에 온 기분을 자아내게도 한다. 심지도 않은 웬 감나무가 싹을 틔우더니 어느새 철이 들어 가을

날 볼때기에 반점을 찍은 먹감이 대롱대롱. 혹여 내가 쑥대머리 한 가락을 목청껏 불러재껴도, 손녀가 피아노를 마구 두들겨댄다 해도, 불평할 사람 하나 없는 이웃이다. 감자 양파 상자가 토방에 놓여 있고, 동치미 항아리가 계단 밑에 묻혀 있다. 저장마늘이 서까래 줄에 매달려 그네를 타고, 이따금 된장국 끓는 냄새가 담을 넘어 길 가는 사람의 입안에 침을 고이게도 하는 단독주택. 심지어 강아지를 키워도 송아지같이 컸다. 이런 집을 어른들은 집터가 좋아서라 했다. 남 보기엔 작고 보잘것없는 집일지라도 나는 항상 이 세상에 둘도 없는 '별장' 이라 생각하고 살아왔다. 내 인생의 절반을 이 집에 묻고 살았다 해도 과언은 아니다.

정든 집을 바꾸기란 '성씨' 를 바꾸기보다 더 어려운 것인가. 고향 산천 계곡에서 시집온 돌멩이까지도 희로애락을 같이 나누며 살아왔는데 두고 떠나야 하니 마음에 걸린다. 저것들은 내 마음을 아는지 모르는지 알면서도 모르는 체하는지 그저 무심하다.

아파트로 이사하려면 살림을 거의 버리다시피 해야 한단다. 항아리, 광주리에다 솜이불이며 잡다한 책이랑 낡은 농짝, 괭이, 삽, 싸리비까지 이렇게 버리다가는 절구통은 물론 마지막엔 나까지도 버리라고 하겠다. 정이란 들기보다 떼기가 더 어렵다더니. 어스름 솔 냄새에 젖어오는 소쩍새 소리며, 옆집 영경이네, 미장원집, 계단 문턱에 앉아 쉬어가던 뒷골 할머니까지 어떻게 떼고 가야 할지, 그리고 어느 것을 또 챙겨가야 할지 머릿속이 복잡하다.

사람들은 집을 사고 팔며 재산을 잘도 늘려가던데, 경제에 둔감한 나는 분수에 맞게 사는 데만 급급했다고나 할까. 아파트 붐이 일면서 도시개발이나 택지개발로 단독주택의 인기는 뒤로 밀려났고, 집값도 차츰 내려갔다. 어떤 밤이면 벽 마디가 금이 가는지 둔탁한 소리가 났다. 얼굴에 주름이 깊어만 가는 내 몸 같은 이 '별장' 을 누구에게 맡겨야 할지 눈물이 난다. 아파트로는 이사 가지 않겠다고 버티던 내 고집이 무너진 까닭은, 누군가가 등을 떠밀어주길 바랐던 것은 아닐까? 그네를 한 번만 힘껏 밀어주면 창공을 차고 나가 구름 속을 나는 한 마리 새인가. 그때 그네를 밀어준 것이 큰아들 내외였다. 딸 같은 며느리의 배려가 없었다면 나는 아파트로 날지 못했을 것이다.

사람이 살아가는 데 기초적인 바탕이 의식주다. 우리나라처럼 집을 투기의 대상으로 삼는 나라도 드물 것이다. '공인중개사' 의 첫 마디가 뭐니뭐니해도 '팔기 좋은 집' 이 제일 좋은 집이란다. 계약도 하지 않았는데 팔아 이득을 남길 생각부터 하라니, 조언치고는 좀 아이러니하다. 살기 위한 집이 아니라 팔기 위해서 산다는 논리가 아닌가.

이제 화산기슭을 날던 새는 동향집에서 앞이 확 트인 정남향받이 아파트를 찾아 떠난다. 아파트라는 새 '별장' 은 어떤 곳일까? 시집오던 날 설렘 같은 또 하나의 새로운 시작이다.

나는 어디에 살든 행복을 나래칠 수 있는 둥지, 나의 집을 낙원 같은 별장이라 부르며 살 것이다.

(2007. 7. 16.)

숯

경기가 어려운 요즘 마음놓고 방바닥에 불 한번 제대로 따끈하게 지피는 집이 몇이나 될까? 아끼고 아끼던 보일러를 틀고는 두어 시간 깜빡 잊었다. 그랬더니 등이 뜨끈뜨끈하고 혀를 감싸고 도는 침마저도 팥빙수처럼 달콤했다.

들녘에서 자란 내 어린 시절엔 땔감이 참 귀했다. 짚이나 검불, 겨, 톱밥까지도 땔감으로 사용했다. 어쩌다 집안에 애경사가 있거나 메주를 끓이는 날에는 장작을 지폈다. 처마 밑에 차곡차곡 쟁여놓은 장작은 마치 통장의 예금처럼, 보기만 해도 등골이 뜨뜻한 기분이었다. 그런 만큼 바늘구멍에서 황소바람이 들어오는 겨울철이나 눅눅한 여름철 장마 때를 대비해 땔감을 준비해 놓지 않으면 안 되었다.

땔감에 따라 불을 지피는 방법도 여러 가지였다. 짚은 바싹 말라야 불탐이 좋다. 한 줌씩 쥐고는 나락을 훑어낸 쪽부터, 화투짝처럼 쫙 펴고는 재를 다독여 가며 때야 잘 탔다.

겨나 톱밥은 먼저 불을 붙일 때 짚으로 똬리를 틀어 쇠 대롱 끝에 놓고 풀무질을 해가며 땠다. 왼손으로 한 줌씩 쥐어 던지는 겨와 오른

손으로 돌리는 풀무질 시간이 잘 맞아야 구멍이 생기지 않고 제대로 잘 탔다.

땔감의 으뜸인 장작불은 먼저 장작을 얼기설기 놓고, 관솔이나 가리나무로 불쏘시개를 만들어 불을 붙였다. 잘 타는 장작불도 자꾸 들쑤시면 꺼지기 일쑤였다. 무엇이든지 알고 보면 쉬운 것 같지만 그렇지가 않았다. 불을 지피는 요령을 모르면 밥이 죽이 될 수도 있으니 말이다. 정성을 다해 불을 지펴야 했다.

아궁이와 바람은 한마디로 궁합이 맞아떨어져야 하는데 그렇지 않을 때가 종종 있었다. 땔감을 타박하지 않는 아궁이지만 바람한테만은 너무 민감하였다. 방 쪽에서 아궁이 쪽으로 북풍이 부는 날은 여지없이 눈에서 눈물을 쏟아야 했다. 그러다가도 아궁이 쪽에서 방 쪽으로 남풍이 불면 한 뼘 불꽃이 고래를 타고 빨려 들어가 방바닥이 들끓었다. 어쩌면 그리도 요즘 경기와 비슷한지 모를 일이었다. 아궁이와 바람의 관계가 마치 경기와 주식의 관계와 같다고나 할까.

장작을 지피는 날에는 으레 숯이 만들어졌다. 장작이 활활 타 불꽃이 절정에 다다랐을 때 이글거리는 불덩이를 아궁이에서 끄집어내야 했다. 바로 이때가 경제가 잘 나갈 때며 잘 살 때다. 이때 미래를 대비해서 불덩이가 재가 되기 전에, 숯을 만들지 않으면 아니 되었다. 이것 또한 요령이 필요했다. 끄집어낸 불덩이에 공기가 통하지 못하도록 질그릇이나 물을 뿌려서 더 이상 연소되는 것을 막으면 그야말로 화력이 강한 숯덩이가 만들어졌다. 타이밍에 맞춰서 불덩이를 끄집어내지 않으면 숯덩이는커녕 재가 되고 말았다. 어머니는 늘 이런 방법으로 숯을 만들어 쓰셨다. 아무리 원시적인 방법이라 할지라도 어머니의 경제는 숯이었으며 숯은 어머니의 생활이었다.

'무엇이든지 있을 때 아껴라.' 하시던 어머니의 말씀을 되새겨본다.

이렇게 만든 숯은 화롯불을 피울 때, 다림질하고, 약을 달일 때는 늘 긴요하게 쓰였다.

숯덩이를 '애가 타서 까맣게 타버린 가슴' 이라고 말하기도 하지만 숯이 정말 까만 존재던가. 이는 필경 숯의 겉모양만을 보고, 몸속에 활화산이 잠재한다는 것을 모르고 하는 말일 것이다. 숯덩이에 불이 붙여지는 순간, 국밥이나 약탕기가 끓었다. 이는 마치 지금은 비록 경기가 꽁꽁 얼어붙어 숯처럼 검지만, 숯 속에 있는 잠재력이 발휘되는 날, 바닥을 치던 경기가 살아올라 캄캄했던 주식시장과 환율이 제자리를 찾는 것은 물론, 경제를 더욱 훈훈하게 데울 것이기 때문이다. 숯은 미래의 불이며 희망이다. 지금은 경제가 어둡다. 마치 숯처럼 새까맣다. 우리는 지금 숯처럼 구워지고 있는 것은 아닐까?

(2009. 1. 14.)

해바라기

내 닉네임은 '해바라기' 다. 이렇게 이름 붙인 뒤로 지금까지 사람들은 나를 해바라기라 부른다. 이름을 부르는 것보다 친근감이 들어 오히려 좋다. 행여 누가 해바라기를 소재로 글이라도 썼다면 내 애칭을 빼앗기지나 않을까 조바심마저 든다. 우연찮게 붙여진 닉네임, 그 많은 꽃 중에 하필이면 왜 해바라기라 했을까.

어렸을 적 일이다. 사립문 옆에 심지도 않은 해바라기 한 포기가 자라고 있었다. 호박구덩이의 거름 덕이었을까. 대가 어찌나 튼실하게 자랐던지 장에 내다 팔 수탉을 묶어놓기도 했고, 등을 기대고 서서 어머니 오시기를 기다리기도 했다. 어머니의 귀가가 늦을 때 울먹이며 푸념을 털어놓으면 묵묵부답으로 받아주던 동무 같은 해바라기! 손으로 만지작거려서 들기름을 바른 것처럼 줄기가 반짝거렸다. 그날도 어머니는 동생들을 앞세우고 나들이에 나서면서 나에게 집을 잘 보라고 신신당부하셨다. 무엇이 그리 손 탈 것들이 많았는지, 그렇다고 집에 도둑이 든다 한들 어린 내가 어찌 감당할 수 있겠는가. 그러나 그것을 모를 어머니가 아니셨다. 간식거리라야 겨우 찐 감자 몇 알과 누룽지가 고작이었지만 다행인 것은 동생이 없었으니 다 내 몫이었다. 어머니가 나가신 뒤 나는 간식거리가 담긴 쪽박을 들고 사립문 옆 해바라기에 등을 기대고 앉아 어머니가 오실 때까지 그 자리를 맴돌았으니 참 고집스러운 아이였다. 마당에서는 닭과 강아지가 쫓고 쫓기는 신파극을 벌이다가 요강에 부어놓은 물을 한 모금 찍어 목을 축였다. 해바라기 이파리 너머로 무서운 공동묘지가 보였다 안 보였다 하는 사이 두둥실 떠가는 뭉게구름이랑 무희처럼 고추잠자리가 점점 내 가슴에 꿈을 찍고 날면, 나는 그만 조는 닭처럼 비실거리다가 웬 거지가 사립문을 밀치고 들어서면 무서워서 쌀까지 퍼다 주기 일쑤였다. 어머니가 오실 무렵 해바라기 머리가 서쪽으로 기울 때쯤이면 지붕 위의 박은 허연 배를 드러낸 채 늘어지게 한잠 자고 깨어났을까. 하품하며 하얀 박꽃을 피울 채비를 하곤 했다. 나도 박꽃이 필 무렵이면 아무 일도 없었다는 듯이 눈두덩의 눈물 자국을 손바닥으로 닦아댔다.

어머니 보따리 속에 들어 있을 해바라기 꽃이 그려진 코빼기 고무신을 상상하면 종일 무섭고 서러웠던 마음이 풀리기도 했다. 나야 꽃신을 생각하며 어머니를 기다렸지만, 해바라기는 한 마디 불평도 없이 고개를 떨어뜨리고 누구를 기다렸을까. 일편단심 태양을 그리워하다 끝내는 그리움이 변하여 사무친 미움처럼 타버린 가슴에 새까맣도록 알알이 여문 씨알을 안고 가을을 맞는 해바라기! 이것 또한 내가 해바라기처럼 훌쩍 자란 뒤에야 알았다. 그런 해바라기를 내가 어찌 좋아하지 않으랴. 이렇게 맺어진 인연으로 나는 그 많고 많은 꽃 중에서 해바라기를 나의 애칭으로 삼아 해바라기로 산다. (2011. 9. 18.)

꽃물

그날 아침엔 까치도 울지 않았다. 내가 못 들었는지도 모른다. 4월 어느 날, 전화 한 통은커녕 아무런 기별도 없이 불쑥 찾아온 손님이 있었다.

일곱 형제 중 무녀리인 나는 초등학교 시절에 툭하면 두드러기가 솟고 초학을 앓아 키니네를 입에 달고 살았다. 자고 나면 눈곱이 낀 눈꺼풀을 할머니는 침을 발라 떼어주곤 하셨다. 이처럼 병약했던 나는 늘 핼쑥한 얼굴에 마른버짐이 퍼져 까칠했고, 목은 기느다랗고 종아리는 새다리였다. 거기다가 먹성조차 까다로워서 밥상머리에 앉으면 콩을 가려냈으니 그 꼴이 어떠했을까. 그저 눈만 커서 '눈보'라 부르게 된 것도 무리는 아니었다. 그래도 성적만은 상위권에 들었다.

여자는 모름지기 둥근달을 가슴에 품고 있으면서 때로는 초사흘 달처럼 핏기 없는 핼쑥한 얼굴이 더 예쁠 때도 있다. 어느덧 허약했던 내가 여중생이 되었다. 교복은 아예 3학년 때까지 입을 요량으로 크게 맞춰서 버마재비 모양에 운동화는 늘 논흙이 묻어 있었다. 어설픈 시골뜨기 여학생이었지만 새끼줄에 매달린 오뉴월 오이처럼 하루가 모르게 달라졌다.

젖가슴은 몽실몽실 망울이 생기기 시작했고, 볼기와 새다리도 개구리 뒷다리처럼 토실토실 살이 올랐다. 갸름한 얼굴에, 귀밑에는 버들강아지처럼 보송보송 명주 털이 돋고, 속눈썹은 꽃술처럼 피어났으며, 복숭앗빛 볼에 발그레한 입술 사이로 드러난 이가 유난히도 반들거렸다. 피부는 화사해서 엄마 가루분을 몰래 발랐느냐며 짓궂은 애들은 내 볼에다 코를 바짝 대고 냄새를 맡았던 기억이 난다. 하얀 깃을 단 까만 교복차림이 이젠 버마재비 모양을 벗고, 물 오른 버들개지랄까, 물 찬 제비처럼 S자 몸매를 만들어갔다. 더욱 두드러진 것은, 생각과 행동이 몸을 따라 나선 것이다.

창피하고 부끄러운 것, 아름답고 멋스러운 것을 알고, 때로는 내숭도 떨었다. 그리고 이성에도 조금씩 눈을 떴다. 성적이 떨어지면 창피해서 더 열심히 공부했고, 부끄럼을 타서 혀를 날름거리는 버릇도 생겼다. 요 밑에 깔아 주름을 잡은 바지를 입고 애교 머리로 멋을 부렸으며, 손수건, 손거울, 빗은 가방 속에 항상 챙겨서 다녔다.

옆집에 잘생긴 남학생이 하숙하고 있었다. 우물가에서 양말이나 손수건을 빨고 있으면, 그집 대청마루에서 영어책 읽는 소리가 춘향 고을 이 도령의 사서삼경 읽는 소리처럼 들렸다. 그래서 내 딴엔 영어단어도 열심히 외웠고, 영어노래로 오락시간엔 인기가 좋던 여고 시절도 있었다.

'꽃물' 이 툭! 터지던 순간, 심장이 뛰고, 땅이 진동하고, 태양이 곤두박질쳐 눈앞이 캄캄했다. 반세기란 세월이 흘렀는데도 잊히지 않는다. 내 나이 열다섯 살 때였다. 느닷없이 불쑥 찾아온 손님 때문에 나는 어찌해야 할지 몰랐다. 행여 누가 알까 싶어 골방 구석으로 도망가서 두려움에 떨었다. 내 옆엔 할머니마저도 계시지 않았다. 내 문제는 나 스스로 헤쳐나가야 한다는 사실을 처음으로 경험했다. 그해 4월의 봄은 나에게 가혹하리만치 잔인했다. 내 살갗을 찢고 화산처럼 치솟은 꽃물, 꽃물이 찾아왔을 때 비로소 나는 꽃을 피우기 시작한 것이다. 마땅히 축복받아야 할 일이었을 텐데 왜 그리도 부끄럽고, 창피하고 두려웠던지, 열 번을 돌이켜봐도 그때를 생각하면 얼굴이 화끈거린다.

이제 꽃물은 내 곁을 떠났다. 꽃물, 너를 보내고 나는 내 정신이 아니었다. 순장殉葬이라도 하고 싶었다. 우리는 28일을 주기로 40년이란 세월을 같이 보냈다. 그런 너를 내가 어찌 잊으랴! 견디다 못한 나머지 '에스트로겐'이란 친구와 사귀어 봤지만, 첫정인 너만 했으려고! 너도 나를 못 잊어 초사흘 달이 되어, 보름달이 되어, 싸늘한 새벽달이 되어, 어느 땐 구름에 가려진 낮달이 되어, 너의 넋은 내 곁을 지금도 맴돌고 있지 않느냐. 우린 비록 떨어져 있지만 내 목숨 다하는 그날까지 너는 내 마음속에 고이 간직되어 있으리라.

불쑥 꽃물이 찾아왔던 때가 내 인생의 봄날이었다면, 지금 나는 가을을 살고 있다. 잎이 무성했던 여름을 지나 여기까지 온 것이다. 인생은 한 번 꽃피어 일생을 나부끼며 흘리가는 꽃길. 비가 오나 눈이 오나 폭풍이 아무리 내리쳐도 꽃은 시들 때까지 다시 접어 넣을 수 없는 것. 기뻐도 슬퍼도 고통스러워도 꽃은 하늘을 보고 꽃대를 꼿꼿이 추슬러 일어서야 하는 저 벌판의 풀꽃 삶이 아닌가. 기쁨의 눈물인지 슬픔의 눈물인지 꽃들이 짜내는 꽃물. 꽃물 없는 꽃이 어디 있으랴!

꽃물이 마를 때 꽃은 시들고, 폐경을 맞으며 여자의 일생도 접는 것, 참! 서글퍼진다. 이 시기를 여자 아닌 여자로 사는 시기라던데, 할머니도, 어머니도, 이런 삶을 살았고, 내 딸이나 손녀도 그렇게 살아야 하는 것을……. 하지만 꽃이 지지 않고 어떻게 열매를 맺을까. 꽃이 지고 나서야 나의 삶도 열매를 맺을지니, 오묘한 자연의 섭리 앞에 고개 숙여 기도를 올리고 싶다. 풀꽃 하나 시들어 탱글탱글 여무는 씨알을 생각하면서…….

(2008. 3. 23.)

사랑나무
-신혼의 시

沐 川

오늘 당신과 내가 하나로
믿음의 터전에 심은 나무는
사랑 나무
가정 나무
행복 나무입니다

(중략)

기쁠 때나 슬플 때나
사랑의 포옹을 주면
행복의 꽃눈을 잉태하는 사랑 나무

오늘 당신과 내가 하나로
사랑 나무 되어
이 세상에 우뚝 섰습니다

첫날 밤

만나는 사람마다 이사한 첫날 밤이 어떠했느냐며 짓궂게들 물었다. 돼지꿈을 꾸었느냐, 혹시 태몽은 꾸지 않았느냐며 깔깔 웃기도 했다. 모두 이사한 것을 축하해주는 덕담이어서 고마웠다.

첫날밤이란 말만 들어도 감회가 새롭다. 시댁 문지방을 넘어온 지도 벌써 마지막 달력을 39번이나 넘겼건만 시집온 첫날밤이 엊그제 일만 같다.

짝꿍을 만난 것은 담임선생님의 소개였다. 같은 직장에서 3년간의 열애 끝에 결혼했다. 그 당시 짝꿍은 혼기가 차 집안에서 점지한 처자와 결혼시키려고 서둘렀건만 마다하고 나와 결혼한 것을 보면 인연이란 따로 있나 보다. 이성의 눈이 빨리 뜨인 편은 아니지만, 여자 나이 열아홉이면 지나가던 원님도 쳐다본다던데, 아침햇살에 영롱한 이슬을 머금고 꽃잎 한 장 살포시 펴보려 할 때가 아니던가. 짝꿍 역시 패기와 박력이 넘치는 올곧고 과묵한 성격의 청년이었으니, 잘 어울리는 한 쌍이라고 했다. 내세울 만한 것이라곤 한 가지도 없는 나였다. 그저 노래 부르기만 좋아했다. 서무과에 취직한 지 일주일도 안 되는 나에게 엉뚱한 부탁을 했다. 3월 4일 입학식 날 교가 반주를 하라는 것이었다. 이것은 부탁이 아니라 명령이었다. 이력서에 취미를 '노래 부르기' 라 표기한 덕에 고역을 치른 생각을 하면 지금도 아찔하다. 밤 12시가 넘도록 교가를 연습해서 입학식 때 더듬더듬 큰일을 해냈다. 회식파티에서 노래 부를 기회가 왔다. 입학식 때 창피했던 일을 만회하기에 알맞은 분위기였다. 아일랜드 민요 〈한 떨기 장미꽃〉이란 노래를 하이소프라노로 잘 불렀다. 그 노래에 짝꿍이 홀딱 반했다고나 할까. 이때부터 나의 첫사랑 로맨스는 시작되었다.

드디어 1968년 1월 13일 머리를 올린 새댁은 안방 아랫목에 앉혀졌다. 집안 어른들께 큰절을 올리느라 이마엔 땀이 송알송알 맺히고 고개가 빠지는 것 같았다. 꼭 낀 버선으로 엄지발가락은 멍멍, 가슴을 동여맨 치마끈은 왜 그리도 답답했던지. 마냥 수줍어 눈 한 번 위로 못 뜨고 손끝만 바라보고 앉아 있었던 그때가 그립다. 하품은 몰래 어찌했으며, 내 심부름은 어떻게 해결했는지? 그때 일을 물어보고 싶은데 손위 동서는 벌써 저승으로 가셨다. 동지섣달 짧은 해는 낯선 순창 고을에 나만 남겨두고 떠나버린 오라버니처럼 넘어가 버렸고, 친정은 잊으라는 듯 어둠만이 어린 내 가슴팍을 쓸어내렸다. 신방 윗목엔 물 주전자와 요강이 정갈하게 놓여 있었고, 5촉짜리 꼬마전등이 세 평 남짓한 방안을 은은히 밝히고 있었다. 옥양목에 푸새를 빳빳하게 먹여 꿰맨 이불 홑청은 긴긴 밤 내내 바스락거려 단잠을 못 이루고 새벽을 맞았던 첫날밤이 내 인생의 1막 1장이었던가.

학창 시절 마지막 수학여행을 잊을 수가 없다. 터널을 지날 때면 여학생들은 립스틱을 선생님 입술에 바르기도 하고, 옷섶까지 바늘로 꿰매니 어느 선생님은 견디다 못해 열차 선반 위로 올라가기도 했다. 그때 얄궂게 장난치며 조잘대던 동창생들은 다 어디로 갔는가. 어느

새 백발을 뒤집어쓴 할머니로 변신했을 것이니 말처럼 세월 이길 장사가 있겠는가.

집을 떠나 처음으로 구례 화엄사에서 맞은 첫날 밤, 중천에 뜬 열이레 달은 사춘기 적 소녀의 마음을 속속들이 비춰내는 맑고 청순한 그 차갑고 외로운 달과 함께 한 첫날 밤, 아버지의 죽음 앞에서 자지러지게 통곡하던 십대의 어린 조카딸이 맞아야 했던 첫날 밤도 있다. 일곱 형제 중 맏딸인 나 역시 어머니를 저승으로 보내드리고 어린 동생들을 보며 한없이 울었던 그 착잡했던 첫날 밤 심정이 되살아나 이 순간 자판의 글씨가 흐려 오타를 치고 있다.

남편의 시신을 항아리에 담아 고향산천에 묻고 돌아온 젊은 여인의 첫날 밤은 어떠했을 것이며, 사형선고를 받은 사형수의 첫날 밤은 또 어떠했을까.

우리는 수없이 많은 첫날 밤을 맞으며 살고 있다. 하루하루가 다 첫날 밤이다. 어느 날은 가슴 벅찬 환희의 첫날밤이어서 그대로 꽃이 되는 첫날밤도 있고, 또 어느 때는 고통과 슬픔으로 한밤을 뒤척이며 눈물로 지새는 첫날 밤도 있다. 나이 들어 이런저런 첫날 밤을 생각해보니 인생 하루하루가 다 첫날 밤이란 것을 새삼 깨닫는다. 모든 날이 오늘의 첫날 밤이자 내일을 열어가는 첫날 밤이 아닌가. 이제라도 금쪽같은 첫날 밤을 만들어가야겠다. 어떤 처지의 첫날 밤이 동행할지라도 끌어안고 값지게 맞아야겠다. 그러기에 나는 날마다 신방을 꾸미고 정갈하게 첫날밤을 맞으련다.

(2007. 10. 20.)

아름답고 푸른 도나우강

'아름답고 푸른 도나우 강' 이 새벽을 열며 잔잔히 흐른다. 음악이 그리움을 몰고 온다. 그리움은 몸을 미라처럼 만들어버린다. 색동옷을 입고 훨훨 날아가버린 혼을 달래며 몸을 가다듬어 서서히 숨을 고른다. 팔다리를 유연하게 스트레칭하면서 발레리나처럼 자리를 털고 일어선다. 덩달아 실타래 같은 생각들이 오케스트라가 되어버린다.

'왈츠의 왕' 이라 불리는 요한슈트라우스 2세는 오스트리아의 작곡가이자 지휘자다. 대표작으로는 〈아름답고 푸른 도나우 강〉, 〈빈 숲 속의 이야기〉, 〈박쥐〉 등 많은 곡이 있다.

왈츠란 '선회하다' 란 뜻으로 4분의 3박자의 경쾌한 춤, 남녀가 한 쌍이 되어 원을 그려가며, 딛고 미끄러지고 다시 딛는 스텝을 특징으로 하는 춤곡이다. 멘델스존의 〈봄 노래〉, 모차르트의 〈봄의 왈츠〉 등 많은 왈츠곡이 있지만, 그 중에서도 〈아름답고 푸른 도나우 강〉을 나는 잊을 수가 없다.

여고 1학년 때의 일이다. 새로 부임한 유영수 미남 음악 선생님은 합창단을 만들어 점심시간과 방과 후에 연습을 맹렬히 시켰다. 그해

가을에 있을 전라북도 고등학교 합창경연대회를 앞두고, 연습의 열기는 음악 바이러스가 되어 듣는 이의 마음을 기쁘게 했다. 40명 남짓한 백합송이 같은 여성3부 합창단은 다른 학생들한테는 부러움의 대상이기도 했다. 여성3부 합창은 알토, 메조소프라노, 소프라노로 구성된다. 1학년인데도 나는 알토 파트의 주자였다. 그때 자유곡이 〈아름답고 푸른 도나우 강〉이었다. 오선지에 3부로 그려진 난해한 악보는 음악 이론을 모르고서는 그림의 떡이었으리라. 공부하랴, 연습하랴, 동분서주했던 기억이 새롭다.

연습하면서 어찌 칭찬만 받았을꼬. 크레셴도, 데크레셴도, 피아니시시모, 메조포르테, 감정을 살려서, 때로는 역동적으로, 때로는 춤을 추듯이 등등 수없이 많은 감정표현을 주문했다. 그러다가 지휘봉이며 악보가 우리 쪽으로 날아든 적이 한두 번이 아니었다. 이글거리는 눈동자며, 이마로 흘러내린 머리카락에 오그라들 것만 같은 왼쪽 손가락을 봉선화 씨알을 뿌리듯 터뜨리다가 합창 소리가 양이 안 차면, 활화산처럼 폭발했던 성난 목소리! 그야말로 온몸으로 지휘하셨던 선생님은 세계적인 지휘자 '토스카니니' 보다 더 멋졌다. 그러는 사이 반주가 나오면 저절로 백조가 되어 '도나우 강' 으로 빨려 들어갔다. 악보를 보지 않고도 달달 외웠으며, 다른 파트 음까지도 외워버렸으니 얼마나 연습을 많이 했는지 짐작이 간다. 드디어 백합송이들은 출전하여 2등을 했지만, 경연대회가 끝난 뒤 유영수 선생님의 미모에 여고생들이 반해버렸던 그 시절이 이토록 사무치게 그리워짐은 한 가닥 내 인생의 회한일까. 누군가가 그리워지는 이 계절이 '가을엔 편지를 쓰겠어요.' 란 독백을 낳게 한다.

이 곡을 쓰게 된 동기가 있다. 1866년 8월 오스트리아는 독일의 계책에 말려들어 이웃 나라 프로이센(독일의 동북부 발트 해 기슭에 있던 지방)과 전쟁을 일으켜 7주 만에 패하고 만다. 빈의 여인들은 전쟁터에서 남편과 자식을 잃고, 그토록 좋아하던 음악과 춤은 간데없이 사라지고 빈의 거리는 슬픔과 도탄에 빠진다. 이러한 탄식의 나라 빈의 거리를 다시 회복시킬 방법을 모색한 요한 헤르베크가 그 무렵 흥겨운 왈츠를 많이 작곡한 요한슈트라우스 2세에게 그의 뜻을 권유하여 태어난 곡에 칼 베크 시인의 시를 음악으로 풀어냈던 것이다.

나는 괴로워 슬피 우는 네 모습을 본다.
나는 아직 젊고 영광으로 가득한 네 모습을 본다.
마치 금광 속에 빛나는 황금처럼 거기 진실은 자란다.
도나우 강변에
아름답고 푸른 도나우 강변에.

슬픔과 괴로움을 기쁨과 소망으로 녹여내는 강물인가. 비가 오나 눈이 오나 언제나 변함없이 도도히 흐르는 도나우 강처럼 패전의 고통을 이기고 다시 힘차게 살아나야 한다는 내용으로 작곡된 〈아름답고 푸른 도나우 강〉이 연주되자 마치 도나우 강처럼 열광에 열광이 들끓어 흘렀다. 비엔나뿐만 아니라 유럽, 아니 세계 속으로 흘러서 모든 사람의 마음속에 생동하는 아름답고 푸른 도나우 강물을 적셔주었다.

10월 25일 새벽. 라디오를 켜자 요한슈트라우스 2세가 태어난 날이라며 〈아름답고 푸른 도나우 강〉이 흘러나오고 있었다.

'고요하고 또 아름다운 도나우 강 흐름이여' 로 시작되는 첫 소절을 듣는 순간, 나는 황홀경에 빠져 자리를 털고 일어설 듯 그만 강물이 되고 말았다. 잔잔하면서도 도도한, 그러면서도 경쾌한 리듬은 알프스 산의 만년설을 녹아내리고도 남았다. 도나우 강물은 정화수 되어 실타래처럼 엉킨 응어리들을 부드러운 비단 폭으로 감싸듯 씻어내렸다.

내 발에는 벌써 슈즈가 신겨지고, 앉은뱅이가 벌떡 일어나 춤을 추듯, 늘어지게 하품을 하던 강아지도 귀를 쫑긋 세운다. 뭉게구름도 한결 두둥실, 머리카락을 날리던 장난꾸러기 미풍도 멈칫, 장독대의 항아리들까지도 이리저리 뒤뚱뒤뚱 왈츠에 맞춰 춤을 추는 것 같은 착각에 빠진다. 어디 그뿐인가. 형광판을 현란하게 곤두박질치던 주가도, 환율도 음표가 되어 덩달아 연주하고 있질 않은가. 햇빛이 쏟아지고 온 세상이 한 줄기 강물이 되어 푸른 평원 멀리 둥게둥게 흘러간다.

요즘처럼 경기가 어려운 막바지 임계점에서 허리띠만 졸라맬 것이 아니라, '뛰자 주저앉지 말고 한 걸음 더 뛰자.' 고 아름답고 푸른 강물이 우리를 부르지 않는가.

얽히고 설키고 알록달록한 내 마음속 오케스트라를 연주하며 흐르는 '도나우 강' 처럼 오늘도 내일도 영원히 내 음악을 들으리라.

(2008. 10. 25. 요한슈트라우스 2세가 태어난 날에)

푸른 군대

'죽록원竹綠園' 대숲에 들어서면 내가 마치 사열관이 된 것 같다. 하늘을 향하여 곧게 뻗은 대나무들이 푸른색 군복을 입은 장병처럼 보이니 말이다. 바람결에 서걱이는 댓잎 소리는 군홧발 소리처럼 들리고, 종대로 빼곡히 늘어선 대나무들이 거수경례를 하는 것 같아 나는 짐짓 지휘관처럼 어깨를 펴고 우아하고 당당하게 걷는다.

몇 년 만에 다시 찾은 한더위 속 죽녹원인가. 머리에 푸른 댓잎을 쓴 대나무들은, 아들이 자대배치를 받던 날 연병장을 꽉 메운 군인들처럼 보였다. 벌써 20년도 넘은 일이다. 큰아들을 군대에 입대시켜놓고 자대배치를 받던 날 논산훈련소에 갔다. 훈련소 입구 돌에 새겨진 '이 한 목숨 바쳐'란 글귀를 정녕 잊을 수가 없다. 그날도 오늘처럼 바람 한 점 없는 한여름 말복 무렵이었다. 땡볕에 완전무장을 하고 연병장을 가득 메운 초년병들의 늠름한 모습은 죽록원 대나무들과 똑같았다. 가슴에 단 이름표를 보지 않으면 모두 내 아들 같았으니 말이다. 이름표를 확인하고서야 내 아들임을 안 것같이 8월의 죽록원 대나무 또한 새순은 연한 연두색을 띠었고 연륜이 깊을수록 진녹색에 강한 몸매를 지니고 있었다.

둘째 아들이 엄동설한에 강원도 대성산 밑 어느 골짜기에서 자대배치를 받는다는 연락을 받고 빙판길을 헤치며 찾아갔던 일이 새삼스럽다. 계속 내리는 눈을 치우려고 싸리비를 어깨에 메고 줄지어 가는 내 아들들. 설한 폭풍에도 타협하지 않는 곧은 대나무와 같은 이들을 나는 감히 '싸리비 정신' 이라 불러 보았다. 얼룩무늬 푸른색 군복을 입은 저 젊은이들, 녹색의 상징인 평화! 오로지 평화를 지키기 위해서가 아니던가. 눈물겹도록 자랑스러웠다. 대나무 숲에서는 다른 나무가 자랄 수 없듯이 군대는 오로지 평화를 지키는 정신만이 존재할 뿐이다.

대나무는 50여 일 안에 키가 다 자란다고 한다. 8월의 연두색 대나무는 봄에 돋아난 로켓 모양의 죽순이 훌쩍 자라 어미 키와 맞먹었다. 위로 자라기 전에 먼저 뿌리를 4년 동안 아래로 내리고, 뿌리를 내린 만큼 위로 자라게 하며 무한정 밖으로만 크는 일을 멈추고 조용히 안으로 단단해지는 과정을 거친다니 이것이 바로 대나무가 지닌 '지조' '인내' '절개' 가 아니겠는가. 단단하면서도 가볍고 유연하여 여러 가지 도구로 활용하기가 쉬웠을 것이다. 대나무의 날카로움은 죽창이 되었고, 부드러움은 활이 되어 세상을 바꾸려는 민초들의 무기가 되기도 했다. 빈 마디마디에서 울리는 소리는 가슴에 맺힌 한을 피리로 풀어냈으리라. 할머니 집 뒤란 대숲은 울타리가 되어 여름엔 시원한 바람으로 겨울엔 칼바람을 막아 흙담집을 지켜 주었다.

오래전부터 대나무는 선비들의 정신적 지주로 문갑에서는 좌우명 죽편竹篇이 빛나고, 농가에서는 생활 도구로 가까이해온 것이 한두 가지가 아니었다. 할아비지 곁에는 담뱃대와 효자손이, 농사꾼에게는 갈퀴와 도리깨가 되고, 때로는 자식을 훈계하는 회초리가 되었다. 나의 외할머니가 돌아가셨을 때 어머니는 대나무 지팡이로 땅을 치며 통곡하셨다. 대바늘을 깎아 뜨개질도 하고 동생은 가오리연도 만들어 띄웠다. 어디 그뿐인가. 심지어 동치미 항아리 속에도 댓잎으로 우거지를 질렀으니 말이다. 이름난 소리꾼이 아니더라도 판소리를 하는 국악인이라면 쥘부채 하나는 필수품으로 간직해야 했으니 대나무만큼 사랑을 받으며 우리와 함께한 나무도 드물 것이다.

담양 죽녹원에 다녀온 뒤 나는 가끔 대바람 소리를 듣는다. 늘 푸른 대나무! 나는 그런 너를 닮고 싶다. 단단하면서도 유연하고, 유연하면서도 날카로운 너는 참으로 용감했다. 오늘도 어디선가 스르르 대바람 소리가 스치면 내 마음은 슬프리만치 올곧게 솟아오른 푸르디푸른 죽녹원으로 달린다. 군대 간 아들 같은 푸른 대나무를 덥석 안아 보고 싶다.

(2011. 10. 6.)

터널

사람의 인연은 절묘해서 천생연분이란 따로 있나 보다. 우리 집 막둥이가 이제 긴 터널 하나를 넘는 것인가.

조금은 과장된 말이지만 혼기를 놓치면 제 짝 찾기가 하늘에서 별 따기라서, 그동안 마음이 착잡하였다. 참한 아가씨가 있으니 한번 맞선을 볼 거냐고 연락을 하면, 아들은 매번 전주 아가씨가 먼 창원까지 시집을 오겠느냐며 "제가 알아서 할게요."란 답변으로 엄마 입을 막아버리기 일쑤였다.

값이 비싼 우리 집 골동품인 막둥이를 싼값에 내놓았으니, 좋은 규수가 있으면 소개해 달라며 아들의 내력까지 써서 사진과 함께 농담 반 진담 반으로 내 블로그에 글을 올린 적도 있다.

그렁저렁 올해도 상반기를 넘기나 했는데 아들한테서 전화가 왔다. 사귀고 있는 아가씨와 함께 오겠다는 것이었다. 호랑이 띠인 아들, 몸집만 큰 호랑이인 줄 알았더니 하는 행동은 현대판 손오공인가. 그렇게 허덕이더니 짝을 만났다고 한다. 알고 보니 블로그에 올린 내 글을 그 아가씨가 읽었단다. 이렇게 되면 엄마도 단단히 한몫을 한 셈인가!

빠르게 진행되는 아들의 혼사문제로 창원 가는 버스를 탔다. 딸 덕에 비행기를 탄다지만, 버스를 탄 기분이 비행기를 탄 기분이나 다를 바 없었다. 아들이 8년 동안이나 수도 없이 달린 길, 전주 창원 간 도로를 달리면서 무려 19개나 되는 터널을 만났다.

첫 번째 터널을 벗어났을 때는 햇볕이 솜털구름에 가려 있었다. 제법 긴 터널을 벗어났을 때는 빗방울과 햇볕이 번갈아가며 달리는 버스와 동행했다. 그리고는 아주 긴 터널을 얼마간 달려 나가자 눈부신 풍경이 다가왔다. 어느덧 19개의 터널을 지나 목적지에 다다르고 있었다.

터널 속에서는 햇빛은커녕 흙 한 줌, 물 한 방울, 풀 한 포기, 모기조차도 만날 수 없었다. 불빛과 투지가 없다면 벗어날 수 없는 곳이 터널이다.

인생길이 꼭 터널과 같다는 생각이 들었다. 살아가면서 크고 작은 어려움과 맞서게 된다. 어려움을 좋아하는 사람은 없다. 그것은 옷처럼 입었다 벗었다 할 수 있는 것이 아니다. 싫든 좋든 함께 가야 하는 운명 같은 것이다. 터널 그곳엔 어둠과 두려움만이 있는 것은 아니다. 그곳은 희망의 목적지를 향해 최고의 속력으로 달리는 곳, 삶의 의욕을 불어넣어 주는 치열한 경쟁 터, 반드시 열어야 하는 철갑문으로, 마치 보물섬의 지도를 손에 쥔 몽테크리스토 백작처럼 탈옥을 꿈꾸며 복수의 칼을 갈아 암벽을 뚫듯이, 희망의 불을 질러야 하는 곳이다. 터널을 뚫지 못한다면 산을 굽이굽이 돌아, 강을 건너고 건너도 평생 목적지에 도달하지 못할 수도 있다. 지름길을 뚫어준 값진 생명선과도 같은 터널이 있다는 것은 얼마나 고마운 일인가.

아들아! 너는 이제 반려자를 만난 터널 하나를 지났다. 네가 오가는 전주 창원 간에도 19개나 되는 터널이 있을진대, 앞으로 가정을 이뤄

가자면 크고 작은 더 많은 터널을 지나야 할 것이다. 이젠 반려자와 동행하는 터널. 더욱 희망찬 터널을 함께 뚫어 가리라 믿는다. 터널이 없는 생활이란 제자리에 있는 거와 같다. 터널을 뚫고 지나야 한다. 그래야만 더욱 새롭고 너른 세계, 감동적인 절경도 볼 수가 있으니 말이다.

아파트 앞 동 어느 댁에선가 집을 수리하고 있다. 철판을 뚫는지 나무판을 뚫는지 드릴 소리가 오늘따라 소음이 아닌, 터널을 뚫는 개선행진곡처럼 들린다.

(2008. 10. 4.)

마늘 향수

아낙에게는 시댁식구들이 어렵다지만, 나에게는 아들과 며느리, 손자도 그에 못지않게 어렵다. 설이 바짝 다가와서야 집 안 곳곳을 치우기로 했다. 후손들한테 말로만 잘하라고 해서 무엇하랴. 내가 실제로 잘하고 사는 모습이 바로 아이들한테는 좋은 표본이 아니겠는가.

'저것들을 치워야지.' 하면서 현관 한쪽 구석에 쌓은 채 하루에도 수없이 보아온 상자, 어느덧 한철이 훌쩍 지나고 설이 코앞인 날, 상자 하나를 열었다. 여는 순간 하마터면 기절초풍할 뻔했다. 내 딴에는 살림을 알뜰하게 한다고 자부했건만 이렇게도 허술하다니! 누가 볼세라 서너 개나 되는 상자를 부랴부랴 정리하면서, 자고로 여자는 눈보다 손이 부지런해야 한다고 하시던 어머님의 말씀을 떠올렸다.

초여름에 사놓은 운봉 감자는 갈치 감자조림으로 여름 내내 인기가 최고였는데 가을로 접어들면서 김장 무에 밀려 아직도 반 박스 남짓이나 남아있다. 물 한 방울 준 일도 없는데 박스 속에서 뿌리와 줄기를 내려 밤톨만 한 새끼 감자가 줄기 옆에 조랑조랑 달려 있다. 놀라운 일이었다. 종족번식의 몸부림일까. 양파도 마찬가지였다. 싹이 대파처럼 자랐다. 다른 상자에는 두 접 남짓한 마늘이 파릇한 새순을 뾰족뾰족 내밀고 있었다. 감자와 양파를 손질해서 다른 망에 담아 정리

해놓으니 마음이 한결 개운했다.

마늘은 설 안에 손질하지 않으면 반타작이란다. 외출이고 뭐고 컴퓨터까지도 뒤로 밀쳐놓고 마늘을 까기 시작했다. 경상북도 의성의 저장마늘이라기에 얼른 샀건만 여태 쟁여놓은 탓에 겉은 멀쩡한 것 같은데 속은 먼지만 푸석했다. 칼슘이 다 빠져나가 골다공증으로 등이 굽은 할머니의 모습 같았다.

어느 것은 열 쪽도 넘는 조각이 뿌리 쪽에 머리를 맞대고 물구나무서기로 빼곡히 박혀 있었다. 까기는 더뎠지만 마치 가정이란 울타리 안에서 3대가 모여 대가족을 이루고 살았던 우리 집을 연상케 했다. 동생이 마당에서 팽이를 치고 노는 모습이며, 식사를 준비하는 어머니의 도마질 소리, 할머니의 콜록콜록 해소 기침 소리, 대낮에 능청맞게 우는 수탉소리가 꼭 귀에 들리는 것 같은 착각 속에서 손톱만 한 마늘씨를 깠다.

통마늘도 있었다. 독신자 같다는 생각이 들었다. 내가 여학교를 졸업하고 직장생활을 할 때의 모습이 떠올랐다. 처음에는 어찌나 좋던지, 누구의 간섭도 안 받고 눈치 볼 것도 없이 내 마음대로 할 수 있다는 해방감에서 말이다. 절없던 그 시절 그것은 동경의 대상이기도 했다. 하지만 자유로울지는 몰라도 어딘지 모르게 사람 사는 냄새가 나지 않는 고독은 싫다.

육쪽마늘도 있었다. 아들딸 구별 말고 서넛 낳아서 잘 기르자며 꿈속에서 사는 이상적인 가정 같았다. 혼기를 맞아 결혼하고 아들딸을 서넛 낳았으니 꿈결 같은 세월이었겠지. 그러나 산다는 것이 어디 꿈결 같은 세월만 있던가. 이제야 겨우 나를 낳아주신 부모님의 노고에 대하여 조금이나마 알 것 같다.

두 쪽 마늘도 있었다. 두 부부만 사는 핵가족이란 생각이 들었다.

독선적이고 이기적인 것 같지만, 다들 결혼시켜 떠나보내자 저절로 둘만 덜렁 남게 된 부부 같다. 통장에서 자동으로 다 빠져나가고 덜렁 둘만 남게 된 부부, 부부란 자동이체한 월급통장 같은 것인가.

또 어느 것은 한통 속에 박혀 있으면서 썩어버린 낱알이 있는가 하면, 토실토실한 것도 있으니 어찌 보면 가족 중에 누가 병에 걸렸거나, 아니면 사고로 먼저 세상을 떠난 경우가 연상되어 먼저 가버린 동생의 얼굴을 잠시 그려 보기도 했다.

정말 희한한 것은 따로 있었다. 위로 올라온 마늘 대 위에 또 작은 마늘씨가 올망졸망 달려 있어 배다른 형제랄까, 아니면 분가시킨 아들 집이랄까. 너무 신기해 웃음이 저절로 나왔다. 저 푸석한 마늘이 영락없이 나를 보고 웃는 것 같아서 웃음을 참을 수가 없었다. 두 접 남짓한 마늘을 손질하면서 오랜만에 내 형제들의 얼굴을 떠올려 봤다. 썩어 문드러진 마늘에 미안한 생각도 들었다.

내친김에 손질한 마늘을 앉은뱅이 절구통에 넣고 찧어 유리병에 꼭꼭 눌러 담으니 너무나 옹골졌다. 그러다 보니 내 손은, 마늘 향수를 바른 것처럼 늘 마늘 냄새를 풍기셨던 어머니의 손을 닮았다. 코끝에 알싸하게 스며드는 마늘 냄새로 내 곁에 바짝 다가오시는 어머니, 보고 싶고 껴안고 싶은 어머니. 짙은 마늘 향내였을까, 눈물이 흐르는 게 싫지 않았다.

마늘씨를 까며 잠시나마 내가 살아왔던 기억을 더듬어 보고 나만의 환상이랄까 착각에 젖어본 순간, 얼마나 달콤하고 폭신했던지 수천 쪽의 마늘을 까면서도 지루하지 않았다. 이처럼 환상이나 착각도 더러는 필요한 것이려니 싶다. '자고로 여자는 손이 부지런해야 한다.' 하시던 어머님의 말씀을 마늘을 까며 새삼 되뇌어 보았다.

(2008. 2. 4.)

뜨개질 기도

"툭!"하고 새벽의 정적을 깨는 신문 던지는 소리에 잠이 깨었다. 강아지 방울 소리가 가끔 짤랑짤랑 들릴 뿐, 싸락눈 내리는 소리마저도 들리지 않는 새벽 시간, 이미 아들 방엔 등불이 밝혀져 있었다. 결과를 기다리는 엄마와 아들의 마음 무엇이 다르겠는가. 냉엄한 침묵만이 기다리고 있을 뿐이다.

벌써 18년 전의 일이다. 고등학교 3학년에 재학 중이던 큰아들이 대입시험을 치르고 조소하게 합격을 기다리고 있었다. 그때는 학력고사 성적과 내신 성적 그리고 본고사 성적을 합한 점수가 합격 여부를 판가름하던 시절이었다.

답안지도 이미 맞춰보았고, 본인이 채점을 해서 합격 여부를 어렴풋이나마 알고 있을 수도 있었다. 하지만 전국에서 1등급 학생들만 모인 씨름판이라서 합격통지서를 받아보기 전에는 결코 마음을 놓을 수 없었다. 하루하루가 그야말로 살얼음판을 걷는다고나 할까, 무녀巫女가 날카로운 칼날 위를 걷는 기분으로 합격만을 기다리고 있는 때였다.

드디어 합격자 발표 날이 왔다. 기억도 생생한 1989년 12월 21일

아빠와 아들은 합격자발표를 직접 보려고 서울로 올라갔고, 나는 여기저기 신문사에 전화를 걸어 알아보고 있었다. 모든 신문사는 통화량이 많아서 계속 통화 중이었다. 용케도 한겨레신문사와 통화를 할 수 있었다. 수험번호와 이름을 대자, "합격이요, 축하합니다." 하는 소리는 내 평생 잊을 수 없는 '나의 노래' 가 되어버렸다. 보이지도 않는 수화기 속의 안내원에게 절을 수없이 해댔던 일이 기억난다.

"감사합니다! 감사합니다! 하느님!"

그때 종일 외쳐댔던 일이 마치 방금 일어난 일인 것처럼 생생하게 떠올랐다. 그렇게 기분 좋았던 일이 그 뒤 몇 년 동안에는 없었던 것 같다. 팔불출이라도 좋으니 한번 되어 보고도 싶다. 아들은 서울대학교 경영학과에 좋은 성적으로 합격했었으니까.

아들이 정말 고맙고 미더웠다. 합격의 기쁨을 얻게 된 것은 그저 얻은 것이 아니라 아들이 피나는 노력을 한 당연한 결과이었으니까. 아들의 목표를 향하여 엄마도 같이 맞선다면 아들에게 큰 짐을 주는 것 같아서 엄마는 한 발 물러서서 아들을 지켜보는 수밖에 없었다. 흔히 하는 말이지만, 말을 물가에 끌고 갈 수는 있으나 물을 억지로 먹일 수는 없는 일이다. 아들 자신이 갈증을 느껴 물을 열심히 들이켜 준 결과다.

오랜만에 알고 지내던 동생을 거리에서 만났다. 상기된 얼굴에 힘이 넘쳐보였다. 좋은 일이라도 있느냐고 묻자 동생은 속니를 드러내 보이며 웃었다. 말썽꾸러기였던 큰아들 녀석이 올해 수능시험을 치르는데 아들을 위해서 9일기도를 시작했다며 그곳으로 기도하러 가는 중이라고 했다. 그래서 이번 11월 16일이 '대학입학 수학능력시험일' 이라는 것을 알게 되었다. 나는 솔직히 요즘 대학입학시험제도에 대해서 잘 모른다. 하지만 18년 전 내가 이미 겪었던 일이라서 자연스럽게 말문이 터져 나왔다.

"어이, 동생! 그 감격스러운 경사를 이제야 치른다고? 고등학교 3학년 수험생이 있다는 것은 곧 그만큼 젊고 꿈이 있는 생기발랄한 삶의 증표가 아니겠는가?" 하며 동생의 사기를 북돋아 주었다.

"자네의 젊고 활기 넘치는 삶이 부럽기까지 하네, 이 사람아! 참기 어려웠던 날들이 수없이 많았겠지만, 이때처럼 좋은 때는 없다는 것을 먼 훗날에 알게 될 걸세. 기도할 대상이 있고 고민할 대상이 있다는 것, 그 자체가 곧 행복인 거지. 아들을 위해서 9일기도 하러 가는 자네가 퍽 행복하게 보이네. 수험생을 둔 모든 엄마가 지금쯤 어디선가 자식들을 생각하며 촛불을 밝히고 있겠지. 그때 나는 이렇게 기도한 것 같네. 불안하고 초조한 마음을 떨치려고 뜨개질을 다시 시작했고 기도하는 마음으로 한 올 한 올 짰다 풀었다 초저녁잠을 못 이겨 잘못 뜬 올을 풀어서 다시 짜기를 수십 번도 넘게 뜨개질 기도로 많은 날을 보냈었지. 아들 방에 불이 꺼지면 그제야 내 방의 불도 끄고 자리에 누웠으니까. 어느 날 성모님상 앞에서 아들의 기도하는 모습을 본 일이 있었지. 그때 나도 성모님께 아들의 간절한 기도를 들어주시도록 뜨개질 기도를 더 정성껏 바쳤다네. 엄마의 모습에서 아들이 편안함을 얻고 생기를 잃지 않길 바랐었지. 아들 앞에서 나약한 모습이 아닌 초연한 엄마의 모습을 보여주려고 무던히 애를 썼다네. 행복의 문턱을 넘나들고 있는 동생의 기도가 부디 하늘에 닿아 기쁨의 날이 오기 바라네."

늦은 오후 나는 뜨개질감을 챙겨 들고 아들 방 의자에 앉아 보았다. 둘째 아들이 가끔 마다르제스카 곡 〈소녀의 기도〉를 연주했던 육중한 피아노는 그 자리를 지키고 있고, 책상 위엔 파란 망토를 입은 성모님상과 '우등상' 이란 글자가 선명하게 보이는 영어사전이 놓여 있으며,

벽엔 그 시절 청소년들의 우상이었던 '마이클 잭슨' 사진이 18년 전 그 때의 일을 대변이라도 하듯 그대로 붙어 있었다. 세 평 남짓한 이 방에서 꿈을 키웠던 큰아들이 불현듯 보고 싶다. 지금은 두 아이의 아빠가 되어 한 가정의 가장으로, 또 직장에서는 국제재무분석사로 열심히 살아가는 아들을 생각하며 나는 오늘도 내일도 계속 뜨개질을 할 것이다.

(2006. 11월 중순)

우리 오늘 밤은

沐 川

최리나, 우리 오늘 밤은 전등을 켜지 말아요

솔가지 사이 뜨는 달 불러서
창 곁에 달빛 돗자리 펴고
어스름 잠든 대숲의 마음이랑
이슬진 풀잎 입술 한 아름
우리 함께 가슴에 품어 봐요
산기슭 오두막 불 밝힌 창문
감나무 어른거리는 고향의 뜨락
옛날 부엉이 울음소리도 듣고 싶소

어느덧 달은 지고 깜깜한 세상
문밖에 다가온 소쩍새 소리
창문에 스쳐 지나는 반딧불이랑
물안개 너머 잠든 산자락
우리 함께 누워 잠들어 봐요
멀리 가물거리는 등잔불
어머니 다듬이 소리 은은히
우리 함께 포근히 잠들고 싶소

최리나, 우리 오늘 밤은 전등을 켜지 말아요

제 2부

등잔불

등잔불

마을에 전깃불이 들어오기 전까지 우리 집은 등잔불을 밝히고 살았다. 안방과 부뚜막 조왕, 그리고 마루 기둥에 등잔대를 만들어 성냥과 나란히 놓았다. 대두병에는 물같이 맑은 기름이 항상 절반 이상 담겨 있었으며, 기름이 달아난다고 마개를 야무지게 틀어막아 그늘진 곳에 걸어 두었다. 행여 대두병에 성냥을 그어대면 불이 난다며 어찌나 단속했던지 동생과 나는 아예 그쪽으로는 눈길도 주지 않았다. 그 기름이 바로 휘발성이 강한 석유였다.

천둥과 번개를 동반한 비가 억수같이 쏟아지던 어느 날 오후, 마른 장마 끝에 애타게 기다렸던 비라서 아버지는 안도의 숨을 내쉬며 빠른 손놀림으로 집안일을 대충 마치고 삽을 들고 논으로 가셨다.

초가지붕의 호박넝쿨을 타고 쏟아지는 집시랑 물이 금세 빈 항아리에 가득 차올랐다. 낙숫물의 색깔이 간장 같았다. 강아지와 닭들이 덩달아 갈팡질팡했다. 나는 저녁밥을 지으려고 아궁이에 짚불을 지폈고 강아지는 아궁이 옆에 젖은 몸으로 다리를 접고 앉았다. 처마 밑에서 함초롬히 비를 맞은 닭이 고개를 갸웃거리며 장태에 들어가 홰를 쳤다. 비는 멈출 줄 모르고 마당에서 토방으로, 끝내 마루며 방문 창호지까지 적셨다.

방천 둑에 매어 놓았던 송아지랑 염소는 진즉 집으로 끌고 왔건만, 논 물꼬를 보러 가신 아버지는 땅거미가 내리도록 돌아오시지 않았다. 이 무렵 아버지는 심근경색으로 고생하던 터라 한번 발작이 시작되면 얼른 무슨 약인가를 잡수셔야 안정되곤 하였다. 병으로 고생하시는 아버지를, 어린 동생과 나는 걱정이 되어 마냥 기다릴 수만은 없었다. 생각다 못해 호롱 심지를 돋우고 불을 밝혀 논으로 갈 채비를 하였다.

나는 어른들의 등잔 다루는 법을 평소 지켜본 터였다. 마당에서 늦게까지 일을 하실 때는 호롱 심지를 크게 올렸다. 그러면 끄름은 생길망정 불꽃이 커져 사방을 밝게 비췄다. 방에서는 다시 심지를 평상으로 줄이면 끄름도 나지 않고 적당히 밝아져서 공부하기에 좋았다. 기름이 떨어질 때쯤이면 심지가 타들어가 금방이라도 불이 꺼질 것 같다가도 호롱에 석유를 넣으면 거짓말같이 불이 밝아졌다. 대두병에 기름을 미리 준비해 두시는 아버지를 지켜보면서 자랐다. 이렇게 우리 집에서는 한시라도 등잔불이 없으면 저녁에 공부와 일을 할 수가 없었다.

내리던 비는 멎었다. 서쪽 하늘에 금방 떠 있던 초승달은 벌써 지고 없었다. 아마 칠월 초 사나흘쯤이었나 싶다. 등불을 켜들고 동생과 나, 강아지까지 셋이서 강둑을 걷기 시작했다. 낮에는 강아지풀을 꺾어 코에 붙여 콧수염을 달기도 하고 클로버 꽃을 엮어 손목시계와 반지를 만들어 차기도 하며 뛰놀던 방천길, 눈을 감고도 달리는 길이건만 그날 밤의 그 길은 왜 그리도 멀고 무서웠던지……. 논물은 바다처럼 반질거렸으며 무서움을 보태기라도 하듯 맹꽁이는 논배미에서 울어댔다. 몇 해 전에 이 농수로에서 멱을 감다 내 친구 동생이 빠져 죽었던 일이 뜬금없이 떠올랐다. 커다란 '똥항'이 묻힌 공동변소를 지날 때는 언젠가 사촌오빠한테 들었던 측간 귀신이 나올 것만 같았다.

한바탕 내린 비로 하늘은 처량하리만치 맑아 초롱초롱한 별과 은하수가 작은 냇물처럼 흐르고 있었다. 가끔 멀리서 들리는 천둥소리와 함께 번쩍번쩍 번개가 칠 때면 둑길에 서 있는 전봇대가 마치 커다란 뼈다귀처럼 휙 다가왔다. 깡충거리던 강아지도 놀랐던지 낑낑댔다. 그래도 동생과 나는 조금만 참으면 아버지를 만난다는 기대로 무서움을 삼키며 더듬더듬 걷고 있었다. 논이 가까워질수록 만약에 아버지가 그곳에 계시지 않으면 어쩌지 하는 엉뚱한 생각으로 가슴은 두방망이질을 쳤다. 들고 있던 등불마저 휘청거렸다. 드디어 아버지가 계실 논에 이르러 아버지를 불렀다. 이상한 소리에 놀란 맹꽁이들이 잠시 울음을 멈추더니 다시 울기 시작했다. 울음 섞인 목소리로 또 아버지를 불렀다. 그러나 아버지는 대답이 없었다. 무서움과 두려움이 뒤범벅되어 동생과 나는 맹꽁이와 함께 3중창으로 울고 있었다.

그때였다. 논배미 물꼬 쪽에서 아버지의 기척이 들려왔다. 반가움과 서러움이 북받쳐 너 큰 소리로 울었다. 적막한 밤공기는 성능 좋은 마이크가 되어 허허벌판을 울음소리로 메우고 있었다. 아버지는 하던 일을 멈추고 우리 쪽으로 오셨다. 내 일생에 그때처럼 아버지가 반갑고 고마웠으며 커 보였을까. 어린 마음에 최고로 여기던 신부님보다도 우리 아버지가 더 높아 보인 순간이었다. 가톨릭 신자였던 아버지는 기도하면서 하루 전에 비료를 뿌렸기에 논물이 넘치지 않도록 물꼬를 조절하고 계셨던 것이다.

아버지는 동생을 지게에 태우고 나는 아버지의 삼베바지를 움켜쥔 채 강아지랑 졸랑졸랑 재잘거리며 집으로 돌아왔다.

지금도 그 기억이 생생하다. 내 작은 손으로 아버지의 삼베바지를 움켜쥐었던 그 촉감! 땀과 빗물과 눈물로 얼룩진 아버지! 아버지는 방을 밝히고 마당을 밝히고 나를 밝혀주는 등잔불이었다.

(2010. 8. 11. 소나기가 내리던 날에)

이 사람아
저 사람의 행복을 보는 것도
행복 아닌가

– 沐川 시 〈행복론 · 2〉 부분

뚜띠의 행복

우리 집은 만경 벌판을 가로지르는 전라선 철길이 훤히 내려다보이는 언덕배기 초가집이었다. 동네가 소쿠리 속 같다고 해서 '옴속골' 이라 불렀다. 집 앞의 널따란 잔디밭에는 커다란 묘가 군데군데 있어 늦은 하굣길엔 무서웠다. 마을 앞으로는 농수가 흘러 그곳에서 여름철이면 조개도 잡고 멱도 감았다. 개망초 꽃이 흐드러지게 핀 둑길에 매어 놓은 염소가 무서워 돌팔매질했던 추억들이 꼬리를 물고 들썩거린다. 지금도 그때를 생각하면, 내 입가에선 어느새 〈기찻길 옆 오막살이〉 란 동요가 맴돌곤 한다.

시계가 귀했던 그 시절, 우리 집의 시계는 달리는 기차가 대신해 주었다. 방고래를 들썩이며 동이리역으로 진입하는 서울행 완행열차 시간은 자정쯤이었고, 어머니는 아침밥 짓는 시간을 새벽 첫차에 맞추셨다. 어쩌다 비바람 부는 날이면 기차 소리를 듣지 못해서 지각한 적도 있었다. 그 시절 방고래를 들썩여주던 기차가 참 고마웠다. 그렇지 않았더라면 숙제나 시험공부도 못하고 학교에 갔을 것이다. 지금 생각하면 어떻게 살았나 싶지만 그래도 불편한 줄도 모르고, 불평하지도 않으며 살았다.

내가 처음 기차를 탄 것은 일곱 살 때였다. 외가가 전북 진안이어서 기차를 타고 관촌역까지 가서 다시 버스로 갈아타야 했다. 기차는 검은 연기의 힘으로 달리는 줄 알았다. 차창을 닫고 터널을 지났건만 석탄가루가 콧속이며 귓속으로 들어가 까매진 얼굴을 어머니가 수건으로 싹싹 닦아주던 기억이 난다. 내가 만 12세가 넘었는데도 어머니는 으레 내 차표는 반 표를 사셨다. 승무원이 무서워 정강이를 구부리고 개찰구를 빠져나갔던 그때가 그립다.

바로 철둑 너머에서 산 까닭인지 몰라도 동생이 여섯이나 되었다. 다른 애들은 학교에서 돌아오면 놀기에 바빴지만, 나는 큰딸이어서 동생을 보는 게 일이었다. 숙제는 아예 늦은 저녁 이후로 미뤄야만 했다. 어쩌다 친구들과 고무줄놀이를 하다가 내 차례가 되었는데 등에 업힌 동생은 도무지 내리려 하지 않았다. 그럴 때 동생에게 “이따가 ‘뛰뛰’ 보여줄게.” 하면 등에서 얼른 내려왔다. ‘뛰뛰’는 동생의 기차를 일컫는 말이었다. 때마침 대장촌역에서 출발한 기차가 달려오는 모습이 동생의 눈에 들어온 그 순간만은 마음놓고 놀 수가 있었다. 동생이 울지 않고 기차에 빠져 있을 때 나는 고무줄 위에서 곡예를 하듯이 강아지처럼 깡충깡충 잘도 뛰었다.

익산은 교통의 요지여서 통학생의 수가 통학하지 않는 학생 수보다 많았다. 기차가 연착을 하면 첫 시간 수업을 못하고 학생들이 오기를 기다려야 할 때가 종종 있었다. 그러다가 내가 좋아하는 음악 시간이 첫 수업인 날은 기차가 미웠지만, 싫어하는 수학이 첫 시간이거나 숙제를 안 해온 날은 안도의 한숨을 내쉬었으니 도대체 나는 공부를 잘하는 학생이었을까.

여상을 졸업한 나는 담임선생님의 추천으로 전주에 있는 어느 중학교 서무과에 취직이 되었다. 인연이 되려고 그랬던지, 그해 가을 구례 화엄사로 수학여행을 갔다. 기차여행은 분위기를 만드는 요술쟁이라고나 할까.

고등학교 1학년 때 여수로 수학여행 갔을 때도 감성적인 내가 담임 선생님의 눈에 띄었고 그 뒤부터 선생님은 나를 예뻐하셨는데, 이번에는 노총각 선생의 눈에 내가 띈 것이다. 이런 사연으로 첫사랑의 스파크가 튄 것도 기차 속이었다. 서무과 여직원이 수학여행에 따라나선 것부터가 미리 암시해 주는 영화의 한 장면 같다는 생각이 든다. 의욕이 넘치는 총각 선생님의 눈에 막 이성에 눈을 뜬 스물한 살짜리 처녀가 어떻게 보였을까. 그날 밤 화엄사 동백나무 사이에 뜬 달은 청춘남녀의 결합을 예측했을까. 학생들 틈새에서 나를 챙겨주고 보살펴주었던 추억을 말하자니 갑자기 낯이 화끈거린다.

새로 이사 온 아파트 역시 전라선 철길 옆이라서 새벽잠에서 나를 일깨워 이 글을 쓰도록 도와주는 걸 보면 기차야말로 영원한 나의 동반자려니 싶다.

우리 집은 한마디로 철도 가족이다. 서울에 살고 있는 큰아들 가족들도 KTX가 생긴 뒤부터는 추석이나 설 때면 교통체증으로 고생하는 일 없이 아이들과 기차여행을 즐기며 귀성한다. 용산역에서 익산역까지 소요시간이 1시간 56분이라니, 이 얼마나 고마운 철도인가.

올 추석에도 KTX로 익산역에 도착할 시간에 맞춰서 차를 가지고 마중을 나갔다. 좀 불편하지만 여섯 명이 승용차 안에서 이런저런 얘기를 나누는 중에 기차 이야기가 나오자, 초등학생인 귀염둥이 손녀가 느닷없이 재잘거렸다. "할머니, 우린 기차 가족이야." 손자 녀석도 뒤질세라 먼 빛으로 보이는 철길을 향하여 "고맙다, 철도야!" 하며 외쳐댔다. 할머니인 나도 덩달아 깔깔 웃어댔다. 눈물이 찔끔거릴 정도로 웃었지만 그 까닭을 아무도 알 리 없었다. 다만 핸들을 잡은 할아버지와 할머니인 나 우리 둘만이 아득한 그 옛날 기차 안에서 총각 처녀로서 스파크가 튀었던 사연을 되새기며 빙긋이 미소를 지을 뿐. 나는 철도가 고맙다는 손자손녀의 여린 손을 꼬옥 잡아주었다.

(2009. 10. 23.)

멋쟁이 할머니

횡단보도에서 신호를 기다리고 서 있었다. 어디선가 들릴락 말락 한 목소리가 들려왔다. "우리도 이 할머니 건널 때 함께 건너가자."주위를 둘러보니 꼬마 녀석들과 나뿐이었다. 할머니란 말을 듣는 순간 바람 빠진 고무풍선이 된 기분이랄까. 그래! 내가 할머니지 그럼, 아가씨란 말인가.

그날 내 차림새는 꽤 멋을 부렸었다. 연두색 반코트에 짧은 녹색 치마를 입고 허리에는 벨트까지 매고 있었으니까. 꼬마 녀석들을 놀려주고 싶은 장난기가 발동했다.

"이놈들!" 하고 엄포를 놓고는 녀석들한테,

"내가 할머니같이 보여?" 녀석들은 놀란 토끼처럼 눈을 깜빡이며 "으응, 할머니같이 보여." 하며 겸연쩍은 표정으로 날 바라보더니, "어어엉, 얼굴이 할머니같이 보여." 하는 것이 아닌가.

내가 할머니가 된 지 벌써 10년이다. 큰손자가 올해 열 살로 초등학교 3학년이 되었으니 말이다. 나한테 붙은 할머니란 이름도 다양하다. 외손녀한테 비타민C 레모나 한 봉을 주었더니 그때부터 내가 '레모나 할머니' 가 되었고, 우리 수녀님은 주제 파악을 못하는 나더러 충격 좀 먹어 보라는 투로 '할미' 라고 부른다. 할머니가 됐든 할미가 됐든 나는 분명 할머니이니까.

오늘도 나는 어떤 모습의 할머니가 될 것인가 고민하면서, 분단장도 하고 몸치장도 열심히 한다. 겉모습만 가꾸는 할머니가 아니고 컴퓨터 공부도 하고, 수필 공부도 하며, 판소리 공부도 한다. 김치찌개와 고추조림도 맛있게 잘 만드는 할머니라는 것을 우리 손자들한테 알려주고 싶다. 먼 훗날 우리 할머니가 정말로 멋쟁이 할머니였다는 것을, 내 손자손녀들이 자랑스럽게 말할 수 있게 되기를 바란다.

(2006. 9. 14. 밤)

용돈

봄비치고는 여름 장마가 무색할 정도로 많이 내리는 어느 토요일 오후, 전화벨이 울렸다. 혀 짧은 목소리로 "엄마, 오늘 저녁 9시쯤이면 전주에 도착할 거예요." 막둥이의 전화였다.

"그래, 빗길에 조심히 잘 오너라."

5월 8일, 어버이날을 챙겨 주려고, 먼 길 마다치 않고 달려오겠다고 하는 아들이 고맙다. 큰아들네는 서울에서 살고, 딸은 경기도 일산에서 산다. 전화 한 통만으로도 좋을 텐데, 굳이 온다고 기별이 온 것이다. 나는 그때부터 손놀림이 바빠지기 시작했다. 아들이 좋아하는 고등어 김치찌개며, 고추조림, 미역 바지락국을 준비했다. 유난히도 식성이 좋은 아들을 위해서 음식을 만들며 신바람이 났다.

아들이 들어섰다.

"살이 하나도 빠지지 않은 것 같다. 더 찌진 않았어?"

"그럼요. 바지가 헐렁해졌는데요."

"우리 집안엔 비만이 없는데, 너만 그런 이유는 다 본인 탓이다. 본인이 알아서 조절해야지. 그래서 어느 아가씨가 너한테 반하겠어?"

막 들어온 아들한테 아빠가 충고의 말을 건넸다. 퇴근하고 먼 길을 달려온 아들이 얼마나 배가 고플까 싶어 나는 이것저것을 챙겨 아들 앞에다 잔뜩 가져다 놓았다. 이것 먹어 봐 저것 먹어 봐 하며 아들의 먹는 모습만 바라보아도 그저 좋았다. 취직하기 어려운 때, 그러니까 2001년 1월 졸업하기도 전에 직장에 들어갔다. 경상남도 창원에 있는 회사다. 창원에서 전주까지는 넉넉 잡고 3시간 정도 거리다.

나는 지금도 아들이 초등학교 3학년짜리로만 느껴진다. 새벽에 불이 켜져 있어 가만히 문을 열고 들여다보면, 코를 훌쩍거리며 엎드려서 숙제를 하던 모습, 피아노를 열심히 치러 다니던 모습, 도토리로 구슬치기하던 모습, 막대기에 끈을 달아서 낚시질하던 모습, 모형비행기를 만들어 비행기 놀이를 하던 모습, 달걀부침을 만들어 옆집 여자친구와 점심을 먹고 있던 그때의 아들 모습이 생생하다. 그런 아들이 어느새 이렇게 성장해서 의젓한 청년으로 자라준 게 오늘따라 새삼 내 마음을 뭉클하게 한다.

지금은 어엿한 직장인으로 엄마의 용돈을 챙겨주는 아들이 되었다. 막둥이가 더 허물이 없는 이유는 무엇일까, 아직 거느릴 식구가 없어서일까? 막둥이가 결혼해도 이럴까? 같은 아들인데도 큰아들은 조금 어렵고, 딸은 어쩐지 애잔하다. 그런데 이상하게도 막둥이는 그렇지 않다. 막둥이한테는 내가 필요한 어떤 것이든 주문이 바로 나온다.

"엄마, 디지털 카메라 하나 사줄까. 녹음기, 컴퓨터도 새걸로 바꿔드릴까?"하면 "엄마는 현금이 제일 좋아." 이런 농담 비슷한 진담을 해도 부담을 느끼지 않는다. 큰아들은 그렇지 않다. 그래도 큰일은 큰아들이 다 해결해준다. 막둥이가 결혼해서 거느릴 식구가 생긴다면 나도 농담 비슷한 진담은 못하려니 싶다.

다음날 집을 나서면서 깨끗한 봉투 둘을 엄마 앞에 내밀었다. 아빠

것, 엄마 것, 따로 봉투를 만들어서 내밀었다. 전엔 한 봉투에 같이 넣어 주었는데 엄마가 아빠에게 제대로 전해주지 않는다는 사실을 알았기 때문이다.

용돈, 좋은 것이다. 자식들한테 용돈을 받으면 마음이 찡하다. 아주 고마운 생각이 든다. 받는 순간, "아들아! 고맙다." 이런 인사가 절로 나온다. 그런데 아들은 더 마음이 흐뭇하다고 한다. 부모님께 드리는 선물이건, 용돈이건, 그렇게 기분이 좋다고 한다. 받는 기쁨보다 주는 즐거움이 얼마나 행복한 것인가를 나도 안다. 그래서 아들의 마음도 알 수가 있다. 우리 부모들은 자식들이 주는 용돈을 떳떳이 받아야 한다. 자식들의 마음을 알고 있으니까.

아들아! 오늘도 엄마는 너의 전화를 기다리고 있다. 용돈이 궁해서가 아니고 엄마의 손맛에 길든 아들이 음식을 맛있게 먹는 모습이 그리워서다.

(2006. 9. 20. 밤)

잡곡밥

밥을 풀려고 솥을 여는 순간 깜짝 놀랐다. “아침에는 잡곡밥을 지어야 하는데 흰 쌀밥을 짓고 말았네.” 중얼거리며 밥을 펐다. 아니나 다를까. 그냥 넘어가지 않고 젓가락을 든 채 또 한바탕 남편의 잡곡타령을 들으면서 아침 식사를 해야만 했다.

밥의 종류도 사람에 따라 식성만큼이나 다양하다. 무밥과 콩나물밥은 겨울 저녁밥으로 적당하고, 송송 썬 쪽파, 마늘 다진 것, 깨소금, 참기름으로 만든 양념간장과 궁합이 잘 맞는다. 율무 밥은 땀이 많고 즉흥적인 성격을 가진 사람한테 좋다. 폐 기능과 대장을 강하게 해준다. 현미 찹쌀밥은 용하고 꼼꼼한 성격을 가진 사람한테 좋으며 배아라는 소화효소가 다량 함유되어 있어 위장기능을 활성화해준다. 팥보리밥은 호기심이 많고 활동적인 성격을 가진 사람한테 좋다. 팥은 신장과 이뇨작용에 도움을 주는 미용 식품이다. 썩은 팥 한 알에 방귀가 아흔아홉 방이란 속담도 있으니 말이다.

남편의 식사 방법은 유별났다. 1950년대 후반 대학 시절, 고등고시 준비에 혼을 빼앗긴 남편은 심한 신경성 위장병에 시달리고 있었다.

신경성이란 놈은 한번 달라붙으면 평생을 같이 살자고 하니, 식성이 유별날 수밖에. 병은 하난데 약은 수백 가지다.

음식이 맛이 있고 없고는 문제가 아니다. 싱겁고, 맵지 않아야 되고, 기름에 튀기거나 굽거나 탄 음식은 철저히 가려 먹고, 찬물은 마시지 않고 끓여놓은 물도 다시 끓여 마실 정도였다. 자취나 하숙생활을 오래 하여서 어머니께서 지어주신 밥을 먹는 일은 초등학교 시절과 방학이나 휴가를 제외하고는 없었을 것이다.

누구나 싫어하는 음식과 좋아하는 음식이 있기 마련이다. 김장을 마치면 메주를 쑤는데, 고추장 메주는 삶은 콩에 찹쌀떡을 넣어 만든다. 간식이라고는 거의 없던 초등학교 시절, 절구통 가에서 메주콩을 많이 먹고 체했던 생각이 난다. 그날 이후부터는 콩으로 만든 음식을 싫어하게 되어 갱년기 여성들에게 좋다는 콩, 두부, 두유 심지어 우유까지 멀리하게 되었다. 그러다 보니 밥을 지을 때 콩을 놓기 싫었다. 그냥 하얀 쌀밥을 고슬고슬하게 지어 적당히 익은 김치와 척척 걸쳐 먹는 것이 나의 향수 음식이다. 외식할 때 돌솥밥에 콩이 있으면 다 가려내고 비비기 시작했다.

오늘도 어김없이 화장대 위엔 신문 한 장이 놓여 있다. 고구마 다이어트 법에 대한 기사다. 중요한 부분에 밑줄, 화살표, 동그라미 등으로 표시해 놓았다. 꼭 읽어보라는 것이다.

'금강산도 식후경, 시장이 반찬이다.' 란 말을 많이 한다. 조선시대 어느 선비 집에 가서 잘 얻어먹고 왔다는 소문이 파다해서 한 관료가 조사차 선비 집에 갔다. 때가 되어도 밥을 줄 기미는 없고 뱃속에서 쪼르륵 소리가 날 때까지 기다렸다. 밥이 나오는데 꽁보리밥에 반찬은 세 가지뿐이었다. "우리 집은 반찬 다섯 가지를 놓고 먹소." 하니 아무리 밥상을 보아도 반찬은 세 가지뿐인지라, 의아해하는 관료를 보고 선비는 웃으며 말했다.

"상 위에 '시장'과 '따끈따끈'이란 반찬이 있지 않소?" 하더란다. 배가 고프니 무엇인들 맛이 없었겠는가!

이번 추석에 큰아들 식구가 내려왔다. 차례 지낼 밥을 잡곡으로 지을 수가 없어 흰 쌀밥을 올렸더니, 아침 밥상머리에서 큰아들이 "평소에도 이렇게 흰밥을 드세요? 잡곡밥으로 고치세요." 한다. 부전자전인가 보다. 이때를 놓칠세라 편들어준 아들의 힘을 업고서 남편은 나에게 주의를 주기 시작했다.

"그렇게 잡곡밥을 권해도 나 몰라라 한단다. 어느 친구 집엘 가보니 주방머리에 잡곡 병이 6개가 놓여 있는데 밥을 지어놓으면 이것은 밥이 아니라 예술작품이더라." 남의 집 일까지 들먹거리면서 나의 잘못된 식생활 습관을 고쳐볼 셈으로 힘주어 말하는 것이었다. 그날 아침 나는 완전히 건강무식쟁이가 되고 말았다.

나도 알 만큼은 안다. 본인의 건강을 챙긴다는 것은 본인뿐만 아니라 가족을 위한 일이다. 모든 이치가 그러하듯이 건강할 때 건강을 지켜야 함은 두말할 것이 없다. 너무 웰빙이란 말에 끌리지 말고 각자의 건강을 챙기면서 서로 이해하고 다독거려주며 즐거운 마음으로 살아가야 하리라. 앞으로 살아갈 여생이 길지 않은 인생, 잡곡밥도 많이 먹고 콩밥도 아주 많이 먹어야겠다는 생각이 든다.

(2006. 10. 16.)

나무꾼 사모님

3월이 코앞인데도 많은 눈이 내려 날씨는 좀처럼 풀릴 기색이 보이지 않았다. 남편의 발령을 기다리며 뜨개질하던 손을 멈추고 가지고 갈 짐을 챙기고 있었다.

드디어 남편이 고창 상하로 발령이 났다. 두 살배기 딸과 연년생인 아들을 데리고 이사를 하게 되었다. 바로 새마을운동이 일어나던 1970년대였다. 아침이면 새마을노래가 새벽잠을 깨우곤 하던 시절이었다. 여기저기 면 단위에 중학교가 신설되었는데, 고창 상하중학교도 그때 세워진 학교다. 겨우 방 한 칸을 얻어 살림을 붙였다. 부엌이 어디 있으며 수도가 어디 있겠는가. 이곳 사람들도 방을 내놓는 일이 없었던 터라 누구를 원망할 수도 없고 마치 조국을 떠나 이민 온 사람들이 개척하며 살아야 하는 꼴이었다. 불편한 것들을 들추자면 소설을 써야 할 판이다.

제일 견디기 어려웠던 일은 겨울 추위였다. 나무 값이 금값이었다. 뜨개질하기를 좋아하던 나는 나무를 해야겠다는 생각이 들었다. 장날 갈퀴와 낫을 샀다. 다행히도 집 주변이 야산으로 둘러싸여서 나무하기가 좋았다.

생전처음 갈퀴와 낫을 들고 산으로 갔다. 밤새 바람이 불어준 날이면 왕 소나무 잎이 많이 떨어져 있어서 땅은 마치 솔잎 이불을 깔아 놓은 것 같았다. 딸과 아들이 너무 좋아했다. 업었던 아들을 내려놓으면 따듯한 안방인 양 마구 기어 다니면서 놀았다. 나는 콧노래가 절로 나왔다. 갈퀴질을 했다. 금세 한 뭉치의 가리나무가 쌓였다. 점심때가 훨씬 지났는데도 배고픈 줄도 모르고 욕심껏 낙엽을 긁어모았다. 딸아이가 배가 고프다는 듯 엄마를 불러대며 칭얼거리면 나도 배가 고팠고, 젖먹이 아들한테도 젖을 먹일 때가 훨씬 넘은 것을 알게 되었다. 그렇게 갈퀴나무 하는 법도 터득하게 되었는데 이런 나를 사람들은 '나무꾼 사모님'이라고 불렀다. 제일 좋은 갈퀴나무는 솔잎만 있는 낙엽인데 이것을 가리나무라고 했다. 불탐이 좋아 방고래까지 불길이 닿아서 방을 따뜻하게 해줄 뿐만 아니라 고래 쪽 뒤 솥이 먼저 끓는다. 재래식 부엌인데 앞엔 큰솥이 걸려 있고 뒤엔 작은 솥이 걸려 있었다.

낙엽 타는 냄새는 마치 향을 피우는 냄새와 흡사했고, 재 속에 고구마나 밤을 묻어 불씨가 죽지 않도록 다독거려 놓으면, 뜨끈뜨끈한 군고구마와 군밤이 되어 애들 간식거리로는 일품이었다. 저녁밥을 지을 때면 밖에서 놀다가 돌아온 딸과 아들 녀석을 녹여주는 난로 역할까지 했다. 아궁이 앞에 세 모자가 옹기종기 앉아 불을 지필 때면 홍시처럼 볼이 빨갛게 달아올랐다. 어느새 밖은 어둑어둑해지고 눈발이 날리기 시작한다. 이때가 바로 아빠가 오실 시간이다. 애들은 밖으로 나가 아빠가 오는 길 쪽을 바라보곤 했다.

유치원에 보내야 할 딸과 아들은 엄마를 따라 산으로 들로 쏘다니며, 산에 가면 진달래, 산딸기, 맹감, 도토리, 솔방울과 친구가 되었고, 들에선 제비꽃, 강아지풀, 메뚜기 그리고 잠자리랑 친구가 되었다. 집에서는 친구라곤 고작 멍멍이와 병아리가 전부였다.

어쩌다 일요일이면 아빠를 따라 앞산 너머 송곡 저수지에 가서 낚시질하는 것이 아이들에게는 큰 선물이었다. 돌아오는 길엔 갈대 줄기에 붕어 몇 마리를 꿰어 오거나 더러는 다래끼에 붕어는 들어 있지 않고 우렁이만 한 움큼 쏟아져나왔다. 비바람이 치는 날에는 아빠가 가져다 준 헌 시험지 뒷면에 낙서하거나 그림도 그리면서 글자 연습을 하곤 했다.

여름방학이 끝나 고향에서 돌아온 어느 날, 큰방 집 마루엔 큰 흑백 TV 한 대가 놓여 있었다. 동네 이장이신 큰방 할아버지 댁은 유난히도 담배농사를 많이 지었다. 그날 밤 마당에는 멍석이 깔리고 찐 옥수수와 감자, 그리고 맛좋은 막걸리도 나왔다. 마당 한가운데는 담뱃잎이 산더미처럼 쌓여 있었다. TV 연속극 〈여로〉가 시작될 시간이었다. 스무 집 정도가 모여 사는 이 동네에 처음으로 TV가 들어온 것이다.

TV를 보려고 어른, 아이 할 것 없이 모여들었다. 동네 사람들은 간식을 먹고 TV를 보면서 손으로는 열심히 담뱃잎 선별작업을 해주었다. 큰방 할아버지의 기발한 생각이란 것을 알게 되었다.

큰방 집이 농사일로 바빠지면 가끔은 밥 짓는 일을 도왔으며, 소나기가 올 땐 마당에 널어놓은 곡식을 담아 주었고, 더러는 강아지 밥도 내가 챙겨 주었다. 멀리 사는 며느리보다 나하고 정이 더 많이 들었다고 큰방 할머니는 노상 말씀하셨다. 쑥스런 말이지만 동네에서 칭찬을 들으며 살았다.

많은 추억을 남기고 이곳 생활도 거의 끝나갈 무렵, 남편은 전주 근교 학교로 발령을 받았다. 떠나오던 날 늙으신 부모님만 남겨두고 오는 것 같아서 나도 울고 동네 어른들도 눈물바람을 하며 동구 밖까지 따라 나왔다. 큰방 할아버지는 전주 집까지 따라오겠다고 하셨다. 돌이켜 생각해보니 정말 꿈만 같다. 우리는 이곳에서 아들 하나를 더 얻었으며 전주에 집도 마련해서 이사했다.

술꾼, 노름꾼, 사기꾼 등 '꾼' 자는 별로 명예롭지 못한 말 뒤에만 붙어 다니는 것 같지만 나는 '나무꾼'이었다. 앞으로도 그 말을 영원히 사랑할 것이다.

섬진강의 발원지가 마이산 줄기라면, 내 인생의 발원지는 상하면 유정마을이라 할 수 있다. 평생 반려자인 남편의 첫 발령지도 이곳이었고, 나의 든든한 울타리가 될 딸과 두 아들의 어린 시절 꿈도 이곳에서 싹틔웠기 때문이다. 고마운 유정마을이여, 나무꾼이 된 나는 결코 그 유정마을을 잊지 못하리라.

가을의 끝자락에 들어선 10월의 마지막 날 겨울옷을 챙기는데 분홍색 털실로 뜬 빛바랜 스웨터 하나. 생각해보니 35년 전 유정마을에서 그 분홍색 스웨터를 떠 입고 보냈던 젊은 시절이 떠올라 가슴이 뭉클했다. 그땐 그리도 선명하고 예뻤는데 이젠 거울 앞에 선 내 모습과 닮았음을 보고 인생 한철이 흘러가버렸음을 절감했다.

(2006년 늦가을)

아랫목

함박눈이 펑펑 쏟아지는 어느 날 오후였다. 학교에서 돌아오는 길, 운동화는 눈에 젖어 발은 감각이 없고 손가락도 곱아 잘 펼 수가 없었다. 싸리문을 열고 들어서자 어머니는 기다렸다는 듯이 방문을 열고나와 나를 반기며 머리에 묻은 눈을 털고는 얼음장 같은 내 몸을 아랫목 이불 속에 폭 묻어 주셨다.

몸을 녹여주던 그 따끈따끈한 아랫목을 지금도 잊을 수가 없다. 아랫목에서 태어났고 아랫목에서 자란 나는 따뜻한 아랫목이 있는 방을 그리워하며 살았다.

해마다 늦가을이면 어머니는 목화솜을 두둑하게 놓은 쪽빛 무명 이불과 질그릇 화로를 챙기셨다. 화로와 인두는 함께 붙어 다녔다. 가리나무 재 속에 숯덩이를 담고 인두로 다독다독 다독여 놓으면 화로의 불씨는 종일 살아있어서 할머니는 화롯불에 김도 굽고 담뱃불도 붙이셨다.

늦게 돌아오는 식구들 저녁밥은 으레 아랫목 이불 속에 묻어 놓았다. 밥이 담긴 놋그릇은 곱은 손을 녹여주는 난로였다. 지금이야 온장

고다 전기밥통이다 무엇 하나 부족한 것 없는 세상이니 어머니 품속 같은 아랫목 사랑을 어떻게 알까.

아랫목은 양말이나 장갑을 말려 주는 건조기 같은 역할을 했으며 아침에 입고 나갈 옷도 따뜻하게 데워주었다. 그 시절엔 양말이 많지 않았다. 지금이야 신발도 좋고 양말도 많아 기워 신고 다니는 사람도 없으니 아랫목의 추억을 어떻게 알겠는가.

이뿐이던가. 아랫목 이불 속에 형제들이 발을 묻고 배를 따뜻한 방바닥에 깔고 서로 이마 맞대고 공부도 하고 장난도 치면서 놀았다. 비록 간식거리는 고구마에 불과했지만 서로 나누어 먹을 줄도 알았고, 싸움질은 했지만 형제 사랑을 키우면서 자란 곳도 아랫목이었다. 지금이야 각자의 방에서 각자의 시간에 쫓겨 하루 한 끼의 식사도 같이 할 수 없는 세상이니 형제 사랑과 사촌들의 얼굴은 또 언제 익힐 것인가.

아랫목은 집안의 대소사를 미리 알려주었다. 아랫목이 유난히도 따끈따끈한 날은 집안에 경사가 있었다. 명절이나 제삿날이 돌아오거나 식구들 생일이 닥치면 아랫목은 여지없이 펄펄 끓었다. 멀리 사는 작은집 식구들도 오셨고, 가끔은 내가 좋아했던 이모님들도 오셨으니까. 지금 세상이야 결혼한다 해도 당일 식장에서 손님을 한꺼번에 대접해버리고 집 안에선 잔치분위기를 찾아볼 수 없다. 편리하고 좋은 점도 있지만, 인정이라고는 별로 찾아볼 수 없어 아쉽다. 장례식도 마찬가지다.

밥상도 아랫목을 중심으로 차려졌다. 아랫목 쪽에 어른이 앉은 다음에야 서열대로 앉았다. 밥상머리에서 가족회의도 이루어졌다. 어른의 말씀도 듣고 잘못을 저지르면 꾸중도 들었다. 이렇게 아랫목은 웃어른을 섬기는 법도 알려주었고, 예의범절을 배우고 익히는 교육의 장소가 되었으며, 가족 사랑을 만들어가는 화목의 텃밭이기도 했다.

아랫목에 앉아 있다가도 손님이 오시면 얼른 일어나서 아랫목에 손님을 모셨다. 지금 이런 말을 하면 "아랫목이 어디 있어? 응접실이나 안방이나 다 똑같은데." 하며 웃을 것이다. 습관이 들어버린 나도 "아랫목으로 앉으세요." 이렇게 말해 놓고는 웃을 때도 있으니 말이다.

아랫목은 물리치료기 역할도 했다. 어머니의 아픈 허리도 따끈따끈한 아랫목에서 지지셨고 배가 아프거나 감기에 걸렸을 때도 약을 먹고는 아랫목에 누워 한숨 푹 자고 나면 몸이 거뜬해지곤 했다. 요즘이야 시설 좋은 목욕탕이며 찜질방에 치료기는 또 얼마나 많은가.

연탄아궁이가 생기고 보일러가 등장한 뒤로 아궁이와 함께 아랫목도 사라져버렸다. 어머니의 손길이고 어머니의 품속이며 집안의 핵이었던 나의 아랫목 또한 어머니가 돌아가시자 차갑게 식어만 갔다. 그러나 아랫목이 차다 하여 아랫목이 사라진 것은 아니다. 내 가슴속에 어머니가 살아계시듯 엄연히 살아있는 아랫목. 이제 아랫목을 따뜻하게 지펴가는 것은 내 몫이다.

(2006. 11. 하순)

7일 전쟁

달거리를 거둬간 지가 벌써 수삼 년이 지났는데 꼭, 그때처럼 허리가 빠지게 쑤셨다. 장난꾸러기 누군가가 넋 놓고 앉아 있는 내 등에다 몰래 찬물을 바가지로 쫙 부은 것처럼 추웠다. 오싹오싹 한기가 들 때마다 내 몸은 마치 뜨거운 화롯불에 오징어 오그라들듯이, 머리털은 위로 치솟는 것 같고 몸은 새우처럼 웅크려져 이불 속을 파고들었다. 한숨 돌이킬 사이도 없이 위아래 턱이 마주칠 정도로 떨렸다. 그러더니 이마에서부터 겨드랑이, 등골, 허벅지, 종아리, 손바닥까지 땀이 촉촉이 나기 시작했다. 이런 와중에도 깜빡 잠이 들어 비몽사몽 간에 뒤숭숭한 꿈을 꾸다가 스스로 앓는 소리에 놀라 잠이 깨곤 했다.

그러니까 그때가 1963년 3월 5일 여고 입학식을 1주일 남겨두고 그렇게 아팠다. 그 시절엔 약이 어디 그렇게 흔했었나. 감기에 걸려 기침을 하면 모지랑 숟가락으로 무를 긁어 무즙을 먹여 가래를 삭게 했고, 음식을 잘못 먹어서 체하면 소금을 한 주먹 입에 털어넣고 물을 마신 기억도 난다. 할머니는 속이 더부룩하면 소다도 잡수셨다. 더위에 시달려 배탈이 났을 때는 쑥 즙을 내서 장독 위에 놓았다가 새벽이

슬을 맞혀 마시기도 했다. 종기가 나면 고약을 사다 붙였다. 단방약으로 쓰려고 지푸라기로 옭아매 대청 서까래에 매달아 놓았던 지네와 개 쓸개가 지금도 눈에 선하다.

공교롭게 이번에도 3월 6일 수필 개강을 1주일 남겨두고 몸살을 앓고 있으니 행여 첫 수업시간에 문우들의 얼굴을 보지 못하지나 않을까 노심초사하고 있다. 생강차와 따뜻한 식혜로 목을 달래보지만 어림도 없다. 날이 밝으면 병원에 가봐야겠다.

드디어 내 몸은 전쟁을 선포했다. 약이란 아군과 몸살감기란 적군이 한 치의 양보도 없이 팽팽히 맞서고 있다. 머리에는 투구를 쓰고 왼손엔 방패를 들고 오른손으론 창을 휘두르며 내 몸 곳곳을 휘저으면서 그야말로 치열하게 싸우고 있다. 그리 쉽게 판가름이 날 기세 같지 않다. 아군도 적군도 상처투성이가 되어 어떤 놈은 죽어 나자빠진 놈, 포기하고 도망치는 놈, 부상당해 이리저리 뒹구는 놈도 있다. 지금 내 몸은 전쟁터다. 구석구석 쑤시고 아프지 않은 곳이 없다.

3일째 되는 날 전투는 그야말로 극에 달했다. 전쟁을 승리로 이끌어가야 할 지휘관은 땡감을 씹은 것처럼 입안이 텁텁해서 명령을 내려야 할 소리는커녕 물맛조차도 잃었고, 천 리를 꿰뚫어 봐야 할 눈알은 고열과 통증으로 쏟아지는 것 같으니, 원정군의 도움을 청할 수밖엔 도리가 없다. 근육주사란 원정군의 위력은 대단했다. 세계 제2차 대전 당시 연합군이 일본의 히로시마와 나가사키에 떨어뜨린 원자폭탄만큼의 위력이었다. 생 땀이 날 정도로 쑤셔대던 근육통을 완화해 주었다. 이렇게 해서 적군의 기세를 눌러놓기는 했지만, 다시 적군은 게릴라전으로 낮에는 후퇴해 주는 척하면서 밤을 틈타 내 몸을 강타했다. 불면증과 더불어 호랑이에 쫓기는 가위눌림을 비롯하여 얼굴도 모르는 조상의 무덤가에서 나 혼자 배회하다 무서워서 깨어 보면 목이 바싹 말라 침을 삼킬 수도 없었다. 가혹한 노략질과 만행을 내 몸 안에 저질러댔다. 이렇게 시달리기 사흘째다.

전쟁이 시작된 지 7일째로 접어들면서 서서히 협상하자는 신호가 내 몸에 전류처럼 흘러드는 것 같았다. 적군이라고 해서 어찌 지치지 않을 수 있겠는가. 악몽 같은 7일간의 전쟁은 결국 휴전협상으로 끝을 맺는 것 같다. 아직도 내 몸 구석구석에서는 타다 남은 연기가 가끔 피어나고 있는 기분이다.

아픔은 싫다. 육체적인 아픔이나 정신적인 아픔 모두 싫다. 건강한 몸에 건전한 정신이 깃든다고 했다. 본디 나는 단순한 존재여서 승부욕도 없는 편이다. 그저 여성으로서 아름다움을 추구하며, 나 자신을 사랑하고 사랑받기를 갈망할 따름이다.

감기는 인류의 악이라고 말하고 싶다. 감기처럼 비굴한 자는 없다. 강자 앞에서는 맥도 못 쓰면서 약자 앞에선 갖은 포악을 다 부린다. 이런 비굴한 자와는 말도 섞기 싫지만, 십만 대군을 미리 양성해 두었더라면, 숭례문이 불타기 전에 미리미리 점검을 잘했더라면, 제때에 예방주사를 맞았더라면, 건강에 좀 더 유의했더라면, 따위의 뒤늦은 후회와 함께 미리 방위태세를 잘 갖춰야겠다고 다짐했다.

(2008. 2. 29.)

토사곽란

서둘러 장을 보아 허둥지둥 집으로 돌아왔다. 한 끼니 걸렀다고 이토록 갱신을 못 할까. 생선꾸러미를 현관에 놓은 채 정신없이 밥상을 챙겼다. 꾹꾹 눌러 담은 밥 한 그릇과 냉잇국이며 사과, 귤, 살얼음이 앉은 식혜까지 단숨에 검어 넣었다. 그래도 갈증이 나서 물을 연신 마셔댔다. 그러니 '금강산도 식후경' 이다. '수염이 대자라도 먹어야 산다.' 고들 하나 보다.

자성 무렵 갑자기 산기産氣 닥친 산모처럼 배가 틀기 시작했다. 금방이라도 위아래로 쏟을 것만 같은데, 그것마저도 마음대로 되시 않았다. 어린 시절 배앓이를 하면, 동네 의원 할아버지는 대롱 속에서 침을 꺼내 콧김을 쐬고 머리에 문질러 독을 제거한 다음에 사관四關에 침을 놓아주셨다. 침 맞기가 어찌나 무섭고 아팠던지, 지금 생각해도 오금이 저린다. 점심때 과식이 배앓이를 자초한 것이다. 감당할 수 있는 밥량을 나도 모르게 넘어서고 만 것이다. 젖먹이도 배가 부르면 빨던 젖꼭지를 지그시 물며 잠이 들고, 짐승인 개도 양이 차면 밥그릇을 물리친다. '우물가에서 젊은이가 급히 물을 청하자 지혜로운 처자는 바가지에 버들잎을 띄워서 건네주었다.' 는 얘기도 들었다. '천천히 먹어라! 사레들린다.' 하시던 할머니의 말씀을 나 또한 손자들한테 말하지 않았던가.

과욕과 만용은 득보다는 해를 불러일으킨다는 사실을 새삼 깨달으며 지혜롭지 못함이 부끄러웠다. 먹어야 할 것과 먹지 말아야 할 것, 먹되 그릇에 맞게, 조금은 모자란다 할 만큼만 먹으면 좀 좋을까. 식욕 하나에서도 이럴진대, 하물며 물욕이나 명예욕 심지어 색욕에 이르기까지 마구 검어 먹은 오욕汚慾으로 세상이 어지럽지 않던가.

현관 앞에 놓았던 생선꾸러미를 냉장고에 넣으려는데 이미 꽉 차서 넣을 자리가 없다. 생선에서부터 김치며 우유, 빵, 과일, 반찬 등으로 로봇 같은 냉장고 뱃속에서 힘겹게 모터가 윙윙거린다. 아파트 베란다에서 내려다보이는 쓰레기 수거함 역시 넘치는 음식물 쓰레기로 악취를 토하고 있다.

라디오나 TV 켜는 일이 별로 흥미가 없다. 세상 구석구석, 분별없이 검어 먹어서 세상을 떠들썩하게 하니 말이다. 한 예로 농사를 짓는 농민한테 돌아가야 할 쌀 직불금이 그렇다. 들추자면 어디 한두 가진가. 부정축재나 철거민 용산 참사사건, 나라 안팎 여기저기, 산불까지 타오르는 아수라장, 이 모두가 분수를 지키지 않아서 일어난 필연의 결과물이 아닌가. 심안의 내시경으로 내 속을 들여다보며 깊이 성찰할 일이다.

과욕과 만용이 아니라 양심이라는 그릇에 맞게 먹고, 한 걸음 더 나아가 넓은 도량의 과식으로 절제와 겸손이 넘쳐서 양심의 토사곽란이 일어날 수 있다면 오죽 좋으랴. 이봄 이런 토사곽란을 단 한 번만이라도 앓고 싶다.

입춘이 지난 산과 들은 물이 올라 꿈틀꿈틀 용트림을 하며 토할 것만 같다. 마치 입덧 난 봄처럼, 나 또한 수필에 빠져 가슴으로 쓸어서 마음속 지성의 알맹이에 감성의 토사곽란이 일었으면 한다. 이제 봄과 함께 가 보리라. 꽃이 토사곽란을 하듯이…….

(2009. 2. 8.)

아내

沐 川

아내라는 이름의 그대여
등골에 붙은 나의 손결
나의 의상, 나의 밥상이여

내 문으로만 드는 유일한 꽃
스스럼없이 발가락까지 뻗어와
몸을 맡기는 나의 몸
그대, 장엄하고도 몽롱한 나의 악기여

쉼 없이 일렁이는 물결
항상 가슴을 맞춰야 하는
나의 태평양

아아, 아내라는 이름의 또 다른 나여
언제나 가슴에서 맑게 닦이는
나의 작은 손거울일레, 그대는

화려한 외출

'지역주민을 위한 컴퓨터 교육을 실시합니다.'

버스를 타고 가면서 우연히 눈에 띄어 보게 된 현수막이었다. 꼭 찾아가 봐야겠다고 마음먹고는 국악원 수업이 끝나자 곧장 전주신흥고등학교로 갔다.

교문에 들어섰다. 누구든지 찾아갈 수 있도록 컴퓨터교실 쪽으로 화살 표시가 되어 있었다. 교실 안엔 컴퓨터가 40대나 놓여 있었다. 담당 선생님을 찾아뵙고 자초지종을 말했더니 선생님께서는 안타까운 표정으로 "이미 자리가 다 찾는데요." 하셨다. 아쉬운 눈빛으로 돌아서려는 내가 안쓰러웠던지 "일단 기다려보세요. 혹 접수를 해놓고도 못 오시는 분이 종종 있으니 말입니다."라며 희망적인 말씀을 하셨다. 두 명이 불참하여 컴퓨터반에 들어갈 수 있는 행운을 얻게 되었다. 평소에 기계치인 나는 카메라나 녹음기는 아예 손도 대지 못했고 TV도 켜 달라, 전축도 켜 달라며 쩔쩔매던 터라 컴퓨터는 더욱 엄두도 못 냈던 것이다. 컴맹인 내가 귀가 따갑도록 들은 소리는, 컴퓨터를 잘못 건드리면 무엇이 지워진다, 날아가 버린다는 말 때문에 마우스 한번 잡아본 경험도 없이 39번 컴퓨터 앞에 앉게 되었다.

왕초보는 나뿐이었다. 2수 3수 다른 곳에서 이미 얼마간 익혀온 솜씨 같았다. 자판 두드리는 소리가 기를 팍팍 죽이는데, 배워야 할 것인가 말아야 할 것인가 많이 망설였다. 우선 왕초보란 것이 창피하기도 하고, 젊은이들한테 밀려 꼴찌를 면치 못하면 어떡하나 하는 걱정이 앞섰다. 보조 선생님께 물어보는 것도 한두 번이지, 이해는 또 왜 이리 안 되는 건지, 수업시간마다 끙끙대며 하나하나 익혀갔다.

"자네, 컴퓨터에 손댔는가?" 추궁하는 소리가 듣기 싫어 집에서 연습해 볼 수도 없고, 생각다 못해 PC방을 찾아가기로 했다. 자욱한 담배연기와 함께 칸 칸마다 꽉 들어앉아 무엇인가를 열심히 하고 있는 것을 보고 놀랐다. 그 당시 한 시간에 1,000원이란 것도 알았다. 배워야겠다는 생각이 간절해졌다. 우선 자판 치는 연습부터 해야 했기에 성능 좋은 컴퓨터를 샀다. 컴퓨터 앞에 앉으면 두세 시간은 눈 깜빡할 사이고, 빨래를 가스 불에 올려놓고는 그만 숯덩어리로 만들기도 했다. 오밤중인가 새벽인가 분간 못하고 컴퓨터에 미친 결과, 석 달쯤 지나니 메일 보내기, 사진 올리기, 플래닛에 글쓰기 등을 하게 되니 자신이 생겨 틈만 나면 컴퓨터에 앉아 시간 가는 줄 몰랐다.

신짝처럼 늘 함께 붙어 다녔던 언니가 있었다. 팥빙수 한 그릇을 놓고 이마를 맞대고 나눠 먹었던 언니! 자판기 커피를 마시며 은행 한구석에서 이야기를 나눴던 언니였건만 어느 날 사소한 말다툼으로 결별하고 말았다. 다 컴퓨터 때문이었다.

이번에는 친구로부터 전화가 왔다. 다짜고짜 '할매' 바람났냐며 쏘아댔다. 전화도 안 받고 모임에도 안 나오고 도대체 무슨 일이냐며 반찬 먹은 강아지 잡도리하듯 했다. 오는 방망이에 가는 홍두깨라더니 나도 질세라 이렇게 응수했다. '바람이야 났지.' 오전엔 국악원에 가서

북에 맞춰 소리를 하고, 오후엔 컴퓨터교실에서 시간을 보내고, 이젠 전북대학교 평생교육원 수필창작반에서 글공부를 하고 있으니, 이것이 내 인생의 황혼기에 화려한 바람이 아니고 무엇이겠는가. 이 친구야! 그래, 나는 이렇게 바람났네. 나랑 같이 바람나보자 했더니 "자네나 많이 하소."하며 전화를 끊어버렸다. 하루에도 몇 번씩 전화를 걸어오곤 했는데 1주일이 가까워 오는데도 전화 한 통 없다.

사실은 오늘도 이 글을 손질하면서 송편 한 판을 가스 불 위에 올려놓고 잠깐 컴퓨터를 들여다보고 있다가 그만 깜빡하는 바람에 못 먹게 되고 말았다. 이렇게 바람이 난 나를 언니와 친구가 어떻게 이해할 수 있을까? 역지사지易地思之라 했다. 타인의 입장으로 돌아가봐야 이해할 수가 있으니 말이다. 언니나 친구와의 사소한 말싸움도 컴퓨터 때문에 일어난 일이다. 언니야! 친구야! 우리 같이 컴퓨터도 배우고 수필 쓰는 법도 배워서 황혼기를 품위 있고 고급스럽게 수놓아가면 어떨까.

그들과 결별이라니, 컴퓨터나 취미생활도 필요하지만, 그보다 더 중요한 우정을 저버릴 수야 없지. 이번 토요일엔 만나자고 내가 먼저 전화를 해야지. 쌓인 이야기도 나누고 팥빙수도 먹어야지. 쇼핑도 하고 예쁜 스카프를 사서 올가을엔 멋지게 연출 하고 억새가 파도치는 전주 천변길을 나란히 거닐면서 작은 오해로 흠이 난 마음에 코스모스 꽃잎을 붙여주며 '호호' 해 주어야지.

(2006. 11. 2.)

가슴에 남긴 도화지

내 어린 시절에는 물자가 귀해 종이 한 장도 함부로 쓸 수가 없었다. 세월이 흘렀어도 나는 언제부턴가 광고지나 달력 뒷면이 아까워 접어놓는다. 명절에 어린 손자손녀가 와서 허둥댈 때 내놓으면 글씨나 그림 등 온갖 괴물을 잘도 그려놓곤 했다.

6월의 마지막 날, 달력을 넘기려니 빨간색 볼펜으로 동그라미가 그려진 숫자 밑에 아버지 기일이라 적혀 있었다. 또 하나의 결별이랄까. 벽에 걸린 아버지의 영정을 내리던 날처럼 울컥 밀려오는 그리움에 눈시울이 뜨거웠다.

올해도 일곱 남매 중에 다섯 남매가 남동생 집에 모여 아버지의 기일을 지냈다. 어머니보다 아버지와 더 많은 세월을 보냈던 내 유년의 날들이 연기처럼 피어올랐다. 병환으로 직장을 접었던 아버지는 시골집에서 농사를 지었고 어머니는 어린 동생들을 데리고 전주에다 가게를 내어 학비며 생활비를 마련하셨다. 아버지와 어머니의 역할이 바뀐 셈이다. 중학생인 나는 바로 밑의 남동생과 함께 시골집에서 아버지를 도우며 어린 시절을 보내야만 했다.

나는 말할 것도 없이 오히려 아버지가 어머니의 빈자리를 채우느라 안타까운 일이 한둘이 아녔으리라. 연탄도 채 보급이 안 된 때여서 아버지의 옷자락에서는 부엌 짚불 내가 떠나지 않았다. 시골에 미장원이 없던 터라 머리를 자르려면 으레 아버지 손에 이끌려 남동생과 함께 이발관으로 갔다. 동네 이발관이라야 겨우 삐걱거리는 의자와 귀퉁이가 떨어져나간 거울에 가위 그리고 낡아빠진 이발 기계와 식칼처럼 손잡이가 달린 면도 하나가 고작이었다. 톱날에 머리카락이 끼면 생머리를 뽑는 것처럼 아팠다. 잘린 머리카락을 털어낸답시고 싸리비만 한 솔로 목덜미며 얼굴을 마구 문지르고는 뚝뚝 떨어지는 비눗물을 뒤통수에 바르고 마구 면도질을 해대던 폭군 같은 이발사, 눈을 꼭 감아보지만, 어찌나 따끔거렸던지 아픔을 참다못해 눈물을 찔끔거렸던 일이 왜 이리 그리운지, 뒤통수를 만져보았다. 또 학교에서 만들어 오라는 것은 어찌 그리도 많은지 빗자루와 걸레며 신주머니 심지어 콩주머니까지도 만들어 주셨던 아버지가 자꾸만 어른거린다.

어둑어둑 하굣길이 늦거나 눈과 비가 내리는 날이면 내 이름을 부르며 논둑길로 마중을 나오시고, 미처 못 챙긴 도시락을 싸들고 교실까지 찾아오셨던 아버지. 콩대나 짚불을 피워 무쇠솥에다 통보리에 콩을 섞어 달보드레하게 볶아서 항상 책상 머리맡에 간식으로 놓아주셨던 아버지. 그뿐인가. 갑자기 소나기라도 내리면 장독 뚜껑을 덮으랴, 마당의 곡식을 담으랴, 어떤 일을 해야 할지 몰라 이리 뛰고 저리 뛰며 허둥대시던 아버지였지만, 내 기억엔 한 번도 역정을 내신 모습을 본 적이 없다. 아버지 마음인들 어찌 편하셨을까.

틈만 나면 《허탄가》라는 책을 빌려다 붓으로 마분지에 베껴 놓고 밤이면 흥얼흥얼 등잔불 밑에서 무엇인가를 만지작거리셨다. 짚으로 개집을 엮어 마루 밑에 넣어주면 강아지는 꼬리를 흔들며 쏙 들어가 앉았고, 닭 둥지를 틀어 헛간 구석에 매달아 놓으면 용케도 닭은 그 속에서 알을 낳았다. 나는 알을 낳은 닭에게 아버지 몰래 밥쌀을 주고 둥지에서 꺼낸 매끄럽고도 따스한 알을 볼에 대보기도 하면서 조심스레 망태기에 담곤 하였다.

그날도 미술 시간이 든 날이었다. 도화지가 없는 딸을 눈치챈 아버지는 닭이 알을 낳기를 기다렸다는 듯이 둥지에서 알을 꺼내 점방으로 가셨다. 알사탕 한 알과 도화지 몇 장을 달걀과 맞바꿔 내 손에 꼭 쥐어주셨던 아버지. 지금도 기억이 생생하다. 그 달걀에 그 도화지! 나에게는 달걀이 도화지였고 도화지는 곧 하얗게 다가오는 아버지였다.

어머니 같은 아버지, 그런 아버지께서는 창포 꽃이 슬프도록 피어나던 단오 이튿날 아침, 환갑도 못 넘긴 나이에 세상을 뜨시고 말았다.

6월 달력을 고이 접으니 하얀 종이 한 장! 하얀 종이를 보면 도화지가 생각나고 도화지를 보면 아버지가 떠오른다. 아버지가 내 가슴에 남긴 도화지 한 장. 나는 지금 어떤 삶을 그리고 있을까.

(2010. 7. 8.)

제 3부
수신확인

수신확인

어느 날 갑자기 운 좋게 금요반 총무가 되었다. 총무는 교수님으로부터 강의 자료를 메일로 받아서 다시 편집한 뒤 우리 반원들에게 메일로 띄워 주어야 한다. 이런 날이 오리라는 것을 미리 내다보고 늦게나마 컴퓨터를 배웠던 것인가. 참 생각할수록 아슬아슬하면서도 신기한 일이다.

어찌 보면 하찮은 일 같지만, 그렇지도 않다. 메일에 블록을 걸어 복사해온 다음 한글 창에 붙이기를 하면 파파 잘 들어가다가도, 어느 땐 말을 듣지 않아서 내가 배운 컴퓨터 실력을 총동원해야 겨우 되는 때도 있다.

잘 편집된 교재를 만들어 각자에게 띄워 주는 재미 또한 쏠쏠하다. 비록 작은 일이지만 이런 느낌을 성취감이라 할 수 있을지도 모른다. 그리고는 연애편지라도 띄운 양 컴퓨터를 열 때마다 수신확인을 클릭하여 '읽음' 이란 수신 상태가 뜨면 내가 보낸 사랑의 메시지를 읽어준 명단부터 지워나간다.

며칠이 지나도 '읽지 않음' 의 수신 상태가 계속 뜨면 이때부터 의구

심이 일기 시작한다. 어디가 아픈지, 아니면 먼 데로 여행을 갔는지 궁금해서 전화해 보고 싶은 충동까지 인다. 나를 몰라보느냐고 확인하고 싶은 마음이라고나 할까. 소심한 성격 탓이지만 그래도 실망하거나 포기하지 않는다. 언젠가는 내가 띄운 메시지를 읽어 보리라 믿기 때문이다.

그러다가 수신 상태가 '전송실패' 로 뜨면, '이걸 어쩌지?' 앞이 캄캄해진다. 막차 타고, 친구 집을 찾았다가 남모른 사람이 살고 있었을 때의 그 황당하고 허무함 같다고나 할까.

그런데도 요즘 내가 '읽음' '읽지 않음' '전송실패' 란 교신 속에서 수신확인을 하는 재미에 빠져 산다면 좀 과장된 표현일까.

컴퓨터 앞에 앉아 수신확인을 할 때면, 인생이 마치 수신확인의 연속상영은 아닌지, 인생에 띄운 내 메시지가 언제쯤 수신확인으로 돌아올는지 기다림이 이어진다.

몸이 불편하셨던 어머니가 생각난다. 한꺼번에 자식을 넷이나 입대시켜놓고 얼마나 노심초사하셨을까? 그 시절만 해도 컴퓨터가 있나, 핸드폰이 있나, 그렇다고 전화를 걸 수가 있나 참으로 답답했을 것이다. 막말로 부모가 돌아가셔서 전보를 띄워도 이틀쯤이나 더 걸려서야 집에 왔던 시절의 이야기다.

입대할 때 입고 갔던 아들의 옷과 함께 부쳐온 봉투를 고이 간직했다가 누런 모조지에 몽당연필로 꾹꾹 눌러 쓴 편지 한 장을 띄우고는 오매불망 소식이 오기를 기다렸던 어머니. 부고장만 사립문에 꽂아두고 바람처럼 사라지는 집배원을 멍하니 바라보신 뒤 며칠이 지나자 드디어 기다리고 기다리던 편지가 왔다. 그날 밤 식구들을 앉혀놓고 연극을 하듯이 막내딸에게 또박또박 낭독을 시켰던 어머니는 그렇게 수신확인을 하고는 아들을 그리워하며 눈물짓곤 하셨다.

생전에 띄워 드리지 못했던 말, "어머니 저는 잘살고 있어요." 라고 마음속으로 메일을 수도 없이 띄우는데도 수신확인을 할 수도 없으니 그저 안타까울 따름이다.

요즘 금요반 32명의 수신을 확인하다 보니, 수신확인을 하는 삶이 얼마나 신선하고 아름다운지 수신확인을 한 인생은 그만큼 행복하다는 것을 깨닫는다.

창가에서 우는 새소리도 수신확인을 하거나, 수신확인을 할 수 없다고 투덜대는 것은 아닌지 모를 일이다. 정녕 저 흐드러진 꽃이야말로 봄을 기다리는 자에게 보내는 수신확인이 아닐까?

(2009. 3. 28.)

배꼽시계

공과금납부 마감일이어서 농업협동조합은 초만원이었다. 내 차례는 점심시간이 훌쩍 넘어서야 돌아왔다. 몹시 배가 고팠다. 배꼽시계의 태엽 풀리는 소리가 들렸다. 천 원에 붕어빵 4개를 샀다. 두 개도 다 안 먹었는데 태엽 소리는 멎었다. 집으로 돌아오는 길, 나는 이미 배꼽시계로 시간을 가늠하며 살았던 유년 시절로 돌아가고 있었다.

논두렁에 핀 클로버 꽃으로 시계 반지를 만들어 서로 채워주며 쑥이랑 냉이를 캤던 소꼽친구 점순이가 불현듯 그립다. 점순이는 손놀림이 빨라서 나물을 잘 캤다. 인정도 많아서 털털하게 캔 나물을 내 바구니에 덜어주기도 했다. 어쩌다 개똥 옆에서 나물을 캤다 싶으면 호들갑을 떨며 깨끗한 곳에서 캔 나물까지 몽땅 버리곤 했다. 또 지렁이나 뱀을 보면 놀라서 나물이고 뭐고 다 내던지고 논두렁을 빠져나왔던 일들이 떠올라 클로버 꽃반지 시계랑 점순이를 찾아 〈TV는 사랑을 싣고〉 프로그램에 한번 신청해볼까 싶다.

우리 집은 만경 벌판을 가로지른 전라선 철길이 내려다보이는 언덕배기에 있었다. 대장촌역을 출발한 기차가 동이리역으로 들어서며 요란하게 질러대는 기차 화통 소리는 새벽잠을 깨워주는 괘종시계 같은 것이었다. 그 기적 소리를 듣고 시간을 가늠하며 살았다. 기적 소리를 못 듣거나 기차가 연착해 버리면 그나마 종잡을 수 없어 나는 늘 달음질을 쳤다. 턱까지 차오른 숨을 몰아쉬며 역에 당도했지만, 떠나가는 기차를 바라보며 매정하게 떠나보내는 연습도 했고, 음악수업을 놓쳐 버려 늘 내 이름을 불러주시던 쌍꺼풀 눈에 서글서글한 미남 선생님을 못 봐서 서운한 일도 있었다.

자취생활을 할 때 쌀이며 김치나 간장을 나르는 일은 굶기보다 싫었다. 플라스틱 병이 나오기 전이라서 간장을 담아 가는 것이 여간 고역이 아니었다. 주둥이 좁은 옹기단지나 대두병에 간장을 담아 아무리 잘 틀어막아도 장 냄새는 진동했다. 배꼽시계 짐작을 잘 못해서 막차를 탈 때면 꺼벙한 대학생들이 짐을 들어다 준다며 치근대는 일이 많았다. 얼마나 창피했으면 몰래 버리고는 깨져버렸다고 어머니한테 거짓말을 했을까.

호미로 금을 긋고는 처마 끝 그림자가 이만큼 올 때 새참을 가져오라하셨다. 그리고는 놉들을 앞세우고 어머니는 성급히 밭으로 가셨다. 처마 끝 그림자가 언제쯤 닿을까 마음 조였던 내 어린 시절, 쑥개떡과 냉수가 담긴 양은주전자를 들고 땀을 뻘뻘 흘리며 밭으로 갔다. 그때의 처마 끝 그림자는 어머니의 새참거리 시계였다.

할아버지 제사는 새벽닭이 울기 전에 올려야 했다. 달그림자나 별자리를 보고 진설을 해서 제사를 올렸다. 지금이야 초저녁에 제사를 드리고 심지어 성묘 겸 대낮에 제사를 지내는 세상이다.

질퍽한 무밥으로 고픈 배를 달래고 오줌 한 번 싸버리면 초저녁인데도 배가 고파 배꼽시계의 태엽 풀리는 소리와 퐁퐁 뀌어대는 방귀소리로 방안 가득 폭소가 터졌다. 지금이야 무밥을 배가 고파서 먹나

향수에 젖어 맛보기로 먹지. 먼저 가버린 방귀쟁이 동생이 그립다.

짐승인 소나 밭의 상추도 배꼽시계를 가늠할 줄 알았다. 새벽이면 고삐에 단 방울을 딸랑이며 여물을 끓이라는 신호를 보냈고, 햇볕에 시달려 축 늘어진 상추도 물 한 모금 달라며 배꼽시계 신호를 알렸다. 굴뚝에서 피어나는 연기까지도 배꼽시계가 보내는 손짓이었다. 이렇듯 내 어린 시절 시계는 쪼르륵 배꼽시계, 클로버 꽃시계, 처마 끝 그림자 시계, 그리고 꼬끼오 시계였다. 그 중에서도 배꼽시계는 시계 중의 시계 곧 생명시계였다. 그런데 너도나도 하나같이 차게 된 요즘 시계들. 나도 난생처음 시계를 차게 되었다. 어느 섣달 그믐날 밤, 눈이 소복이 쌓인 전동성당 성모님 상 앞에서였다. 눈처럼 하얀 내 손목에 사랑의 족쇄가 되어 채워진 시계, 그것은 스테인리스 시티즌 손목시계였다.

오늘날은 온통 시계 세상이다. 거리의 대형 스크린에서부터 대기실, 회관이나 종탑, 집 안 구석구석 심지어 산속 나무에도 걸려 있다. 서랍을 정리하다 보니 손목시계가 5개나 나왔다. 아무리 풍요로운 세상이 되었다지만 지금도 지구촌 어딘가는 배꼽시계 쪼르륵 소리에 시름하고 있는 이웃들이 있다.

벌써 김장철이 닥쳤다. 아침 공기가 차갑다. 자선냄비가 등장하고 크리스마스 캐롤이 흐르고, 밍크코트며 가죽 잠바가 진열장에 넘쳐나도 그림의 떡인 사람들, 제발 '풍요 속의 빈곤' 을 벗어나 살아있는 배꼽시계로 지구촌 모든 이가 따뜻한 겨울을 맞았으면 좋겠다.

결국, 배꼽시계만큼 사는 인생, 삶의 원동력인 배꼽시계를 살려서 나 자신의 진솔한 삶을 창조해 나가야겠다. 요사이 비만이라는 허깨비가 씌워져서 허둥거리는 배꼽시계들이 느는가 하면, 아름다워지고 싶어 멀쩡한 배꼽시계를 거역해서 일어나는 날씬이라는 족쇄는 또 어떤가. 거리에 넘쳐나는 시계보다도 내 안에서 소리치는 배꼽시계, 사회의 배꼽시계, 지구촌의 배꼽시계가 내는 소리에 나 자신 조용히 귀를 기울여 본다.

인생이란 그 자체가 배꼽시계다. 배꼽시계는 시간을 엮고, 시간은 세월을 엮어, 역사를 이끌어가는 것이 아니겠는가. 우주의 부품처럼 돌아가는 배꼽시계들, 내 배꼽시계는 지금 몇 시쯤일까.

(2007. 11. 26.)

만날

반찬이 걸지 않아서 입맛이 없는 것은 아니다. 진수성찬을 앞에 놓고도 식욕이 없으면 먹지 못하듯이, 마음 또한 입맛과 같아서 어느 때는 이것저것 찍어 맛을 봐도 씁쓸할 때가 있는가 하면, 또 어느 때는 냉수에 보리밥을 말아 청양고추 송송 썰어 넣고 무친 새우젓하고만 먹어도 꿀맛일 때도 있다.

요즘, 조석으로 변하는 입맛처럼 내 마음이 그렇다. 사추기라서 그런가. 마음이 뒤숭숭하여 말하고 싶지 않거나 웃고 싶지 않을 때가 종종 있으니 말이다.

버스정류장에서 매일 만나는 아주머니가 있다. 첫눈에 썩 좋은 인상은 아니지만, 피부가 고와 밉상은 아니다. 걸걸된 목소리는 마치 양은냄비 긁는 소리처럼 들린다. 그런데도 붙임성이 좋아 아무하고나 얘기를 잘한다. 좁은 의자에 앉아 버스를 기다리다 보면 아주머니의 이야기를 듣고 싶지 않아도 저절로 듣게 된다.

동네 토박이로서 3층 건물을 가지고 있어 점포를 세놓고 살며 자식들도 잘 키워 딸이 미국에서 산다고 자랑도 했다. 집에서 놀면 뭐하냐며 알로에식품과 화장품을 판매한다고도 했다. 어찌나 입담이 좋은지 버스 안에서도 기회는 이때다 싶은지 시종일관 말을 풀었다. 한 달만 먹으면 아픈 허리도 다리도 낫는다니 아주머니가 파는 약은 아마 만병통치약인가 보다. 가만히 앉아 있지 못해 휴대전화로 문자 메시지를 띄우거나, 어떤 때는 손톱을 깎으면서도 무엇이 그리 좋은지 목젖이 보이게 까르륵 깔깔 잘도 웃는다.

행여 나한테까지 물건을 사라고 권하지는 않겠지. 만약에 말을 걸어오면 어쩌나, 귀찮다는 생각이 들어 눈을 마주치려 하지 않았다. 한때는 버스 시간을 바꿔볼까도 생각했다.

버스라는 대중교통수단은 나 혼자만 이용하는 것이 아닐진대 큰 소리로 떠들지 않아야 하는 최소한의 예의는 지켜야 하지 않을까. 어지간히 냉찬 나를 보며 그 아주머니는 무슨 생각을 했을까. 버스 속에서 눈을 감고 나 자신을 들여다본다.

아주머니의 행동이나 말소리가 다소 거슬려 거부감을 느끼면서도 아이러니하게 저토록 열심히 사는 아주머니를 본받아야 한다며, 엎었다 뒤집었다 변덕을 떠는 나는 다른 사람의 눈에 어떤 모습으로 보일까.

새벽 기차 소리에 잠이 깨어 컴퓨터 앞에 앉는다. 돈 한 푼, 신용카드 한 장 없이 인터넷 시장에 들어가 이집저집 넘나들다가 선후배들의 글을 읽기도 하고 유명인의 글이 뜨면 살짝 업어다가 내 블로그에 저장도 한다.

인터넷 세상은 꼭 새벽시장을 구경하는 기분이다. 색다른 찬거리가 있으면 사오기도 하고 쓸 만한 물건이 있으면 눈요기도 하며 어쩌다 맛보기가 있으면 한 입 먹어보기도 한다.

그러던 어느 날 새벽, 마음에 드는 한 편의 수필을 만나게 되었다. 순식간에 읽어 내렸다. 감탄사가 절로 나왔다. 야, 바로 이것이야!

톨스토이는 〈세 가지 질문〉이란 글에서 이 세상에서 가장 중요한 때는 언제인가, 가장 필요한 사람은 누구인가, 그리고 이 세상에서 가장 중요한 일은 무엇인가, 하는 질문에 이 세상에서 가장 중요한 때는 바로 지금이고, 가장 필요한 사람은 바로 지금 내가 만나는 사람이고, 그리고 이 세상에서 가장 중요한 일은 바로 내 옆에 있는 사람에게 선善을 행하는 일이라고 답했다. 즉 바로 지금 내 옆에 있는 사람에게 선을 행하는 것, 그것이야말로 내 삶이 더욱 풍부해지고 내가 행복해지는 조건이라는 것이다.(장영희 글 〈이 세상에서 가장 소중한 일〉 중에서)

그렇다면 아주머니는 이 수필을 나보다 먼저 읽었단 말인가. 아니면 톨스토이의 '행복론' 을 이미 오래전에 터득했단 말인가. 이 사람 저 사람 할 것 없이 말을 걸며, '만날' 깔깔 웃는 아주머니는 '이 세상에서 가장 중요한 일' 을 하고 있었기에 그런 것인가.

'만날' 이란 날들 앞에서 나는 가끔 무미건조함을 불평하며, 미식가인 양 무엇을 먹어야 할까, 입어야 할까, 충격적인 일이 언제쯤 벌어질까, 눈을 감고 허공에다 헛손질을 퍽 해댄 꼴이었다. 만날 밥 짓고, 빨래하고, 청소하고, 화장하고, 전화 받고, 모임 가고, 그냥 그렇게 바람처럼 지나가는 일상의 일들 앞에서, 나는 운 좋게 한 편의 좋은 수필을 만남으로써 헛손질을 멈추고, 감았던 눈도 떴다. 이는 마치 아픈 허리를 정형외과 의사가 고쳐준 것처럼 틀어져가는 내 마음의 척추를 바로잡아주었다고나 할까.

내가 쓴 한 편의 수필을, 아니 누가 쓴 수필이면 어떠랴. 모든 이가 글을 읽어서 만날 행복했으면 좋겠다.

만날 밥 먹듯이 만나는 만날, '만날' 이야말로 지금 어떻게 맛보아야 하는지. '만날' 은 지금 만나고 있는 가장 중요한 때가 아닌가.

(2009. 8. 2.)

소주 한 잔

한 모금도 안 되는 소주 한 잔을 입에 머금었다가 코를 쥐고 꿀꺽 삼켰다. 목구멍을 타고 흘러내리는 맛은 진저리 그 자체다. 쓴맛도 매운맛도 아닌 마치 빙초산에다 사이다를 탄 맛이라고나 할까? 엉겁결에 마셔버린 첫 잔에 저절로 몸서리를 치며 '으~으~카~아~' 하는 소리가 절로 나왔다.

배를 채 썰어 넣고 새콤달콤하게 무친 골뱅이 안주가 제격이었다. 진저리를 싹 가시게 해주었으니 말이다. 하지만 이것도 잠시뿐, 마시고 몇십 초나 지났을까. 오목가슴이 짜릿하게 저리면서 화끈화끈한 열기가 얼굴로 달아오르더니 점점 온몸으로 술기가 번졌다. 화색은 영산홍 빛으로 물들고 정신이 몽롱해지더니만 쑥스러운 기분이 가시면서 마이크 잡는 일도 두렵지 않았다.

어느 해 봄, 전주화산동성당 구역반장 40여 명이 전남 여천 영취산으로 등산을 갔다. 영취산은 전남 여수시 여천공단 근처에 있는 산으로 전국에서도 유명한 진달래 군락지다. 4월 초순이 절정으로, 광양제철소와 광양만이 한눈에 내려다보인다. 벚꽃도 만발하여 많은 사람이 찾는 곳이다.

이날 버스 안에서 진행을 맡았다. 시작기도를 바친 다음 앉은 순서대로 자기소개를 하고 노래자랑 등 장기자랑으로 이어졌다. 멀미가 난다거나 잠을 청한다거나 딴청부리는 사람 하나 없이 풍선처럼 부푼 가슴을 안고 2시간 넘게 박장대소를 하며 영취산을 향하여 달려갔다.

아침에 먹는 사과 한 알이 '금'이라면, 버스 안에서 소주 한 잔의 마력은 내가 가지고 있는 끼를 유감없이 발산할 수 있도록 신명을 불어넣어준 명약이었다. 술꾼들이 이 맛과 멋에 반해 마시나 보다. 재치 있는 말이며 손짓 발짓을 동원한 진행은 버스 안을 매료시키고도 남았다. 술기운이 깰만하면 한 잔, 또 한 잔, 이제는 코를 잡지도 않고 단숨에 마셔버렸다. 술이 술을 마신다는 말을 실감하면서 말이다.

한번은 집을 수리하는데 인부들 간식으로 대접하고 남은 막걸리로 모주를 만들었다. 얼음 몇 조각을 띄운 모주는 나를 잡고 말았다.

술에 대한 깊은 맛과 멋도 모르는 내가 술을 이러쿵저러쿵 논하다니 주제 넘는 일이다. 취기 중의 기분과 술이 깰 때의 기분은 천당과 지옥의 차이라고나 할까. 머리는 지끈지끈, 속은 메슥메슥, 아랫배는 터질 듯이 뒤틀리고, 화색은 개나리꽃이고 손발은 얼음장같이 차다. 그러다가 결국은 토하고 나서야 조금 가라앉았다.

술이란, 알코올 성분이 들어 있는 음료를 통틀어 이르는 말이다. 소주는 태워서 만든 술이란 뜻이다. 모임이나 잔치 때 술은 없어서는 안 되는 음료다. 술 중에서도 소주를 선호하는 이유는 값도 저렴할 뿐더러 손쉽게 만날 수 있다는 점이 아닐까.

"퇴근 뒤 우리 한잔하자고!" 동료 간의 허심탄회한 대화에서부터, 이별과 만남의 장소, 티격태격 다툰 화해의 장소, 피로연은 물론 장례식장, 어느 땐 낮모르는 산소까지도 소주는 마다치 않고 자리를 함께 하는 서민들의 사랑을 받는 술이다.

이날 버스 안은 모두 소주와 친구가 되어버렸다. 나는 세 번째 잔에서 KO를 당해버렸지만……. 친할수록 예가 있고 도가 있거늘. 친구라고 무조건 칭찬하고 무조건 사랑하라는 뜻이 아니란 것을 깨달았다.

음주에도 엄연히 도가 있다. 분위기에 맞게 적당히 잘 마시면 생활의 활력소가 되고 두터운 우정도 쌓으며, 서먹하던 사이도 가까워지고, 용기와 힘을 주는 신비스런 음료가 되지만, 잘못 마시면 오해를 받기도 하고, 주량 이상으로 마시면 건강을 해치기도 하고, 음주운전으로 평생을 망치기까지 한다. 대학 새내기들의 모임에서 폭탄주를 마시고 그만 귀한 생명까지 잃지 않던가.

'술이 술을 마시고 술이 사람을 마신다.'는 술. 바위섬에 파도가 다가와 부서지는 것처럼, 돌부리에 나 스스로 걸려 넘어져 상처를 입는 것처럼 사람들은 적당히 마시지 않고 욕심껏 마신 뒤 술을 원망한다. 자기의 주량에 맞게 적당히 마셔서 품위도 유지하고 건강도 챙기면 더 바랄 것이 없으련만, 욕심이 화를 낳고 화는 결국 파멸을 가져올 뿐이다. 한 잔에 속지 말고 한 잔 줄여 마신다면, 올바른 음주문화로 자리잡아 갈 텐데 하는 생각이 든다.

소주 석 잔에 KO를 당한 나를 돌아보면서, 한 잔의 소주는 금이요, 두 잔의 소주는 은이며, 석 잔의 소주는 똥이란 생각을 해본다.

내 주량은 딱! 한 잔이다.

(2007. 7. 26.)

문악집

아랫녘 말투의 한 남자로부터 전화가 걸려왔다.

"여보세요, 거기가 '문악집' 인가요?" 음식점을 찾는 전화인 줄 알고 "잘못 거셨는데요." 막 전화를 끊으려는데, 내 이름을 대면서 "거기가 문학을 하는 사람이 사는 '문학의 집' 이 아니냐고요?" 라며 재차 물었다. 그제야 감을 잡고

"김 선생님이시군요." 했더니 이젠 남의 성까지 간다며, 농담이 오갔다. 다름 아니라 《행촌수필》 11호에 실린 〈팝콘과 영화〉란 내 글을 읽고 예촌 문 화백으로부터 걸려온 축하전화였다.

세수를 하다 말고 얼굴을 삐죽이 내밀며 짝꿍은 동창 모임이 있어 오늘 점심은 밖에서 한다며 기분이 좋아 보였다. 까발리기를 싫어하는지라 기회는 이때다 싶어, "아침에 축하전화도 받았으니, 화백에게 책 한 권 드리면 어떨까요?" 하며 조심스럽게 입을 열었다. 주소가 찍힌 누런 봉투에 《대한문학》2007년 가을호 한 권을 넣으면서 나는 묘한 감정이 솟구쳤다. '아니! 내가 선뜻 화백께 책을 줄 수 있는 용기가 어디서 나왔을까?'

사실은 전북대학교평생교육원 수필창작과정도 소리 소문 없이 조용히 다니고 있던 터인데 《행촌수필》 10, 11호에 글 두 편이 실리면서부터 봄볕에 아지랑이 피어오르듯이 소문이 몽개몽개 퍼지기 시작했다. 그러더니만 이 사람 저 사람으로부터 전화가 심심찮게 걸려왔다. 그럴 때마다 내 대답은 "부끄럽습니다."라는 말로 말문을 막아버렸었다. 그런데 이런 나더러 뜬금없이 문학을 하는 사람이란다. 참 듣기 좋은 말인데도 어쩐지 쑥스러워 헛웃음을 웃어댔다.

예촌 화백은 오늘의 수필 소재를 자기가 제공했다며 이것도 수필감이라고 했다. 화백다운 말이었다. 그림의 소재도 수필의 소재 찾기와 무엇이 다르랴. 이 말을 듣는 순간, 그래! 좌우지간 써보리라 마음먹었다. '언제는 창을 배운다고 국악원 문전을 기웃거리더니, 이젠 글도 쓴다고?' 사람들이 의아해할 것을 생각하면 닭살이 돋기도 하지만, 왠지 자신 있는 대답 대신 주춤거려지는 이유는 무엇일까. 수려하지도 못한 몇 작품이 책에 실렸다고 나 스스로 여기저기 말하기도 쑥스럽거니와 입이 떨어지지 않아서 말을 못하고 있던 차에 소문이 자연스럽게 번져 예촌 화백한테까지 들어간 것이었다.

그날 있었던 일을 묻지도 않았는데 모임에서 돌아온 짝꿍이 나에게 졸졸 얘기했다.

"오늘 우리 모임에서 자네 '등단' 축하한다고 모두 손뼉을 쳤네. 물론 예촌 화백이 입을 열었지."

어느 날 성서강의 때 신부님께서 점심 시간에 소화제로 하신 말씀이 생각났다. 입소문 내기로는 여자를 당해낼 남자 없다며, 부활하신 예수님도 부활 소식을 빨리 소문내려고 말하기 좋아하는 여자한테 제일 먼저 나타나셨단다. 등단 소문을 예촌 화백이 내버렸으니 예촌 화백이 성녀 '막달라 마리아' 인 셈인가. 속담에 망아지가 뛰니 꼴뚜기도

뛴다는 말이 있듯이, 내가 그런 꼴은 아닌지 모르겠다.

가을 국화 한 다발을 샀다. 옹기단지에 물을 가득 붓고 꽃을 꽂았다. 구석진 곳에 놓고, 바라보니 그곳이 아름다워 보였다. 들국화를 바라보는 마음으로 글을 쓰고 싶다. 내 글이 이웃에게 저 국화꽃이 되어준다면 얼마나 좋을까.

글쓰기는 나를 가꾸는 일이다. 나를 들여다보고 내 안의 나를 찾아서 한 줄의 향기를 담아낸다면 어찌 '꼴뚜기' 이랴.

나는 글을 쓰고 싶다. 그냥 쓰고 싶다. 거창한 목적이랄 것도 없다. 비록 독자가 나 혼자일지라도 나는 글을 쓰고 싶다. 그래서 오늘도 컴퓨터 앞에 앉아서 자판을 두드린다.

(2007. 10. 4.)

땀인지 눈물인지

— 30년간 살아온 주택을 떠나던 날

동전주 안골사거리가 새로운 내 텃밭이 될 줄이야……. 마음이 뒤숭숭해서 일이 손에 잡히지 않는다. 삼복더위에 이사를 해야 할지 결단을 내리지 못하고 있다가 불현듯 해거름 녘에 이삿짐센터로 전화를 걸었다. 이사철이 아니라서 바쁘지 않은지 내일 당장 옮기자 한다. 아무리 번갯불에 콩을 튀는 세상이라지만 어안이 벙벙했다. 엉겁결에 나도 그만 '예~에? 아, 그렇게 합시다!'

집을 사고팔거나 이사를 할 때는 바깥양반 목소리보다 안사람 목소리가 더 큰 것 같다. 우리 집도 예외는 아니었다. 이사 결정을 하고 나니 마음이 후련했다. 사람이 하는 일 못할 것도 없지. 의기도 양양 신바람이 춤을 춘다. 저녁밥을 거른 줄도 모르고 대충 옮겨야 할 목록을 작성했다. 통장이며 도장 등 중요한 문서는 크로스백에 넣어두고 일기예보에 귀를 기울였다. 내일 오전부터 비가 온단다.

'오시려면 오시라 하지, 오히려 시원하고 좋지 뭐.'

내 몸 어디에 숨어 있던 막무가낸가. 비쯤이야 문제가 아니다. 이윽고 다음날 아침 7시에 용달차가 왔다. 동작 빠른 아저씨들의 손에 의

해 짐 꾸러미가 만들어졌다. 심지어 숟가락에서부터 장롱 속옷까지 다른 사람의 손을 빌어 짐을 꾸리다니, 주부 체면이 졸지에 무너지는 것 같았지만 이런 마음도 잠시뿐이고 서둘러 하나라도 더 이것저것 챙겨야 했다. 짐을 들어낸 자리 먼지를 털어내자니 내 마음속에 쌓인 먼지도 같이 털리는 듯했다. 휴가차 내려온 막둥이를 비롯하여 네 명의 장정들 얼굴에선 장대비를 맞은 것처럼 땀이 흘러내렸다. 와중에도 여유로움을 보이는 막둥이는 '세상에 장롱 밑에 찌그러진 동전 하나 없네 그려.' 라며 농담까지 했다. 드디어 용달차에 짐은 실렸고 '별장을 나는 새' 는 삼복더위도 아랑곳없이 날개를 차고 올랐다.

30년 가까이 살아온 집을 떠나는 순간, 옆집 영경이 엄마 눈에서도 내 눈에서도 땀인지 눈물인지 양볼을 타고 흘러내렸다. 만남과 헤어짐의 연속이 인간사라더니 끈끈한 정으로 맺어진 이웃을 뒤로하고 인정머리 없는 용달차는 출정하는 징병 차처럼 아파트를 향해 달리기 시작했다. 먼저 온 사다리차는 어서 오라는 듯 육중한 다리를 8층에 척 걸쳐놓고 용달차가 도착하자 기다렸다는 듯이 포식 동물처럼 짐 꾸러미를 하나하나 순식간에 먹어치우기 시작했다.

아침부터 내린다던 비는 후덥지근한 바람을 타고 간간이 실비를 뿌려줬고, 하늘엔 구름이 잔뜩 덮여 오히려 더위를 막아주었다. 그런데 마지막으로 철 사다리가 28년생 소철화분과 항아리를 다 끌어올리고 난 순간, 서쪽 하늘에서 시커먼 먹구름이 몰려오더니만 삽시간에 거센 바람과 함께 구멍이 뚫린 듯 폭포수처럼 퍼붓기 시작하는 게 아닌가. 통쾌했다. 저 멀리서 장쾌한 〈콰이강의 다리〉 행진곡이 들려오는 것 같았다. 짐을 다 끌어올린 다음에야 억수 같은 꿀비를 주시다니! 나는 연신 주문처럼 외워댔다. '하느님 감사합니다.'

서두는 바람에 소철 화분은 상처가 났지만. 짐도 사람도 고스란히

8층 베란다에 안기는 순간이었다.

경황 중에 짐을 꾸리다 보니 사소한 웃음거리도 있었다. 정작 가지고 와야 할 냉장고는 빠뜨리고, 버려야 할 바람 빠진 튀밥 뭉치가 따라와 한바탕 웃음바다가 되기도 하고, 어느 틈새에 끼여 왔는지 지난 겨울 그렇게도 찾았던 가죽장갑 한 짝을 찾았을 땐 마치 초등학교 단짝을 만난 듯 덥석 붙안고 환호하기도 하고…….

정을 끊기란 여간 어려운 일이 아니란 것을 새삼 깨달았다. 멀쩡한 물건들을 버리고 떠난다는 것이 얼마나 매몰찬 일인가.

이사 온 다음날 먼동이 틀 무렵 희한하게도 귀전에서 찌르르 찌르르 울어대는 매미 소리! 깜짝 놀라 베란다에 놓인 화분을 살펴보았다. 새파란 관음죽 너머 방충망에 저 검은 점 하나, 그것은 분명 매미가 아닌가. 정을 떼지 못해 따라왔단 말인가. 팔려간 개가 다시 주인을 찾아왔다더니, 주인 냄새를 더듬으며 8층까지 날아온 매미. 화산동 옛집 푸른 나무들이랑 나와 함께 여름 연가를 불러댔던 매미! 그러나 매미는 다음날도 그 다음날도 오지 않았다. 미물인 벌레, 돌멩이 하나까지 함께해온 세월만큼이나 알게 모르게 쌓이는 것이 정인가 사랑인가. 옛 터전을 떠나오니 눈물이 난다. 창문을 기어오르던 아이비며 단풍잎의 산뜻한 얼굴, 저녁 어스름에 젖어오는 소쩍새소리랑 다시 들을 수 있을까.

앞으로 더 큰 이사 한 번이 기다리고 있는 인생길. '버리고 떠나기.' 나는 이제야 버리는 연습에 들었으니, 더 배워야 할 길이 창창하다고나 할까. 오늘도 미처 가져오지 못한 책이며 화분이랑 소쿠리 따위를 가지러 땀인지 눈물인지 뻘뻘 흘리며 불볕더위 속을 가고 있다. 사실은 가져온다기보다 버리러 가고 있다는 말이 더 정확하리라.

(2007. 8. 4. 이사)

나는 여왕이로소이다

참으로 서먹서먹했다. 아파트로 이사 온 지도 어언 8월이면 1년이다. 그런데 아직도 익숙하지 못한 점이 많다. 몸에 밴 습관을 고치기란 그리 쉬운 일이 아니다. 빨리 적응되지 않아 집에서나 밖에서나 많이 헷갈렸다.

누가 현관 벨을 누르면 나는 집 안에서 인터폰 경비실 버튼을 누르고는 '누구세요?'를 연발하니 경비원이 무슨 일인가 하여 8층까지 달려오게 하기도 했다. 엘리베이터에 오르내릴 때 작동키를 누르지 않고 우두커니 서 있다가는 '아참!' 하며 그제야 8이란 숫자를 누른다든지, 어느 땐 15층까지 올라갔다가 다시 내려오는 때도 더러 있다. 단독주택 아랫목에서 태어나 여기까지 흘러온 세월이 무릇 얼마인가? 세 살 버릇이 여든까지 간다더니 이렇듯 한번 든 버릇은 무의식적 행동으로 나타나기에 예순네 살까지의 내 버릇을 하나하나 고쳐가는 중이다.

백수 아줌마는 거의 아침마다 화려한 외출을 한다. 그러다 보니 가끔 경비실 아저씨 보기 민망할 때가 있다. 물론 이사와서 인사야 했지만 자세한 얘기를 나눈 적은 없다. 그렇다고 외출할 때마다 먼저 인사를 할 수도 없고, 궁리 끝에 하루는 수건 2장과 식혜를 병에 담아 경비실 문을 두드렸다. 그 뒤부터는 훨씬 더 다정해졌다.

오늘은 경비실 아저씨가 아파트 화단 잡초 제거작업을 열심히 하고 있었다. 시원한 식혜 한 병을 갖다 드렸더니 무척 고마워하며 얼굴에 함박꽃 같은 웃음이 피었다. 이렇게 주고받는 인사는 마음의 벽까지도 무너뜨려 준다.

사람들은 아파트를 성냥갑이나 닭장에 비유하곤 한다. 사람이 땅을 밟고 살아야 한다느니, 답답하다느니, 이웃과의 단절 등등 이유야 들추면 얼마든지 많다. 나도 역시 아파트로 이사오기 전까지만 해도 그런 고정관념에서 벗어나지 못했다. 그러나 아파트에 살아 보니 그런 것만도 아니었다. 무슨 일이든 마음먹기 달렸다고들 하지 않던가. 이 순간부터 나는 여왕이 된 것이다.

나는 승용차 앞 조수석을 좋아하지 않는다. 우선 벨트 매는 게 싫고 햇볕 받는 것이 싫어서다. 그래서 항상 뒷좌석을 고집한다. 그러나 버스는 좀 다르다. 맨 앞좌석은 앞이 훤히 보여서 좋고, 맨 뒷좌석은 승차한 모든 사람을 다 볼 수 있어서 좋다. 그러나 그보다 더 큰 숨은 뜻이 있다. 승용차 조수석 뒷좌석은 귀빈석이기 때문이다. 귀빈은 바로 나요, 내가 곧 여왕이기 때문이다.

영국의 버킹엄궁전에 나는 아직 가보지 못했다. 여왕이 살고 있는 영국의 왕궁이라는 것 정도만 안다. 지금부터는 내가 살고 있는 아파트를 바로 버킹엄궁전으로 생각하련다. 아파트 입구에는 근위병이 궁을 지키고 있으며 차를 타고 아파트 문을 지날 때면 잘 다녀오시라는 인사를 건네주고, 또 돌아올 때는 잘 다녀오셨느냐며 인사를 나누니 이 또한 여왕이 된 기분이다.

그뿐인가. 엘리베이터에 오르면 CCTV가 작동 중이어서 나를 잘 지켜 주고 있으니 이만하면 여왕으로서의 대접을 아파트 말고 또 어디 가서 누려볼 수가 있으리오. 내가 거처하는 방 창문을 열면 정갈하고 깨끗하게 정돈된 궁전의 뜰이 보인다. 뜰 안에서는 왕자와 공주들이 자전거를 타며 놀고 있다. 정원사가 뜰의 나무들을 관리하기도 한다. 보랏빛 드레스가 노을에 젖어 황금빛 파도를 친다. 지는 해를 바라보며 감사할 뿐이다. 여왕이 되게 해주신 주님께…….

남 앞에 군림하고 싶어서는 결코 아니다. 그만큼 소중한 나를 존중해서다. 내가 나를 존중하지 않을 때 그 누가 나를 존중해 줄 것인가. 같은 일이라도 생각하기에 따라 기쁠 수도, 슬플 수도 있다. 같은 값이면 밝은 쪽을 보고 살자는 것이다. 다시 말하면 긍정적인 생각을 하자는 것이다. 대접받으려면 먼저 상대방을 존중하고 대접해야 한다. 극단적인 예로 쓰레기 속의 왕이면 그게 무슨 왕이겠는가. 깨끗하고 잘 차려입은 황족들 사이에 있는 왕일 때 어울리는 춤도 노래도 나오지 않겠는가. 까마귀 떼 속의 한 마리 백로가 어찌 행복하겠는가.

내가 여왕이 된 기분으로 길을 걸으면 모든 사람이 왕족처럼 보인다. 이런 기분이면 좀 언짢았던 일도 곧 지워진다. 하다못해 찬거리를 사거나 물건을 흥정할 때도 여왕이 된 기분을 상기하면 서로 낯붉힐 일이 없다.

이런 말이 있지 않은가. '왕비가 되고 싶거든 남편을 왕으로 모시라.' 그렇다. 그러면 아들은 왕자가 되고 딸은 공주가 되지 않겠는가. 여왕이 되어 왕의 법도를 지키며 살아갈 일이다.

(2008. 7. 4.)

박하사탕 한 알

— 지리산에 오르다(1)

갑자기 식은땀을 흘리며 현기증을 일으킨 짝꿍 탓이랄까, 일행과 헤어질 수밖에 없었다. 현기증을 가라앉히느라 허리띠를 풀고, 몸을 헐렁하게 하여 심호흡을 하게 하니 몸이 차츰 회복되었다. 짝꿍이 내 얼굴을 빤히 바라보더니, “가고 싶지?” 하고 모깃소리만 하게 묻는다. 그렇다고 고개를 끄덕였더니, 내 걱정하지 말고 빨리 가면 일행과 합류할 수 있을 거라 했다. 짝꿍의 말이 떨어지기가 무섭게 나는 산토끼처럼 깡충거리며 뛰었다. 뒤도 돌아보지 않고 일행을 좇아 장터목을 향해 지리산을 올랐다. 하산하는 사람을 만날 때마다 이런저런 사람들을 보지 않았느냐며 몇십 번도 더 물어봤지만, 모두 고개를 내저을 뿐이었다.

말로만 듣던 지리산 등반이었다. 지리산을 정복하려면 평소에 전주에 있는 모악산을 꾸준히 등산하라는 말을 듣고 그렇게 해온 터였다. 그러나 장터목까지만 해도 등산초보자로서는 버거운 일이었다. 단지 일행을 만난다는 희망 하나로, 숨 한번 돌릴 새 없이 물 한 모금도 입에 대지 않고 앞으로만 전진, 드디어 장터목에 도착했다. 장터목은 그야말로 장터였다. 수많은 사람이 여기저기 텐트를 치고 밥을 짓기도 하고, 하산 채비도 하고, 시골 장터에 온 기분이었다. 휴게소를 보수하느라 헬기가 모래를 실어 나르는 광경도 장관이었다. 어디선가 나타날 것 같은 일행은 눈을 씻고 봐도 보이지 않았다. 방송까지 해 봤지만 찾지 못했다. 다시 천왕봉을 향해 발걸음을 옮겼다. 혼자서 안개 빗속을 오르고 있었다. 한여름 막바지 더윈데도 비에 젖은 몸은 춥고 배도 고프고 사방을 둘러봐도 사람이라곤 보이지 않았다. 여기저기 고사목은 뼈다귀처럼 박혀 있고, 기류를 타고 흐르는 운무는 신의 입김처럼 내 몸을 휘감았다 풀었다 하며 하늘로 오를 기세였다. 금방이라도 하얀 수염을 늘어뜨린 지리산 신령이 나타나 모세의 지팡이를 휘두를 것만 같았다. 죽었다가 다시 살아났다는 사람들의 증언이 이런 광경을 체험하고 천당에 가 봤다고 하는 게 아닐까. 순간, 나는 왈칵 무서운 생각이 들어 정상을 눈앞에 두고 그만 돌아서고 말았다.

성공과 실패의 차이는 여반장如反掌이라고나 할까. 사소한 일 하나까지도 정성을 다해 챙겼을 때와 소홀히했을 때의 차이로 성공과 실패가 판가름 나리라. 장터목을 지나 제석봉까지 올라온 공력 따윈 기억조차도 없이 힘 빠진 몸을 끌고 터덕터덕 내려오고 있었다. 복병이 여기에 있었다. 짝꿍 배낭 속에 든 밥이며, 물, 사탕 한 알도 챙겨오지 않았던 내 허술함이 되돌아서게 한 것이었다. 오로지 일행과 합류해서 정상에 올라야 한다는 야망을 품었을 뿐, 정상까지 가려면 밥과 간식이 있어야 한다는 것은 까맣게 잊고 '심마니' 가 되어 '심봤다.' 를 외치고 싶은 마음뿐이었으니까. 기력은 점점 소진해져서 이젠 한 발짝도 옮길 힘이 없었다. 기다시피 산에서 내려오고 있었다. 하늘이 돈짝만 하고 그저 주저앉고 싶을 뿐, 몸을 주체할 수가 없었다. 그렇게 많은 사람과 스쳤는데도 아는 사람 하나 없었다. 밥 한 술 물 한 모금 구걸할 힘도 용기도 없었다. 그때였다. 분명 사람의 목소리였다. 귀가 번쩍 띄었다. 눈뜰 힘조차 없던 나는 소리가 들리는 쪽으로 몸을 추슬렀다.

"이거라도 입에 넣어보시죠." 하며 나에게 건네준 것은 '박하사탕 한 알!' 그것은 우황청심환도 아닌, 그야말로 사경에서 나를 구해준 한 뿌리의 산삼이 아닌가. 그 기운으로 숙소까지 올 수 있었으니 말이다. 전에 짝꿍이 병뚜껑에다 '삐얄기' 눈물만큼 물 한 모금 받아먹고 지리산에서 정신을 차렸다는 얘기를 듣고 믿기지 않았었는데, 그 말이 사실이란 걸 실감했다. 지금 생각하면, 박하사탕을 건네준 '산사람' 에게 고맙다는 인사나 제대로 했는지 기억조차 없다. 한참 때늦은 인사지만, "정말 고마웠습니다. '산사람' 이여! 행복하시기를……."

박하사탕 한 알을 내게 건네준 '산사람' 그 따뜻한 인정이 그립다.

(2007. 9. 1.)

멍든 엄지발톱

— 지리산에 오르다(2)

"야! 가타리나 씨 대단해, 지리산 천왕봉에 갔다 왔다며?"

나에게 부럽다는 듯 밑도 끝도 없이 던진 말에, 변명할 짬도 없이 엉겁결에 그만 "예, 그렇게 됐어요."라고 대답하고 말았다. 이 말을 흘린 뒤 나는 지리산 천왕봉을 기필코 다녀오리라 결심했다.

새벽 4시에 밥을 먹은 뒤 하루 내 '박하사탕 한 알' 입에 넣은 기억밖엔 없었다. 기진맥진한 몸을 이끌고 겨우 숙소에 도착했다. 나를 얼싸안아 반겨 주리라 생각했던 짝꿍은 보이지 않았다. 혼자만 남겨두고 떠나버린 내가 무엇이 그리도 예뻐서 얼싸안아줄까 마는 내심 서운했다. 꼭두새벽에 밥을 지었던 솥이며 주걱이 숙소 마루 한쪽 구석에 너저분하게 놓여 있었다. 누룽지가 솥 바닥에 붙어 있을 뿐 입맛 다실 만한 것은 없었다. 누룽지를 몇 숟갈 뜬 뒤 나는 그만 잠 속에 빠져들고 말았다.

시간이 얼마나 흘렀는지, 떠들썩한 소리에 눈을 떴다. 그 순간 우린 서로 놀라고 말았다. 제석봉에서 천왕봉을 코앞에 두고 되돌아서는 순간까지 몽매간에 그리도 찾아 헤맸던 일행이 아닌가. 한동안 말을 못하고 멍하니 바라보고만 있었다. 더더욱 놀란 것은 천왕봉에서 만난 짝꿍이 내가 걱정되어 찾았다며, 어찌된 일이냐고 물었다. 새벽에 고시레를 안 하고 밥을 펐더니 산신령이 노하셔서 이런 일이 벌어졌다며, 귀신이 곡할 노릇이라고 했다. 나중에야 안 사실이지만, 차츰 현기증이 가라앉은 짝꿍은 산토끼처럼 뒤도 한 번 돌아보지 않고 뛰는 내 모습에 충격을 먹고, 왈칵 오르고 싶은 충동을 느껴 그때부터 산을 탔다는 것이다. 이 말을 듣는 순간 심장이 멎는 것 같았다. 내심 서운했던 마음을 가졌던 것은 행복한 투정이었나. 안절부절, 아리고 쑤셔댄 엄지발가락도 언제 아팠느냐다. 우리 부부는 마치 영화 속에서나 볼 수 있는 피난길에서의 아슬아슬한 엇갈림 장면을 엔지 한 번 내지 않고 멋지게 연출해낸 것인가. 같은 등산길을 오르내리면서 순간 포착을 못하고 스쳐버리다니, 간발의 차로 1, 2등을 다투는 릴레이 선수처럼 앞만 보고 올랐단 말인가. 미물인 개미들도 오르내리면서 서로 더듬이를 맞대고 악수하며 격려를 해주고 헤어지던데, 하물며 오감을 갖춘 나와 짝꿍은 같은 길을 오르내리면서 서로 만나지 못했다니, 내 눈이 더듬이만도 못하단 말인가. 헤어져 만나지 못하고 아린 가슴을 안고 살아가는 이산가족들의 마음을 뼛속 깊이 헤아릴 수 있었다. 일행 중 4명은 똘똘 뭉쳐 지리산 정상까지 무사히 다녀왔지만, 나와 짝꿍은 거리의 차력사 잠빠노가 순정의 여인인 어릿광대 젤소미나를 가슴 저미도록 그리워하며 '길'을 헤맸듯이 나는 일행을 좇아서, 짝꿍은 나를 좇아서 같은 시간에 지리산에서 헤맸던 것이다.

해는 어느덧 지고 있었다. 짝꿍은 어디서 헤매고 있는지 나타날 기미조차 없었다. 일행과 나는 불안한 마음으로 짝꿍이 나타나기를 고대하며 등산로 쪽에 눈을 박고 있었다. 하느님은 이런 순간을 인간에게 허락해 주시고는 기도하며 회개하도록 만드시나 보다. 짝꿍만 남겨두고 홀연히 떠나버렸던 내 잘못이 송곳이 되어 가슴을 찔렀다. 두 손 모아 간절히 빌었다. 바로 그때였다. 어둠 속에 잠빠노의 모습이 보였다. 패잔병의 몰골로 지팡이에 온몸을 의지한 채 절뚝절뚝 내려오고 있었다. 이 극적인 순간을 어떻게 말하랴! 이때같이 짝꿍 때문에 애간장이 탄 적도, 눈물을 흘려본 적도 없었다. 부끄럼도 그 무엇도 다 버리고 뜨거운 포옹으로 짝꿍을 맞았다. 짝꿍의 눈가에서도 이슬이 맺혔다. 이번 지리산 산행은 우리에겐 값진 깨우침이자 큰 사랑의 확인이었다. 서로 찾고 챙기며 '부부 일심동체' 의 실체를 실감한 산행이었다. 숙소에 들자 일행으로부터 '만세' 의 함성이 터져나왔다.

그날 멍든 엄지발톱이 아플 때마다 내 마음은 더 쑤시고 아렸다. 발톱이 아무는 동안, 천왕봉에 다녀온 양 엉겁결에 대답해 버린 그 빈 부분을 꼭 채워 넣으리라 얼마나 다짐했던가.

내가 천왕봉에 올라 하늘을 향하여 만세를 외친 지도 벌써 13년이란 세월이 흘렀다. 영국의 알피니스트 조지 멜러리가 한 말이 생각난다.

"저기에 산이 있어 오른다."

산을 바라보고 있노라면, 인생길이 바로 등산길이란 느낌이 든다. 세월이란 밧줄에 매여 끌려가고 있는 건지, 아니면 내가 끌고 가고 있는 건지, 나는 오늘도 나의 산을 끊임없이 오르고 있다.

(2007. 9. 13.)

군불

아까부터 전원을 꽂아 두었더니 침대 이불 속이 따끈따끈하다. 발을 넣자 눈이 감긴다. 어느새 솔내음 그윽한 아버지의 가리 나뭇짐 위에 앉아있다. 한 마리 다람쥐다. 밤을 훔쳐 앞섶에 끌어안고 떨어지지 않으려고 지게 목을 꼭 잡고 안간힘을 쓰는데, 누군가 연속극을 보라며 흔들어 깨운다.

지난 주말이었다. 질녀 결혼식에 참석한 뒤 가을 사냥 길에 나섰다. 전주-남원 간 국도는 고속도로 못지않게 붐볐다. 뺨을 스치는 바람은 콧속까지 시원했다. 청순이 구절초, 간들간들 코스모스, 점박이 먹감, 동동주 한잔에 취해버린 단풍, 밭두렁에 서 있는 허수아비까지도 어서 오라고 반기는 것 같았다. 가을 정취에 빠져 한참이나 말없이 달렸다. 차창 밖 저 멀리 산기슭에 자리한 초가지붕 굴뚝에서 하얀 연기가 피어오르고 있다. 지극히 평화롭게 보인다. 연기는 마치 번제물을 태워 바치는 어머니의 기도가 하늘에 닿기라도 하듯 춤을 추며 높이 오르고 있다. 마당에서 키질하는 어머니의 모습이며 나뭇짐을 지고 사립문을 들어서는 아버지의 모습이 보이는 것 같다.

군불을 지피며 살았던 아득한 옛일이 모락모락 피어오른다. 우리 집 굴뚝에서 연기가 피어오르지 않는 날은 어머니가 계시지 않아 저녁밥 짓는 일은 내 몫이었다. 밥 짓는 일이 싫었지만 왜 그때가 그립기만 할까. 해 질 녘이면 솔가지 태우는 냄새로 마을은 자욱하고 초가지붕 박꽃은 달빛과 어우러져 은하수로 흘렀다. 그림같이 아름다웠던 이런 시골 풍경을 지금은 어디에 가서 찾아볼까.

쉬는 날이면 애들을 앞세우고 낚싯대를 챙겨 붕어를 낚으러 갔다. 붕어를 못 낚는 날은 우렁이를 잡았고, 우렁이도 못 잡으면 솔방울을 주워왔다. 솔방울은 애들의 좋은 놀이도구가 되었다. 솔방울끼리 끼워 탑을 쌓기도 하고 길게 기차 모양도 만들며 놀았다. 송진이 묻은 왕솔방울은 불탐이 좋아 군불감으로 참 좋았다. 솔방울을 아궁이 깊숙이 넣고 불을 붙여두면 저녁 내내 시나브로 타올라 방을 데워주었다. 덕분에 부뚜막이며 굴뚝 옆이 따뜻해져서 부뚜막은 고양이가, 굴뚝 옆은 누렁이가 배를 깔고 보초를 서기도 했다. 이런 군불을 어찌 헛불이라 말하랴. 군불은 지독한 추위를 몰아내는 무기였다.

할머니는 굴뚝에서 피어나는 연기만 보고도 동네의 대소사를 쭉 꿰셨다. 새벽에 딸고만이네 집 굴뚝에서 피어오르는 연기는 첫국밥을 짓는 거라며 '이번엔 아들을 꼭 낳아야 할 텐데' 하시면 영락없이 해산했고, 끼니때가 되어도 굴뚝에서 연기가 피어오르지 않으면 끼닛거리가 없어서라며 하다못해 찐 고구마라도 같이 나누셨다. 대낮에 피어나는 연기는 그날 저녁에 제사 모실 집이란 것까지도 마을 사람들은 알고 지냈다. 이렇게 굴뚝 연기는 이웃 간에 사정을 알리고 인정을 나누는 징표 같은 것이었다. 지금 세상이야 옆집 독거노인이 혼자 눈을 감았는지, 떴는지도 모르지 않는가. 연기가 공해가 된다 할지라도 그때 세상의 인정만은 잊지 말고 살아가야 할 일이다.

군불을 지핀 방은 윗목 아랫목 할 것 없이 온 방이 다 따뜻해서 식구들이 추위에 떨지 않고 추운 겨울을 편안히 보낼 수 있었다. 아버지가 마련하신 군불감으로 군불을 지펴서 온 방을 따뜻하게 데우듯이, 가정을 지피는 군불, 이웃을 지피는 군불, 나라를 지피는 군불이 절실한 계절이다.

아파트로 이사 온 지 벌써 100일이 지났다. 엘리베이터에서 어쩌다 마주치는 어린이는 인사를 하지만, 어른들은 눈을 맞추려 하지 않는다. 좋게 보면, 그게 편하고 자유로울 수도 있다. 하지만 결과는 어떤가. 이제 '이웃사촌' 도 아닌 세상, 너무나 삭막하지 않은가. 이웃을 만날 때마다 따스한 미소로 군불을 지피리라. 어찌 보면 인생이란 내내 군불을 지펴야 하는 것인지도 모른다.

한겨울 끼니는 걸러도 군불 없이 어떻게 긴 밤을 보내랴. 침대 군불 스위치를 넣으면서 생각한다. 훈훈해지는 방바닥 인정. 결코, 헛불이 아닌 인정의 군불임을!

(2007. 11. 8.)

팽이의 추억

동생의 호주머니는 항상 빵빵했다. 세탁하려고 주머니를 털면 유리구슬에서부터 노끈 나부랭이, 고무줄 도막, 지남철 조각, 구멍 뚫린 엽전 등 심지어 어머니가 애타게 찾던 아버지의 겉저고리 단추까지 들어 있었다. 그럼에도 이런 동생을 어머니는 꾸짖기는커녕 오히려 두둔하셨다. 사내는 모름지기 봉창이 두둑해야 처자식을 굶기지 않는단다. 그래서인지 지금도 나는 세탁물을 챙기면서 속설을 믿었던 어머니의 말씀을 떠올리며 피식 웃곤 한다.

당시 초등학교 3학년이던 셋째 남동생은 누가 봐도 똘똘한 개구쟁이였다. 배코머리는 팽이처럼 동글동글했으며 쥐눈이콩처럼 작은 눈은 빤짝거렸다. 옷소매는 코를 닦아서 반질거렸고, 손톱은 닳아서 깎을 것이 없었다. 어찌나 몸놀림이 빨랐던지 이름 대신 도롱태라고 불렀다.

숙제는 꼭두새벽에 얼렁뚱땅 해치우고는 딱지나 제기를 만들어 만만한 누나와 놀자고 퍽 귀찮게 굴었다. 걸핏하면 나를 앞세워 이것저것 해달라고 졸라대며 떼를 썼다. 한번은 팽이채감을 찾는다고 내 등을 밟고 올라서서 시렁에 놓인 반짇고리를 내리려다 그만 등잔을 엎질러 사단이 나기도 했다. 그뿐인가. 도랑가에서 메뚜기를 잡다가 새 고무신짝을 떠내려 보낸 일이며, 어머니 저고리 고름으로 팽이채를 만들었다고 야단을 맞을 때마다 덩달아 나까지 싸잡아서 꾸중을 들어야 했다. 나 또한 동생을 내 손 부리듯이 아궁이에 불을 지펴라, 몽당비로 개똥을 치워라, 요강을 씻어 방에 들여놓으라며 궂은일을 퍽 시켰다. 그래도 동생은 싫은 기색 없이 내 말이 떨어지기가 무섭게 도와주었다. 개 눈에는 귀신도 보인다던데 하필이면 개가 짖어대던 한밤중에 뒷간 가는 일이 무서워 동생을 깨웠던 일이랑, 아침 눈뜨기 바쁘게 꽁꽁 얼어붙은 논바닥으로 내달려 팽이치기를 했던 지난 일들이 떠올라 동생이 더욱 그립다. 틈만 났다 하면 땅뺏기, 자치기놀이를 했다. 요술처럼 구르는 구슬치기며 나비처럼 제기가 발끝에서 신이 나게 날아오르는 제기차기도 즐겼지만 뭐니뭐니해도 동생이 잘하는 것은 팽이치기였다.

허공에 던져진 팽이가 채에서 풀려나 휙 소리와 함께 땅에 떨어지는 순간 중심을 잡고 꽂히면 돌기 시작한다. 휘두르는 팽이채 놀림에 따라 팽이는 써레질하듯 종횡무진 자유분방하게 잘도 돌았다. 팽이채 놀림은 기술이었다. 마치 승마선수가 달리는 말 엉덩이를 가끔 채찍으로 치듯이 말이다.

동생은 또 여러 개의 팽이를 한꺼번에 돌려놓고서 오케스트라 지휘자가 파트별로 연습을 시키듯 돌아가면서 치기도 했다. 하굣길에선 또래 애들과 팽이 싸움도 붙였다. 팽이끼리 부딪치면서 스파크가 튀었다. 창과 방패를 든 병사가 지휘관의 작전지시에 따라 움직이듯이 팽이는 팽이채의 놀림에 따라 온몸을 던져 싸웠다. 팽이채 놀림을 어떻게 익혔는지 강하게도 쳤다가 약하게도 쳤다가 밥을 먹이듯 팽이를 살살 달래면서 팽이채를 능란하게 조절할 줄 아는 동생은 팽이싸움만 하면 이겼다.

동생의 팽이엔 자신을 다스리는 팽이채가 있어서였다. 중심을 잡는 힘으로 학대하는 것처럼 호되게 후려칠 때만 팽이는 돌았다. 채로 맞으면 맞을수록 잘도 돌았다. 그러다가도 잠시 팽이채가 멈추면 팽이는 중심을 잃고 서서히 까무러졌다. 동생은 까무러져가는 팽이를 다시 살리려고 마구 팽이를 쳐댔다. 팽이가 일어설 때까지 "너, 죽을래? 멈추면 죽어." "그래? 돌아라, 돌아." 중얼거리며 쳐댔다. 그랬건만 팽이가 일어서지 못하면 팽이채가 나빠서라며 또 다른 팽이채로 팽이를 닦달해댔다. 그러자니 동생의 호주머니는 팽이채감으로 항상 빵빵했으리라.

동생은 공업고등학교에 입학했지만, 집안의 중심인 어머니의 갑작스러운 병환으로 새벽으론 신문 배달을 하여 학비며 잡비를 스스로 벌어야 했다. 가까스로 역경을 딛고 졸업한 뒤 손꼽히는 방적기사가 되어 일본, 수단, 이란 등 방적기술을 요구하는 곳이라면 어디든지 달려갔다. 그야말로 '지구를 누비는 남자'가 되어 팽이처럼 바삐 돌았다. 풍을 맞은 어머니의 약값이며 생활비를 동생이 얼마쯤 벌어들였으니, 봉창이 두둑해야 처자식을 굶기지 않는다는 어머니의 말씀은 맞아떨어진 셈인가.

그런 개구쟁이 동생이 저세상으로 떠난 지 벌써 수삼 년도 넘는다. 그 신이 나게 돌던 팽이! 아침부터 동생이 팽이를 쳐대는 걸까. 뱅뱅 소리를 지르며 세탁기가 돌고 있다. 오늘을 여는 소리다. 채찍이 없으면 서지도 달리지도 못하는 팽이, '나'라는 팽이는 지금 잘 돌고 있는 걸까? 나를 잘 돌게 하는 팽이채는 과연 무엇일까?

(2010. 12. 11.)

설원雪原에 서다

沐 川

그대여, 우리 사랑이 시린 저녁
외투를 챙겨 입고 밖으로 나가요
저 눈발 고즈넉이 피워낸 고백
펑펑 내려쌓인 저녁
한 그루 나목 틈새 없는 포옹으로 우뚝 서면
쌓이는 건 오직 새하얀 눈보라
순결한 사랑만이 펑펑 내려덮는 저녁이
우리에겐 언제나 신혼초야였소
잠드는 세상 지금 눈이 내리니
또 신혼초야요
우리 사랑처럼 천사의 눈발이
꽃으로 내려덮는 저녁
그대여, 우리 설원으로 나가요
눈은 내리고 설원은 아득한데
우리 나목 한 그루 우뚝 서서
포옹 하나로 푸욱 눈 속에 묻힌다면……
아아 사랑이여, 사랑이여
이 저녁 눈은 내리고 설원은 아름답소

제 4부

어머니의 장독대

어머니의 장독대

쑥냄새 그윽한 봄날이다. 전주천변을 따라 걷는 치명자산 산책길, 저 멀리 보이는 은석골 양옥집 뜰의 장독대가 봄볕에 반짝거린다. 노릿하게 장 꽃이 수련 꽃마냥 메주 위로 피어오른 우리 집 장독대가 눈에 선하다. 다음 주에는 된장을 치대야겠다.

봄이 되면 옛 고향집 장독대가 떠오른다. 장독대가 있는 뒤란 담 밑에는 쑥, 머위, 돌나물, 풋마늘이 돋아나 봄 입맛을 돋워주었다. 장 익는 냄새가 풍길 무렵이면 노릿한 장 꽃 위로 벌, 나비들이 날아와 맨 먼저 장맛을 보고 소문을 나르느라 분주했다. 상추, 쑥갓을 뜯어 잘 퍼진 보리밥과 쌈을 쌀쯤이면 채송화, 봉선화, 나리꽃도 시샘이라도 하듯 장독대에 피어 호랑나비까지 유혹하곤 했다. 이렇듯 장독대는 풍요로움과 맛이 넘치는 곳이었다. 항아리의 종류도 다양했다. 팡팡하고 주둥이가 넓고 큰 왕 항아리엔 간장을 담았고, 좀 작은 항아리에는 된장을, 유독 반질반질하고 매끄럽게 생긴 더 작은 항아리에는 고추장을 담았다. 그 밖에 새우젓, 멸치젓, 황석어젓 항아리 등 올망졸망한 새끼 항아리까지 합치면 그 시절 우리 집 장독대는 대가족이었다.

어른들은 그해 장맛이 좋아야 집안이 무탈하다고 생각했다. 장을 담그는 날은 말 날로 잡았고 정월에 장을 담아야 소금이 적게 든다고 하셨다. 정성을 다함은 물론이고 장독대에선 허튼 몸가짐이나, 입놀림, 궂은 표정 하나까지도 짓지 않았을 뿐 아니라, 첫새벽이면 정화수를 떠 놓고 집안에 대를 이을 손을 낳게 해달라고, 우환을 막아달라고, 복을 주시라고, 간절히 치성을 바치는 어머니의 사랑과 희망의 텃밭이자 신전과도 같은 곳이었다.

장독대는 어머니의 저금통장과도 같은 곳이라고나 할까. 참깨, 팥, 콩, 쌀을 좀도리 해 놓으셨다가 방물장수의 코티분이나, 어물장수의 마른멸치, 마른 새우랑 바꾸기도 하였고, 때로는 간식거리도 장독대에 숨겨 두셨다. 나는 출출할 땐 간식거리를 찾느라 부엌으로 가 솥뚜껑을 열어보기도 했고, 장독대로 나가 간장, 고추장도 찍어 먹고 항아리 뚜껑을 죄다 열어 뒤지기도 했다. 한번은 할아버지 제사상에 올릴 곶감을 몰래 빼먹고 혼쭐이 난 일도 생생하게 기억난다. 항아리 밑에 다른 항아리를 묻어 아버지의 약술을 그곳에서 발효시키기도 했고, 가을엔 감, 대추, 곶감도 저장했다. 김장철이면 항아리 가득 김치며 밑반찬까지 담갔고, 눈이 수북이 쌓인 장독대에서 동치미를 꺼내다가 동지팥죽을 먹었다. 장독대는 냉장고가 없던 그 시절엔 냉장고나 다름없었다.

어머니의 장독대 식구가 많아질수록 식솔과 살림이 불어나고, 논과 밭을 사서 우리 집은 부자가 되었다. 마을에서는 어머니의 손맛 장맛을 따라올 사람이 없었다. 어머니의 이런 손맛을 닮아 나도 시집와서 3년 터울로 장을 담았다. 내년에는 서울에서 사는 며느리에게 간장과 된장 대신 메주를 보내 볼까 한다.

옥상의 빈 항아리를 볼 적마다 시대의 흐름을 따라 살 수밖에 없는 현실을 실감한다. 대가족제도에서 핵가족으로, 농경사회에서 산업사회로, 급기야 국경을 넘는 글로벌 시대로 빠르게 변화되는 세월 앞에서 장독대는 해체되어 냉장고 속으로 갇혀버렸다. 자신의 분신이자 신전처럼 장독대를 지켜오신 어머니는 얼마나 많은 가슴앓이를 하실까.

왜간장이 아무리 판을 친다 해도 우리의 전통 조선간장이 될 수는 없다. 주거의 변천으로 장독대가 옥상에서 냉장고나 김치냉장고라는 문명의 이기로 변했지만, 자식을 지켜온 어머니의 사랑처럼 장독대는 우리 가슴에 영원히 존재할 것이다. 비록 우리 집의 자그마한 장독대에 간장 항아리 하나만 덜렁 자리하고 있다 하더라도 분명히 장독대임에는 틀림이 없다. 어머니의 손끝이 만들어내는 장맛을 어느 누가 흉내내랴! 세상 어떤 기계로도 만들어낼 수 없는 게 어머니의 손맛이 아닌가. 어머니의 손맛이 밴 장 맛이 그립다.

(2007. 3. 17.)

아니, 이게 무슨 냄새지

시각, 청각, 미각, 후각, 촉각을 오감五感이라 한다. 오감 중에서 제일 예민한 감각이 후각嗅覺이 아닌가 싶다. 큰 물탱크나 지하공사를 할 때 방독 마스크를 착용하지 않고 공사를 하다가 큰 변을 당했다는 말을 많이 들었다. 또 좁은 공간에서 누가 메탄가스라도 한방 날린다 치면 코를 쥐고 손을 내저으며 야단법석을 떨기도 하고, 배고플 때 어디선가 얼큰한 김치찌개 냄새만 나도 입안 가득 침이 고인다. 그뿐인가. 담배 연기만 맡아도 폐에 좋지 않다 하고, 모기향은 또 어떤가. 후각, 그는 보이지 않아도 그 위력이 대단한 놈임은 틀림없다.

사람마다 집집마다 개성이라는 색깔이 있듯이 그 특유의 냄새도 있다. 그래서 나는 집에 손님이 온다 하면 커피나 계피차를 미리 진하게 끓여서 집안의 냄새를 바꾸기도 한다. 향기로운 냄새, 고소한 냄새, 썩은 냄새, 구린 냄새, 탕내, 땀내, 풋내 등 다양한 빛깔만큼이나 냄새의 종류도 많다.

수많은 꽃의 향기도 저마다 다르다. 적당히 취한 낭군의 입에서는 감 냄새, 삼겹살 파티를 하고 온 삼촌에게서는 삼겹살 냄새, 청국장을 끓인 어머니에게서는 청국장 냄새가 난다. 또 콩서리를 하고 온 오빠의 몸에선 낙엽 태운 냄새가 나고, 생선을 주무른 아주머니 손에선 생선 비린내가 난다. 향수를 싼 종이에선 향내가 나고 좀약을 싼 종이에선 나프탈렌 냄새가 나기 마련이다.

요즘처럼 어려운 세상살이에 무엇 좀 해놓고 냄새 풍기는 일들이 얼마나 많은가. 수전노 노릇을 한 스크루지 아저씨한테서는 구두쇠 냄새가 나고, 구세군 자선냄비에선 사랑의 온정 끓는 냄새가 난다. 독버섯에서 어찌 장미향이 나랴.

스스로 혀를 차며 나 자신을 바라본다. 남의 말을 할 자격은커녕 내놓을 만한 일 하나도 없는 주제다. 나는 무슨 색깔의 냄새를 풍기고 있을까 생각해본다. 어쩌다가 다른 사람에게 상처 주는 말을 하지나 않았는지, 또 나로 인하여 다른 사람이 가려지지나 않는지, 하느님께 용서를 청해본다. "하느님! 용서해 주소서!" 남쪽 창가에 적아소심이 피어 있다. 은은한 향기를 내뿜으면서.

객사客舍가 있는 전주 관통로 길은 가을이 되면 더 아름답다. 늘씬한 키에 노란 잎을 매달고 서 있는 은행나무들은 전생에 미스 전북이 아니었나 싶다. 그 은행나무는 자랑할 것도 많다. 자식들도 주렁주렁하다. 자식이 많으니 손자 손녀도 많을 수밖에. 아마 은행나무 집안은 대가족제도를 선호하는가 보다. 요즘처럼 저출산으로 인구감소가 심각한 때에 그네 집안은 웃음꽃이 만발해 보인다. 학비도 정부에서 보조해주니 걱정할일 없을 것이고, 이왕이면 시운도 좋게 태어나야 하는데. "아들딸 구별 말고 둘만 낳아 잘 기르자." 한참 산아제한 캠페인이 벌어진 1974년에 태어난 우리 집 막둥이는 대학교등록금 융자도 못 받았는데?

오늘도 나는 은행나무 길로 한참 걸어가다가 버스를 탔다. 뒷좌석에 앉았다. 치렁치렁한 여대생 머리칼에서 상큼한 장미향 샤워코롱 냄새가 나더니 갑자기 어디선가 구린내가 나기 시작했다. 옆 좌석도 아닌 것 같았다. 다른 사람들은 다들 조용히 앉아 있는데 나만 유별나게 코를 킁킁대며 안절부절 "이 냄새가 도대체 어디서 나는 거야?"하며 냄새나는 곳을 알아내기라도 할 듯 인상을 쓰고 있었다. 집에 도착하여 현관문을 열고 들어섰다. 이때 남편이 외출하려고 신발을 신다가 갑자기 얼굴을 찌푸리며, "아니, 이 냄새! 자네 똥 밟았는가?" 했다. 순간 나는 폭소가 터져나왔다. 아뿔사! 그제야 버스 속에서의 구린내 출처를 알게 되었다. 근묵자흑近墨者黑이라더니 은행나무 길을 걸었던 내 구두 바닥에 묻은 짓무른 은행의 냄새였다.

은행나무의 복 많은 것을 부러워했는데 한 가지 그 나무에도 흠은 있었다. 늘씬한 키, 노란 잎, 많은 자녀와 손자 손녀를 거느린 것까지는 좋았지만, 그 냄새만은 맡기 어려웠다. '옥에 티' 라고나 할까. 누구든지 완벽할 수는 없다. 내 구두 바닥에 묻은 냄새야 닦아내고 씻어버리면 되지만, 내 마음속 보이지 않는 썩은 냄새는 무엇으로 씻어낼 것인가. 구린내를 풍긴 내 자신을 돌아본다. 버스 안에서 잠시나마 내 악취인 줄도 모르고 남을 의심했던 나 자신이 부끄럽다. 적아소심처럼 우아하고 은은한 향을 품고 다소곳이 청아하게 살고 싶다.

(2006. 12월 동짓날 새벽에)

십사 일간의 방학

"야! 겨울방학이다."

소리치며 좋아했던 마지막 학창 시절. 취업이냐 진학이냐를 고민하면서도 방학은 답답한 마음을 열어주었다. 훈육주임 선생님의 눈을 피해 단짝 몇몇과 도둑영화를 보고 눈을 맞으며 집으로 왔던 그날을 잊을 수 없다.

방학하면 진안 마령면에 있는 외가에 갔다. 외가로 가는 길은 익산역에서 기차를 타고 긴 터널을 지나야 했다. 관촌역이 내려다보이는 언덕배기에 앉아 귓속이며 콧구멍에 낀 석탄가루를 닦아낸 다음에 다시 버스를 타고 간 것으로 기억된다.

얼굴에 검버섯이 핀 외할머니와 큰언니 같은 막내 이모가 달려나와 반갑게 맞아주었다. 외가에서의 역사는 다음날부터 벌어졌다. 나락을 벤 들녘은 살얼음이 낮볕에 녹아 논바닥은 잘박잘박했고 군데군데 우렁이 구멍이 뚫려 있었다. 이곳에 끝이 뾰쪽한 '막가지'를 넣어 찌르면 싸그락 소리가 나는 곳엔 우렁이나 미꾸라지가 틀림없이 박혀 있었다. 추위도 잊고 우렁이와 미꾸라지를 잡으러 다녔던 일이며 덫을 놓아 참새를 잡았던 일, 사랑채 처마 끝에 손을 넣어 참새 알을 꺼낸 일, 밤엔 뒷간 귀신 얘기를 듣고 무서워 소피보는 일을 참아야 했던 일이며 이종형제들과 실뜨기를 하며 밤샘을 했던 일들이 그립다. 이렇게 내 어린 시절엔 방학하면 외가에서 추억을 만들었다.

이젠 내가 외가가 되어 있다. 서울내기 손자손녀들은 어떤 추억으로 외가를 떠올릴까? 방학하면 손자손녀들이 한바탕 몰려오곤 한다. 우리 집은 산 밑에 자리한 작은 집이다. 손바닥만 한 마당엔 몇 그루의 나무가 있고 앞산이 코앞이어서 마치 우리 집 정원 같다. 농약 한번 살포하지 않아 개미, 거미, 여치, 지렁이, 귀뚜라미, 며느리발톱, 등 별별 벌레들이 다 있다. 또 옥상으로 통하는 계단 옆엔 벌집도 붙어 있고 가끔 지네도 등장하는 벌레들의 천국이다. 그뿐인가. 습기로 여름엔 탕 냄새도 난다. 개미 한 마리만 봐도 놀라 호들갑을 떠는 서울내기들은 이런 외가를 '동물원'이라고 했다. 탕 냄새가 나면 외할머니 냄새라고까지 했다. 그래도 할머니가 끓여주는 청국장, 김치찌개도 잘 먹는 서울내기들은 시골뜨기 후손들이다.

이번 겨울방학 땐 어떤 추억을 만들어줄까 생각하고 있는데, 못 온다는 전화가 왔다. 학원이다, 겨울방학 캠프다, 배울 것도 많고, 할 것도 많아서란다. 할머니의 글이 실린 책을 보여주려고 했는데 택배로 부쳐주어야 할 것 같다.

"또, 방학한다고?"

오늘은 내가 다니고 있는 전북대학교평생교육원 수필창작반 종강일이다. 참 이상하다. 학창 시절 같았으면 "야!"하며 함성이라도 한번 질러댔을 텐데, 기분이 덤덤하다. 오히려 서운한 마음마저 든다. 이제 겨우 개강 100일 남짓한 세월이 흘렀고, 수업은 일주일 중 수요일에 한 번 받았는데, 반원들과 못 만난다는 생각을 하니, 정말 아쉬운 마음이 앞선다. 악수 한번 한 일도 없고, 메일 한번 보낸 일도 없으며 겨우 이름도 이제야 외웠는데, 그저 눈인사와 수업이 끝나면 점심을 같이 먹은 일밖엔. 정情이란 냄새와 같은 것일까? 한교실 안에서 교수님을 모시고 강의를 들으면서 우정의 냄새가 몸에 배어버렸단 말인가. 다음 특강 땐 우리 모두 다시 만났으면 하는 바람이다.

방학했다. 평소에 해보고 싶었던 일이 몇 가지 생각났다. 머리를 짧게 커트해볼까, 눈썹에 문신을 해볼까, 아니면 관자놀이에 생긴 검버섯을 레이저로 지져볼까, 이것저것 유혹 다 물리치고 글다운 글이나 쓰고, 읽지 못했던 책이나 많이 읽으며 가끔 낮잠을 즐기면서 지내볼까, 막둥이가 있는 창원에 아직 못 가본 부끄러운 엄마의 체면을 이번에 벗어볼까, 아니면 여수에 살고 있는 동생 집이나 한 바퀴 돌아볼까. 볼까볼까 하다, '볼까 망설임 법칙' (되고 법칙 모방)만 연속 되뇌다 방학은 끝나고 말았다.

다시 개학날이자 특강일이다. 2007년 1월 3일 수요일, 기대에 부풀어 아침 일찍 일어나 머리 염색도 하고, 서둘러 103호 강의실에 들어섰다. 벌써 오신 교수님의 가방과 음료수 한 병이 교탁 위에 놓여 있다. 문우들도 나보다 먼저 와 제자리에 앉아 있다. 사람 마음은 비슷한 것 같다. 다 내 마음 같으리라 생각해 본다. 삶이란 더불어 살면서 적당한 긴장과 적당한 질투와 적당한 힐책과 적당한 부족함 속에서 서로 경쟁도 하고 부족한 것을 조금씩 채워갈 때 그 속에서 작은 희열과 행복감을 얻는 것이 아닐까 생각해본다. 방학으로 쉬어버린 내 감성을 다시 새롭게 일으키고 싶다. 한 가지 꿈을 더해본다면 수필창작반을 오가는 이 길목에서 많은 생각을 낳고 싶다

방학이 어서 오기를 기다렸건만, 이제 방학은 싫다. 긴 방학은 더욱 싫다. 언젠가는 누구나 다 영원한 긴 방학을 맞게 될 텐데. 방학이 시작되기 전에 오늘을 살자. 이 순간을 살자. 방학을 좀 더 멀리 두고 즐겁게 살자.

(2007. 1. 3. 방학 끝난 날)

30시간 동안의 외출

간다간다 하던 그날이 왔다. 하늘만큼 부푼 가슴을 안고 나보다 더 큰 가방을 끌고 집을 나섰다. 대한을 넘긴 차가운 아침 공기는 상기된 기분으로 오히려 시원했다. 시계는 7시를 가리키고 있었다. 가슴을 펴고 하늘을 향해 감사의 기도를 올렸다.

전주 전동성당으로 모인 서른두 명의 일행은 나름대로 멋을 부리고 다들 커다란 가방을 챙겨 일찍부터 버스에 올라 자리를 잡고 앉아 있었다. 신부님 한 분과 양의사와 한의사가 한 분씩 동행을 하니 걱정이 없다며 모두들 좋아했다. 버스 안에서 이야기는 고추장, 멸치, 김, 밴댕이젓갈까지 무쳐 왔다는 등 운동화는 얼마 주고 샀고, 유로화는 얼마 환전했고, 달러는 얼마를 가지고 간다는 등 처음으로 비행기를 타본다는 등 외국여행은 처음이라는 등 참새 떼들이 수수밭에 들어 재잘거리듯 앞쪽에서 와르르 웃으면 또 뒤쪽에서 와르르 수학여행을 떠나는 학생들 같아 보였다. 나 또한 이번 여행만큼은 꼼꼼히 메모를 해보리라 결심하고 메모장을 세 권이나 챙겼고 볼펜도 다섯 자루나 준비했다. 디지털 카메라로 1,000장 정도 찍을 수 있는 칩도 여벌로 준비했다.

드디어 암스테르담행 비행기에 올랐다. 그렇게도 재잘거리고 깔깔거리더니만 다들 깊은 잠에 빠져 있다. 11시간의 비행 끝에 암스테르담 공항에 도착, 공항을 빠져나오기까지 얼마나 철저히 검사를 하는지, 테러방지를 위해서란다. 복잡한 관문을 뚫고 모두 통과했다. 여권을 잘 챙기라는 가이드의 말은 귀에 딱지가 앉을 정도로 들었고, 우리나라보다 8시간이 늦단다. 다시 아테네행 비행기에 올랐다.

여행 지역은,

그리스 : 아테네 ~ 에게해 ~ 에기나섬 ~ 고린도 ~ 히오스 ~에페소 ~ 카파도키아

터키 : 앙카라 ~ 이스탄불

스페인 : 바르셀로나

포르투갈 : 리스본 ~ 파티마 ~ 까보다로카

프랑스 : 파리

암스테르담 공항

성지순례로 떠난 여행이었다. 시차로 어질어질한 몸을 학대라도 하듯 강행군은 시작되었다.

메모를 해보려 했던 것이 첫날부터 어긋나고 말았다. 외국 이름과 지명 앞에 두 손을 들고 말았다. 머리만 숙이면 멀미가 났고, 차창 밖으로는 구경해야 했고, 사진도 찍어야 했으니 차라리 사진이나 많이 찍어야겠다고 생각했다. 메모하는 것은 미련없이 포기했다. 둘째 날 그리스 에기나 섬에서의 일이다. 내 작은 실수로 카메라를 바닷물 속에 빠뜨리고 말았다. 사진 찍는 것도, 메모하는 것도 모두 놓쳐버렸다. 그런 것은 문제가 아니었다. 사진은 다른 사람이 찍으면 얼른 가서 서주기만 하면 되었다. 사진 찍는 데 신경을 쓰지 않아서 더 좋았

다. 카메라를 떨어뜨려 고장난 사람은 셋이나 더 있었다. 미끄러운 대리석 위에서 넘어진 사비나(세례명)는 왼쪽 손목이 부러져 그리스 병원으로 가 깁스를 하고 왔고, 셋째 날 필로메나(세례명)는 허리가 아파 한의사한테 침도 맞았다. 체하고, 멀미가 나고, 몸살 기가 있고, 룸메이트가 코를 곤다는 등 방이 춥다 덥다, 음식이 입에 맞다 안 맞다, 불평불만이 터져나왔고, 크고 작은 사고들이 잇달았다. 12박 13일의 긴 여정을 많은 수가 움직이다 보니 그럴 수밖에 없었던 것 같았다.

셋째 날이 지나고 나니 몸과 마음이 풀려 여행에 맛들여져갔다. 언제 이곳에 또 오랴 하는 생각에 가이드의 뒤를 열심히 따라다녔다.

신화 속의 나라 그리스다. 성서 속에서만 접했던 에페소, 고린도, 가파도키아다. 많은 신전과 유적들, 오랜 세월 동안 파괴되고 지진으로 인해 땅에 묻혀 있다. 파르테논신전의 기둥만 서 있는 모습을 보면서 마치 육탈이 잘된 유골을 보는 것 같았다. 산 위에 자리한 집터일수록 고관들의 집터고 상인이나 노비는 낮은 지대에서 살았단다. 폐허된 목욕탕을 보며 그 당시 고관들이 쾌락과 부귀영화를 누리며 살았다는 것을 알 수 있었다.

터키로 갔다. 한국인이란 것을 알고 첫 마디가 "대~한민국 짝짝짝."하며 반겨주었다. 아직도 2002년 서울월드컵을 못 잊는 모양이다. 식당에서 그 도시 시장을 만났는데 'I like Korea' 라며 악수를 청하기도 했다. 가이드에게 〈우스크다르〉 민요를 신청해 듣기도 했다. 우스크다르 마을의 어느 처녀의 애절한 짝사랑을 노래한 연모가란다.

스페인 바르셀로나에 왔을 때는 한결 기분이 좋았다. 1992년 제25회 바르셀로나 올림픽에서 황영조 선수가 마라톤에서 금메달을 획득했다 하여 기념으로 황영조 거리가 만들어져 있었고, 익산 황등 돌을 옮겨다 비석까지 세워놓았다. 시인 이름은 기억 못하나 시인의 글도 새겨져 있었다. 피카소와 천재 건축가 가우디를 낳은 도시다.

포르투갈로 갔다. 유럽의 서쪽 끝에 위치한 땅 끝 마을 까보다로카에서 대서양을 바라보니 마치 황녀가 된 기분이었다. 대서양 같은 넓은 아량으로 모든 것을 포용하리라 생각했다.

파티마로 갔다. 1917년 5월 13일 세 소녀에게 성모님이 나타난 자리란다. 당시 10세였던 루시아 수녀는 3년 전에 세상을 떴다고 한다.

두 번이나 파리에 온 나는 너무 감사했다. 센 강을 유람하면서 한강이 더 아름답다는 자부심을 가져보기도 했다. 에펠탑을 엘리베이터로 오르면서 내가 마치 바벨탑을 쌓아 올린 바벨론 사람인 것 같았다. 인간의 본성은 높이 오르면 오를수록 더 높이 오르고 싶은 욕망덩어리인가 보다. 에펠에게 에디슨 같은 과학자 친구가 있었다는 사실에 놀랐다.

지금도 눈앞에 떠오르는 곳이 있다. 그리이스 에기나 섬에서의 일이다. 크루즈를 타고 일행과 와인잔을 기울이며 황홀한 석양을 만났을 땐 한참 동안 몰아지경에 빠져들었다. 60평생 그렇게 아름다운 석양을 만나본 적은 없었으니까. 이태리 민요 〈산타루치아〉를, 스페인 민요 〈아이아이〉를 부르면서 마음속에 쌓인 아집을, 교만을 지중해의 아름다운 물속에 던져버렸다. 악몽 같았던 순간은 그리이스에서 터키로 가는 야간 페리호를 9시간 탄 기억과, 높은 파도를 만나 몹시 배멀미를 한 기억이 생생하다.

숨 가쁜 구경을 하고 나니 시장 끼가 왔다. 저녁 식사는 한식으로 나온다는 말에 손뼉을 치며 함성을 질렀다. 아무리 현지식이 유명하고 맛있다 해도 음식문화의 벽은 어쩔 수 없나 보다. 밥은 밥인데 생쌀 밥에다 향료는 왜 그리 강한지 아무리 배가 고파도 먹을 수가 없었다. 모처럼 밥 꼴을 본 우리들은 식충이가 되고 말았다. 김치와 된장국을 먹은 그날 저녁엔 비싼 물을 마셔댔다. 파리에서 달팽이 요리도 너무 짠 기억이 난다. 빵에다 고추장을 발라먹기도 하고, 가지고 간 컵라면을 끓여 먹기도 하며, 향수 음식을 그리워했다.

인생을 알려면 여행을 많이 해보고 상대방을 알려면 여행을 같이 해보라 했다. 여행이란 인생을 단축시켜놓은 축소판이라고나 할까. 긴 여행이든 짧은 여행이든 그 속엔 희로애락喜怒哀樂이 서려 있다.

벌써 12박의 여행을 끝내고 돌아와야 할 시간이 다가온다. 기쁨 반 아쉬움 반으로 짐을 꾸렸다. 드디어 KL 865편 좌석번호 39G에 몸을 실었다. 매너가 좋은 관광객이란 긍지를 가지고 시종일관 웃음을 잃지 않으려 노력했다. 아쉬움이 있다면 메모하는 것을 포기한 것과 사진을 찍어오지 못한 것이다. 좋은 글을 쓰기 위해서라도 메모의 습관을 들여야겠다.

방을 같이 쓸 수 없다며 불평하던 누시아와 비비안나는 손을 꼭 잡고 머리를 맞대고 졸고 있다. 멀미할 때 비닐봉지를 나눠주며 오물을 치워줬던 요셉도 머리를 깊숙이 묻고 단잠에 빠져 있다. 와인잔을 부딪치며 건배를 외치던 안득수(마리오) 회장님도 안도 속에 긴 숨을 내쉬며 잠을 청하고 있다.

12박 13일의 여정은 막을 내렸다. "주님! 감사합니다. 무사히 돌아올 수 있도록 지켜주심을." 가슴을 펴고 하늘을 향해 기도를 올렸다.

301시간 동안의 여행을 마치고 집에 도착하니 시계는 오후 8시를 가리키고 있었다.

(2007. 2. 2. 오후 8시 여행에서 돌아옴)

팝콘과 영화

날씨 한번 좋다. 설 다음날인데도 연일 포근하다. 집에 그냥 있으려니 좀이 쑤신다. 호주머니에 용돈도 두둑하고 오랜만에 친가에 온 귀여운 손자손녀도 옆에 있으니, 오늘따라 할아버지의 기분이 짱인 것 같다.

"어이, 카타리 할멈!" 평소에 쓰지도 않던 말투로 능청스럽게 나를 부르더니 요놈들하고 영화나 한 편 보러 가자는 것이다. 이 말이 떨어지기가 바쁘게 애들은 "와! 파이팅이다."하며 방방 뛰기 시작했다. 모처럼 애들 손을 잡고 젊은 날의 로맨스를 만끽하며 외출에 나섰다.

서울내기 손자손녀와 메가박스 영화관에 도착했다. 영화관은 어린이 어른 할 것 없이 초만원이었다. 사람 사는 냄새가 물씬 난다. 젊음의 냄새, 어린이 냄새, 할아버지 냄새, 영화관 냄새, 거기다 팝콘 냄새까지 합세했다. 요즘 졸업시기에다 대학입시도 끝났고 우리나라 최고의 명절인 설까지 포함되었으니 이 이상 얼마나 더 들뜨겠는가. 팝콘 담을 종이컵과 관람권을 받아들고 온 할아버지는 젊은 아버지같이 보였다. 팝콘은 넓은 유리관 속에 풍성히도 들어 있다. 그 많은 수가 먹고도 남을 만큼의 양이다. 퍼주고 또 퍼주어도 그대로인 것 같다. 모든 것이 다 풍성하게 보이는 오늘이다. 종이컵에 팝콘을 꾹꾹 눌러 담아주는 아저씨도 오늘만큼은 인심 좋은 옆집 아저씨 같다. 팝콘을 받아들고 영화관으로 들어갔다. 영화는 시작되었고 계속 팝콘을 먹으며 영화를 보았다. 제목은 〈비밀의 숲 테라비시아〉 가족과 함께 볼 수 있는 영화다. 손자손녀를 나란히 앉히고 영화를 보았다. 슬그머니 아홉 살짜리 손녀가 할머니를 부르더니 "저 남자 주인공 참 예쁘지?"하며 물었다.

"그래, 참 잘생겼다." 대답하고는 속으로 웃었다. 아니, 이 작은 꼬맹이 눈에도 이성이 보이나 보다, 생각하니 기특하기도 하고 좀 간지러운 생각이 들기도 했다. 뱃속에서부터 이성을 알고 나온다더니 벌써 이성을 느낀단 말인가? '남녀 7세 부동석' 이 아니라 '남녀 7세 전자석' 이란 말이 맞는 말 같다. 세월의 흐름만큼이나 이성의 흐름도 빠른가 보다. 영화를 보면서 감격한 할머니의 눈에는 눈물이 주르르. 여자 주인공이 사고로 죽어버린 탓이다. 이것을 본 손녀, "할머니, 슬퍼?" 감정처리를 잘못한 할머니가 주책없는가. 손녀가 감정처리를 잘하는 꼬마 달인인가 잘 모르겠다.

영화는 끝났다. 팝콘은 낙화처럼 영화관 바닥 여기저기 흐트러져 있었다. 아주머니 한 분이 열심히 비로 쓸고 다녔다. 팝콘이 꽃송이로 보여서 아이들한테 흘리지 말라는 주의마저도 미처 주지 않았다. 오늘따라 팝콘은 카펫에 핀 매화꽃 같았다. 팝콘을 먹어서 비만에 시달린다는 건강상식이 무색해지는 순간이었다.

극장 매점에서 제일 많이 팔리는 것이 팝콘이란다. 영화가 흥하면 팝콘도 많이 팔린다니, 영화와 팝콘은 뗄 수 없는 관계라고나 할까. 두 시간 동안의 영화를 감상하는 곳에 팝콘이 있듯이, 인생이라는 영화에는 명절이 팝콘인가.

(2007. 2. 19.)

꽃샘추위 앞에서

남쪽 창가에 자리한 보세란 일곱 송이가 꽃망울을 터뜨린 지 이미 오래다. 앞마당에는 봄소식을 알리는 수선화가 젖니를 드러내듯 잇몸을 뚫고 나오고 있으며 뒤질세라 양지바른 곳 산수유가 화사하게 피어나고 있다. 전주천변 억새 숲 속 쑥과 냉이, 버들강아지 등 온갖 풀들도 3월 2일 입학식에 참석이라도 하려는 듯 연둣빛 새 옷을 짓고 있다. 저기 한 발짝 봄 처녀가 꽃다발을 안고 오는가 싶더니 진눈깨비가 내리고, 이내 기온은 영하로 내려가더니 매서운 칼바람이 몰아친다. 눈이 쌓이고, 뱃길이 끊기고, 비행기가 결항되고, 동장군과 봄 처녀 사이에 인계인수하기가 이다지도 어설프고 험악하단 말인가.

동장군의 마지막 안간힘은 시어머니가 며느리한테 곳간 열쇠를 넘겨주는 일만큼이나 더디고 아쉬운 미련 같은 것인가. 인수인계가 말처럼 쉽지 않다. 넘겨주어야 할 쪽과 넘겨받아야 할 쪽 사이엔 고무줄처럼 밀고 당기는 이상야릇한 힘이 작용하는 것 같다. 기분 좋게 넘겨주고 넘겨받아서 좋은 일은 계속 이어가고 잘못된 일은 개선해가면 얼마나 좋겠는가.

연초부터 어느 단체 총무를 맡게 되었는데, 어려운 점이 참 많다. 전 총무가 자세히 인계해 주지 않기 때문이다. 이것저것 물어봤지만,

나더러 알아서 하라는 식이다. 그에겐 총무도 하나의 위세란 말인가. 물러나는 동장군도 위세를 세운 다음에야 슬며시 물러서겠지. 우수 · 경칩만 믿고 미리 봄나들이 나온 개구리, 산수유, 수선화가 밤새 걱정이다. 새싹들이 낙엽으로 잘 덮여 있었는데, 보살펴준답시고 미리 깨끗하게 치워준 게 오히려 패가 되어 미안하다. 이불을 벗겨버렸으니 밤새 얼마나 추웠을까. 아침 일찍 일어나 수선화를 살펴보았다. 다행히 어젯밤 동장군과 싸워서 이긴 모양이다. 어제보다 더 파릇한 것 같으니 말이다. 내 걱정은 기우에 불과했다. 찬 서리, 소한, 대한 추위를 이기고 살아온 세월이 헛되지 않았다.

15년 전 막둥이를 한양대학에 입학시켜 놓고 노심초사했던 생각이 새삼스럽다. 그날도 얼마나 추웠던지. 달력을 보니 3월 2일 외손자 재현이 '입학하는 날' 이라고 표시되어 있다. 벌써 7년 전 일이다. 큰딸이 산기가 있다고 연락이 와 산후조리차 한 달가량 딸집에 머무는 동안 우유도 먹이고, 기저귀도 갈아주고, 목욕도 시켰던 때가 엊그제 같은데 그 재현이가 벌써 초등학교에 입학한단다. 소식을 듣고 가방이라도 사 주라고 온라인으로 금일봉을 보냈다. 입학식 날에 비가 내렸다. 먼 곳이라 가 볼 수도 없고 마음속으로만 기도했다. 동장군의 차가운 매질은 정녕 봄의 자식들이 역경 속에서도 이 세상 속 어느 곳에서든 뿌리를 내려 잘 살아갈 수 있는 힘을 키워 주려는 사랑의 매 같은 것일 게다. 어젯밤 동장군과 싸워 이겨낸 수선화를 생각하며, 지금쯤 운동장이나 강당에서 입학식을 맞고 있을 작은 꽃송이들이 생각났다. 재현이도 이 비를 맞으며 입학식을 하고 있을 것이다. 아무리 햇볕이 내리쪼이고 엄동설한 눈보라가 내려친다 해도 이겨낼 자신이 있겠지.

"귀여운 아이들아! 입학을 진심으로 축하한다. 파이팅이다!"

2007. 3.)

속 빈 여자

목이 칼칼할 때 살얼음이 앉은 식혜 한잔의 맛을 어찌 청량음료에 비할까. 식혜의 맛과 멋을 아는지라, 우리 집 냉장고에는 내가 만든 식혜가 사철 대령하고 있다. 우리 고유의 음료인 식혜는 숭늉 만들 듯이 밥을 푼 솥에 물만 부으면 되는 것이 아니다. 식혜가 만들어지기까지는 우려내야 하고, 걸러내야 하며, 가라앉혀야 하고, 마지막엔 밥알이 다 삭을 때까지 기다려야만 한다.

식혜의 감칠맛을 내는 핵심은 엿기름이다. 엿기름 속에 들어 있는 아밀라아제라는 효소가 밥의 전분에 작용하여 말토스와(엿당, 맥아당) 글루코스(포도당) 등을 생성하면서 독특한 맛을 내는 것이다. 그런데 이 효소는 소화가 잘 되게 도와주며 요구르트처럼 장내 세균의 증식을 억제하는 효능이 있다. 또한, 몸속에 맺힌 멍울을 풀어주는 작용이 뛰어나기 때문에 옛날부터 출산 뒤 임산부들이 흔히 겪는 유방통 등을 다스리는 데 유용하게 사용되었다. 하지만 젖의 양을 줄어들게 하므로 아기에게 모유를 먹이는 동안에는 피해야 한다.

먼저 엿기름을 물에 2~3시간 정도 담가 우려낸 다음에 체로 걸러야 한다. 걸러낸 엿기름물을 맑게 가라앉혀 고슬고슬하게 지은 밥에 다 붓고 5~6시간 정도 보온밥통 스위치를 켜두면 밥알이 삭아 동동 뜬다. 마지막으로 생강을 넣어 팔팔 끓이면 된다. 거르고, 가라앉히고, 삭히고, 기다리는 힘든 과정을 이겨내야만 독특한 맛을 내는 식혜가 만들어진다. 밥알을 손으로 으깨보면 잘 삭았는지, 아직 덜 삭았는지 알 수 있다. 이렇게 식혜를 만들면서 나는 깨달은 게 있다.

인생이란 게 바로 식혜 만들기와 비슷하다는 점이다. 인생이란 걸러냄이다. 물에서 엿기름이 우러나지 않으면 그냥 물일뿐이다. 우려낸 엿기름 찌꺼기를 걸러내듯, 마음속에 자리한 잡다한 생각들을 걸러내야 한다. 잘 여과된 생수처럼 맑은 심성을 흘려보내는 일이다.

인생이란 가라앉음이다. 가라앉은 맑은 엿기름물이 밥알을 삭히듯이, 분노에 찬 마음이 가라앉은 다음에야 비로소 옳고 그름이 보일 것이다. 분노를 삭이는 가라앉은 마음을 평상심으로 살아야 하는 삶이다.

인생이란 기다림이다. 말갛게 잘 삭은 식혜를 만들기 위해 지난날 보온밥통이 없던 시절, 어머니들은 꼬빡 밤을 새워 얼마나 마음 조이며 기다렸던가. 더 두면 재를 넘어 시큼해지고 덜 두면 밥알이 삭지 않아서 식혜가 되지 않는다. 세월을 먹고 사는 우리의 삶도 마찬가지가 아니던가.

초승달은 기다려 둥근 보름달이 되고, 둥근달은 이울어 그믐을 지나 다시 초승달이 되기를 기다린다. 나도 내일을 기다린다. 또 내일이 오면 또다시 내일을 기다린다. 마냥 기다리며 산다. 삶이란 기다림의 연속이 아닌가.

식혜와 인생, 그것은 한마디로 결국은 기다림과 삭임이라 말하고 싶다. 전분이 맥아당으로 변화되어야 식혜가 된다. 싹이 튼다. 밀알 하나가 썩지 않으면 한 알 그대로 남아있을 뿐이다. 곧 내가 죽어야 한다는 뜻이다. 우려내야 하고, 걸러내야 하며, 가라앉혀야 하고, 기다려야 하고, 삭히는 일이 말같이 쉽지 않다. 휴지통을 비우듯이 나를 다스리는 일이 쉽다면야 누구나 다 달인이 되거나 성인이 될 것이다.

잘 삭은 식혜, 속이 빈 밥알은 무희처럼 춤을 춘다. 춤을 추는 밥알을 보면 나도 따라 춤을 추고 싶다. 몸이 가벼워지면서 마치 무중력 상태에 떠 있는 것 같은 기분, 손을 털고 다 내어주면 속 빈 밥알처럼 나도 저렇게 가벼워질 수 있을까, 자유로워질 수 있을까?

달을 바라본다. 초승달이 차올라 둥근 보름달이 됐다. 다시 몸을 비워가는 그믐달은 지고 새벽이 깨어난다. 인생의 밥알이 저런 것이고, 여인의 삶이 저런 것인가. 다 삭여주고 속 빈 밥알 동동 떠서 춤을 추는 식혜 속의 밥알. 아파트 옆 노인정이나 요양원에서 볼 수 있는 노인들은 마치 식혜 속의 하얀 밥알들과 같다. 우리의 어버이들이 이 가을, 잘 익은 햇볕 아래 나앉아 있는 모습을 본다. 유독 할머니가 많다. 속 다 내주고 껍질만 가볍게 나앉은 '속 빈 여자', 그분들로 하여 우리의 삶은 맛을 냈으니 눈물겹도록 아름답고 성스럽지 않은가.

비어 있다는 것은 새로운 것을 채울 수 있다는 뜻이다. 무한한 자유의 충만이다. 그러니 먼저 비워야 하지 않겠는가. 이제부터라도 나는 잘 삭아서 맛을 내는 식혜 속의 밥알 같은 '속 빈 여자'가 되고 싶다.

(2008. 9. 10.)

떠들썩

집 안에서 어머니가 유일하게 좌지우지할 수 있는 곳은 장독대였다. 층층시하 시집살이처럼 장독대에도 서열이 있다. 큰 항아리가 먼저 자리를 잡고 나면 작은 단지는 앞쪽으로 옹기종기 놓였다. 정월에 장을 담그면서부터 장독대는 분주해지기 시작했다. 3~4월에는 된장과 고추장을, 4~5월에는 물때에 맞춰 멸치, 갈치, 새우, 황석어젓을 담갔다. 그리고는 잡것들이 근접하지 못하도록 단단히 봉한 다음 햇볕이 잘 드는 장독대에 정갈하게 보관하였다. 꽉 채우지 말고 항아리에 7부 정도만 담아야 한다고 이르셨다.

간장이 익어가는 냄새와 젓갈이 삭아지는 냄새를 맡으며 살아온 나는 냄새만으로도 맛의 성패를 가늠할 수 있었다. 장독대와 부엌이 금실 좋은 부부간이나 되는 것처럼 어머니는 뒤란에 자리한 장독대와 부엌을 들락거리며 나무주걱 하나로 된장과 고추장, 젓갈 등을 다독이셨다. 올망졸망한 장독을 반질반질하게 훔치고는 자기 몸을 씻은 것보다 더 개운해하셨던 어머니! 장독대를 보면 그집 안주인의 솜씨를 알아본다며 볕이 좋은 날이면 간장 항아리 뚜껑을 열어놓으라고

늘 당부하셨다.

간장이 익어갈 무렵이면 따스한 담장 밑에서는 쑥이며 머위가 돌 틈새를 들썩이며 싹을 틔웠고, 정월 맏배 병아리들의 삐악 거리는 소리는 앞마당을 떠들썩하게 만들었다. 모두가 봄을 찬양하는 노래들이었다. 덩달아 십 리 밖 쇠파리까지도 장독대로 모여들었다. 반갑지 않은 부고訃告를 전해준다고 집배원을 내칠 수 없듯이, 쇠파리가 불청객이지만 장류의 발효가 시작되었음을 알려주는 신호라고 여기며 간장 항아리와 젓갈 항아리를 조심스레 열어보았다. 누름돌을 밀치고 열어보니 항아리 턱까지 국물이 차올라 밖으로 넘치기 직전이었다. 어머니께서 항아리에 3부 정도의 공간을 남겨두시는 이유를 알 수 있었다.

떠들썩은 발효의 시작이며 발효는 냄새를 동반하였다. 김치가 발효될 때는 새콤한 냄새가 나고, 청국장이 발효될 때는 청국장 특유의 냄새를 풍긴다. 너와 나를 가릴 것 없이 이 냄새를 맡기 힘들다. 그렇다고 청국장을 안 먹을 수도, 향수를 뿌릴 수도 없지 않은가. 발효가 다 되고 나면 맛깔스런 김치가 되고 입맛을 돋우는 구수한 청국장이 될 터인데, 그걸 기다려주지 못하고 미리 냄새를 방지하느라 방부제를 넣기도 하고 때로는 웃소금질을 하여 낭패 하지 않던가. 그러니 이 과정을 거치지 않고서는 원하는 맛을 만들어낼 수 없다.

장독대를 지키는 신이 있다고 믿으셨던 어머니는 장독대 앞에서는 조신한 몸가짐으로 그저 나무주걱으로 떠들썩하게 부풀어 오른 된장과 고추장, 젓갈 항아리를 다독다독 다독이셨다. 울고불고 늘 떠들썩했던 우리 일곱 남매를 키우실 때도, 행여 용돈을 청하면 "살강 밑에 넣어놓았으니 동생들이 없을 때 꺼내 가거라." 하셨듯이 성가시게 생각지 않으시고 그 많은 장독대를 소리 없이 다스리셨다.

억지 춘향이 노릇하듯이 올봄에 뜬금없이 멸치젓을 담갔다. 잘 알고 지내는 생선 집에다 지나가는 말로 물 좋은 멸치젓감이 오면 연락하라고 했더니 생각할 겨를도 없이 멸치젓감이 집에 도착해 버렸다. 냄새에 민감한 식구들의 타박을 생각하면 걱정이었다. 구더기가 무서워 장을 못 담글 쏜가. 옛날 가락을 더듬으며 왕소금 한 켜 젓거리 한 켜의 비율로 항아리에 담고는 다독여 누름돌을 얹어 베란다 한쪽에 내놓았다. 아니나 다를까. 외출에서 돌아온 식구들이 하나같이 코를 쥐고는 이게 무슨 냄새냐며 창문을 열어젖혔다. 염려했던 대로 멸치젓과의 사투가 시작된 것이다. 이유 불문하고 퍼다 버리든지 아니면 다른 곳으로 옮기라는 것이었다. 아파트에서 다른 곳으로 옮길 만한 곳이 어디 있으며 설령 퍼다 버린다 해도 두 항아리나 되는 것을 어디다 버린단 말인가. 사실 내 코도 생선 비린내는 참기 힘들었다. 생선에서 비린내가 나는 것이야 당연한 일인 걸 어쩌랴.

옥신각신하는 사이 두어 달이 지났다. 식구들이 집을 비운 틈을 타서 젓 항아리 뚜껑을 조심스럽게 열어 보았다. 이게 웬일인가? 누름돌을 항아리 밑으로 밀치고는 젓국이 항아리 주둥이까지 떠들썩하게 올라와 있질 않은가? 7~8월의 땡볕도 버거웠을 텐데, 거기다 식구들의 눈총까지 받으면서도 멸치젓은 자기가 해야 할 일을 묵묵히 해내고 있었다. 발효가 시작된 것이다. 코를 쥐게 했던 비린내가 구수한 냄새로 바뀌었다. 멸치젓의 비린내가 구수한 냄새로 바뀌다니, 믿기지 않았다. 환희로운 순간이었다. 내가 담근 젓갈이라서인지 더 애착이 가고 깨끗할 수가 없었다. 어머니의 모습을 떠올리며 웃소금질도 하지 않았다. 어머니처럼 나무주걱으로 다독이지도 않았다. 그저 지켜만 보았다. 그러다 보니 더위도 누그러지고 고추가 약이 찰 무렵쯤이었을까. 비린내를 타박하던 식구들의 코도 어지간히 무디어졌는지 잠잠해졌다. 그때였다. 청양고추와 마늘 생강 등 갖은 양념으로 맛깔스럽게 버무린 멸치젓을 밥상에 올려놓자, 식구들은 다 맛있다며 도대체 무슨 젓갈이냐고 물었다. 그때의 그 통쾌감을 어떻게 말하랴? 나는 떠들썩하게 말했다, 모두 다 '떠들썩' 덕이라고…….

새싹도 땅을 떠들썩하지 않으면 싹을 틔울 수 없다. 대나무 숲에서 참새들이 떠들썩해야 마을이 훈훈하고, 운동회 날 만국기가 떠들썩해야 잔치의 흥이 고조될 것이다. 초상집이라면 더 떠들썩해야 무거운 침묵에서 벗어나지 않겠는가. 시장이 조용하면 어디 그게 시장이던가. 떠들썩해야 경기가 살아있다는 징조지. 떠들썩이 결코 시끄러운 것만은 아니다. 갈치가 두 상자에 만 원이라고 떠들썩하면 아파트 앞 아줌마들의 슬리퍼 끄는 소리가 떠들썩할 것이다. 지금쯤 어디선가 콩나물시루도 떠들썩, 아랫목 청국장 시루도 떠들썩하게 부풀어 오르고 있지 않을까?

(2011. 11. 15.)

반 총무로 뽑히던 날

반 총무로 뽑히던 날, 내가 한 행동을 생각하면 지금도 부끄럽기 그지없다. 아무려면 사양 한 번 하지 않고 선뜻 일어나 "하겠습니다. 대통령이라도 시켜주면 하겠습니다."라고 나선 걸 보면, 아마도 그때 내 간肝이 밖으로 튀어나왔던 모양이다.

내가 어렸을 적에 꾸었던 꿈 이야기를 하면 어머니는 들을 때마다 키가 크려고 개꿈을 꾼 거라며 등을 다독여주곤 하셨다. 하물며 지금은 들어줄 이도 없는데 오늘 새벽에 꾼 꿈은 필경 무슨 뜻일까.

우리 집이 호화로운 저택으로 이사했다. 좋기는 한데 이렇게 큰 집에서 살려면 연료비와 생활비를 어떻게 감당할까 하는 생각으로 꿈속에서도 걱정했다는 이야기를 인사말이랍시고 횡설수설했다. 꿈은 해몽하기 달렸다지 않던가. 아마 수필창작 고급반이라는 울안에서 보잘 것 없는 내가 심부름꾼으로 부름을 받게 될 것을 미리 암시해 준 것이 아니었을까 하는 어설픈 해몽을 해본다.

수필창작 금요반의 구성원은 대충 이렇다. 10년의 법칙을 고수하는 행촌수필문학회 초창기 구성원들을 비롯하여 1대에서 5대에 이르기까지 행촌수필문학회 회장과 갖가지 화려한 수상 경력 그리고 시집과 수필집을 거의 한두 권씩 펴낸 어르신들이다. 이러다 보니 연세가 지긋하다. 그뿐만 아니라 사진과 그림, 컴퓨터에 이르기까지 다방면으로 재주를 갖춘 분들이 많다. 자랑하자면 끝이 없다. 지나간 세월이 길어서 수필고급반이라 호칭하는 게 아니라 그야말로 원뿌리가 단단하다는 뜻일 게다. 그렇다고 해서 누구 한 사람 자만하거나 고고한 척하거나 분위기가 고리타분한 것은 결코 아니다. 이번 학기에는 서너 명의 40대가 등록을 하여 어르신들의 사랑을 받으며 화기애애한 분위기 속에서 수필 쓰기로 삶을 아름답게 엮어가고 있다. 그런 까닭에 나는 이제부터 '어르신' 이란 말을 '어리신' 으로 고쳐 부르기로 마음먹었다.

그간 총무를 맡아보았던 지난 일들이 새삼스럽다. 내 자리는 309호 강의실 뒷문 바로 옆이다. 공교롭게도 뒷문 손잡이 바로 밑에는 탁구공만 한 구멍이 하나 뚫려 있다. 보기에는 흉물스럽지만 나는 이 구멍을 천리경이라 속칭하고 있다. 렌즈에 잡힌 반원들의 발걸음 소리며 옷 색깔만으로도 내 눈과 귀를 사로잡는다. 또 뒷문으로 들고나는 반원들을 보며 출결 상황을 파악할 수가 있어 내 자리로는 안성맞춤이다. 사실 강의실에 들어설 적마다 행여 먼저 온 반원이 그 자리를 차지했으면 어쩌지 하며 문을 연다. 차라리 염려하느니 내가 먼저 강의실에 들어서려고 금요일이면 아침부터 서둔다. 앞으로도 계속 부지런을 떨 생각이다.

의사가 청진기로 환자를 진맥하듯이 나 또한 틈만 나면 컴퓨터 마우스로 수신 여부를 확인한다. '읽음' 과 '읽지 않음' 을 통하여 반원들의 거동을 짐작할 수 있으며 덕분에 컴퓨터 실력도 좋아졌다.

내 컴퓨터 한글창에는 2009년 3월 13일부터 2011년 3월 25일까지의 교재가 저장되어있다. 앞으로도 계속 저장할 것이다. 언제라도 날짜별로 교재를 파일로 띄울 수가 있다. 이뿐인가. 가끔 반원들의 전화번호나 이메일을 물으면 알려주기도 하니, 이 또한 복을 짓는 일이 아니겠는가.

횡재라고나 할까. 가끔 교수님께서 하사품을 내리기도 하신다. 그중에서도 《교과서에 싣고 싶은 나의 수필》이란 책을 지금도 나는 화장대 위에 놓고 읽고 또 읽곤 한다. 길다고 하면 길고 짧다고 하면 짧은 기간이었지만 총무를 맡아보면서 많은 경험과 추억을 쌓았기에 누구라도 이 직책이 자기 앞에 주어지면 주저하지 말고 감사하게 받아들였으면 한다.

키가 크려고 개꿈을 꾸었다며 늘 내 등을 다독여주셨던 어머니의 손처럼 나 또한 틈만 나면 컴퓨터의 마우스로 한글창과 인터넷창을 넘나들며 수신 확인을 할 것이다.

(2011. 3. 28.)

기일

첫발을 내딛는 순간 '참 괴괴하다.' 란 말이 저절로 튀어나왔다. '하늘 자리' 그 머나먼 고향 길. 아는 사람 하나 없고, 어서 오라고 반기는 사람 하나 없다. 문을 열어보는 사람도 없고, 누구냐고 묻는 사람도 없다. 담도 없고 대문도 없다. 개를 키우는 사람도 없다. 단지 싸늘한 기척이 있다면, 안치된 방에는 이름표가 붙어 있고, 그 앞엔 하얀 국화꽃 몇 송이가 상주 노릇을 하는 듯 놓여 있다. 언제 올지는 모르지만 오겠다고 약속된 방엔 '예약' 이란 글씨가 붙어 있을 뿐이다.

천주교 전주교구는 지난해 전주시 금상동에 봉안당을 조성했다. 지하 1층과 지상 1, 2층은 납골당으로 사용하고, 3층은 성당, 4층은 사제관이다. 납골당에는 사제가 상주하고 있다. 성당과 납골시설을 관리하며 날마다 안치된 영혼을 위한 미사도 봉헌하고 있다. 전주교구는 아울러 주변의 매장묘지를 정리하고 있다. 공원묘지 전체를 삶과 죽음을 묵상할 수 있는 기도의 장이자, 자연 친화적인 장소로 만들어 나갈 계획으로, 우선 3,000기를 1차로 분양하고 점차 늘려나갈 계획이다.

기공 전에 우리 부부는 이곳에 예약해 놓았었다. 준공되어 안치되고 있다는 소식을 들었는데도 선뜻 마음이 내키지 않아 미루어왔다. 내가 묻힐 곳이란 것을 알면서도 확인하기 싫었던 까닭이다. 5월의 아까시향이 지기 전에 가봐야지 벼르다가 오늘은 모든 일을 다 뒤로 하고 찾아갔다. 이름을 대니 안내실에서 금방 호실을 알려주었다. 조금 설레는 마음으로 2층 계단을 하나씩 밟으며 이게 지금 천국으로 오르는 길이거니 생각하였다.

'예약 711호' 이게 내 집이라니! 사방 30cm 상자 안이 내가 이승을 떠난 뒤 영원히 잠들어야 할 그 머나먼 고향집이란 말인가. 711호란 숫자 앞에 서 있었더니 한동안 시간도 멎은 듯 흐르지 않았다. '버리고 떠나라.' 는 무소유를 누가 말했던가. 햇빛이 가려져 좀 어둡고 춥지 않을까? 여름엔 덥지 않을까? 이런저런 생각을 하며 3층 성당으로 올라갔다.

성당은 언제나 엄숙하면서도 아늑했다. 마음 모아 기도를 올렸다.

"'하늘 자리' 를 마련해주셔서 감사합니다!"

다시 성당 밖, 여기저기 묘를 파헤쳐 토해낸 누런 흙이며, 덜렁 서 있는 건물이 아직은 삭막했다. 그러나 언젠가는 내가 이사와야 할 집이다. 자주 오지는 못해도 가끔 찾아와서 주변의 풀도 뽑고 해바라기며 채송화도 심어야겠다. 이곳이 기도의 장이 되고, 자연 친화적인 곳이 되어 사람들이 찾아와 휴식을 즐기고, 손자손녀가 놀러 와 할머니 집에 들러 꽃 한 송이 놓고 가면 할머니는 그것으로 만족할 것이다. 내가 떠난 뒤의 일은 살아있는 자들의 몫이다. 711호가 아니라 수목장樹木葬을 시킨들 내가 어찌 알 것이며, 어떻게 투정을 부릴 수 있을 것인가.

어느 대학교에서 세계적으로 유명한 '죽음 박사' 를 초빙하여, 죽음에 대한 강의를 듣기로 했다. 군중이 입추의 여지없이 모여들었다. 강의 시간이 되었는데 강사가 나타나지 않았다.

"여러분! 잠깐만 기다려주십시오. 지금 오는 중입니다."

주최 측이 알려주었다. 5분이 지났다. 역시 강사는 나타나지 않고 주최 측의 두 번째 전갈이 왔다. 초청한 강사가 방금 죽음을 맞았다는 것이다. 흑판에 '죽음' 이라고 써놓은 '죽음' 강의는 이것으로 끝났다.

"그날과 그 시간은 아무도 모른다. 그러니 항상 깨어 있어라."(마태 25장 13절) 도둑처럼 찾아올 죽음을 누가 감히 대적할 수 있겠는가. 711호를 떠나 집으로 돌아오는 길에 '하늘 자리' 그 머나먼 길을 어떻게 가야 할까를 차 안에서 생각해 보았다. 더 많이 사랑하고, 더 소중하게 살고 싶다는 생각이 들었다. 땅을 향해 피어 있는 하얀 둥굴레꽃이 이처럼 아름다울 수가! 담을 넘어오는 고양이마저도 귀엽게 보이고, 발밑에 밟히는 개미 한 마리까지도 함부로 해서는 안 된다는 마음이 솟구쳤다.

(2007. 5. 19.)

제 5부

라디오와 엄지발가락

라디오와 엄지발가락

침대 머리맡엔 몇 권의 책과 작은 라디오가 놓여 있다. 잠 못 이루는 밤이나 새벽, 혹은 밖에서 돌아오면 습관적으로 라디오를 켠다. 눈을 감고 누워서 스위치를 켜거나 끄려고 더듬더듬 얼마나 엄지발가락을 괴롭혔던가. 유일하게 음악과 쉽게 접할 수 있는 것이 라디오다. 음악이 3초만 멈춰도 이 세상은 암흑과 같다고 누군가 말했듯이, 나 역시 음악이 없는 생활이란 추수가 끝난 황량한 들판 같다고나 할까. 나는 그만큼 음악을 좋아한다. 음악을 뜯어먹는 음악 벌레인지도 모른다.

내가 음악과 처음 만난 것은 초등학교 5학년 때였다. KBS 어린이 합창단원 모집에, 우리 학교에서는 배정자, 국승희, 최정순 3명이 뽑혔다. 그때의 친구들 이름을 기억하고 있는 걸 보면 어린 마음에 몹시 감명받았던 모양이다. 그때 불렀던 윤석중 동요 박태현 작곡 〈산바람 강바람〉 이란 동요는 유년 시절 내 감성을 싹틔운 시발점이었다.

중학교 때 음악 시간은 유년시절의 내 감성을 더욱 살지게 했다. 〈스와니 강〉, 〈금발의 제니〉, 〈들장미〉, 〈보리수〉 등등 수없이 많은 곡을 원어로 외웠고, 악보 보는 법이며 이론을 남보다 먼저 터득했으니 음악 선생님 눈에 얼마나 예뻐 보였을까. 지금도 노랫말이 원어로 튀어나오는 것을 보면 중 · 고등학교 시절이야말로 열심히 공부할 시기라 생각한다.

고등학교 1학년 때의 일이다. 교내 성악콩쿠르를 통해서 경쟁이란 어떤 설렘인가를 처음 맛보았다. 무대에 오르는 순간의 그 떨림을 잊을 수가 없다. 현제명 작사 작곡 〈고향 생각〉을 불러 2등을 차지했던 일을 더듬으니 갑자기 숙연해진다. 피를 말리는 경쟁은 정말 싫다. 수동적인 내 성격 탓이다.

내 나이 40대 중반으로 접어들 무렵, 전국기능올림픽이 전주건설공업고등학교에서 개최된 적이 있었다. 성공리에 마친 학교 측에서 100여 명이 넘는 교직원 부인들을 초대하였다. 몇백 명이 모인 강당 김수경 작사 나운영 작곡 〈아! 가을인가〉를 부른 뒤 나는 많은 사람의 부러움을 샀다. 나중에야 들은 얘기지만, 사모님의 소질을 왜 살려주지 않았느냐는 선생님들의 채근에 남편은 한동안 시달렸단다. 돌이켜봤자 소용없는 일이지만 회한은 없다.

음악이란 인간의 사상과 감정을 소리로 표현하는 시간예술이다. 이순에 접어들면서부터 희미하게나마 내 감성을 싹틔우고 더욱 살지게 했던 그 시절로 돌아가고 싶어졌다. 궁리 끝에 찾은 곳이 전북도립국악원이었다. '한국무용' 반 문턱을 넘나들면서 지난날의 내 젊음을 되찾아보려고 발버둥친 일이며, 고수반과 판소리반 문전을 들락거리면서 응어리졌던 마음은 북을 치며 날려버렸고, 못 이룬 성악가의 꿈일랑은 판소리로 풀어내었다. 세월도 흘러 벌써 10년에 가깝다. 그러나 도전정신과 경쟁심이 모자란 내 성격 탓에 나는 무엇 한 가지 제대로 해놓은 것이 없지만, 그런대로 행복했다고 자위한다.

인간생활의 기본요소가 의식주衣食住라면 음악에도 3대 요소가 있다. '리듬', '멜로디', '하모니'가 그것이다. 이 세 가지 요소가 잘 어우러져야 아름다운 음악이 만들어진다. 그러나 나는 3대 요소 중에서도 화음(하모니)과 같은 사람이 되고 싶다. 화음이란 높낮이가 다른 2개 이상의 음이 동시에 잘 어우러져서 아름다운 음악을 만든다.

고로, 인간은 자연과 더불어, 가정은 가족과 더불어, 사회는 이웃과 더불어, 세계는 이웃 나라와 더불어 화음을 이루어갈 때 글로벌세상이 되리라 믿는다. 합창할 때는 여러 사람이 부르지만 한 사람이 부르는 것처럼 옆 사람의 소리를 들어가며 자기 소리가 튀지 않도록 불러야 한다. 이와 마찬가지로 우리의 삶이 합창이라면, 나만이 아니라 우리가 모두 잘 살아야 하지 않겠는가. 오로지 나, 내 가족, 우리나라만 잘살면 된다는 욕심 속엔 불협화음만이 있을 뿐이다. 음악을 통하여 화음의 삶을 살아냈으면 한다.

음악을 들으면 나는 몸 자세부터 달라진다. 걸음걸이, 옷매무새, 마음가짐까지도, 음악이 내 몸에다 기를 불어넣는다. 음악은 마치 물과 같아서 찌든 내 마음, 내 영혼까지도 깨끗이 씻어준다. 마리안 앤더슨의 〈깊은 강〉이란 흑인영가를 들은 뒤 미워했던 동생을 용서할 수 있었고, 이은상 작사 김동진 작곡 〈가고파〉를 들으면서 절교했던 친구한테 전화를 걸 수 있는 용기가 생겼다. 〈어메이징 그레이스〉를 들으며 내 잘못된 생각을 뉘우치기도 했으니, 음악은 빵으로만 살 수 없는 인간의 정신적인 양식이 아닐 수 없다.

6월의 단비가 촉촉이 내리고 있는 한가한 오후다. 턱을 손으로 감싸고 창밖의 빗줄기를 세어 본다. 라디오에서 《체리 핑크 맘보》 음악이 흐르고 있다. 오늘도 내일도 영원히 나는 라디오 스위치를 켜리라. 일어나기 싫으면 누운 채 엄지발가락으로 더듬어 라디오 스위치를 끄리라.

(2008. 6. 18.)

속보인 날의 풍경

병원에 가기 좋아할 사람이 있을까? 진료를 받든, 입원하든, 예방접종이나 무슨 검사를 하든지 간에, 때로는 문병조차 가기 싫은 곳이 바로 병원이다. 그런 나에게 건강검진을 받으라는 통보가 왔다. 이렁저렁 미루다가 12월 말에 와서야 병원 문을 두드렸다.

점심 시간인데도 대기실에는 많은 사람이 앉아 있었다. 드디어 내 차례가 돌아왔다. 갑자기 환자가 된 기분인데 간호사가 신문하듯 이것저것 묻기에 나는 차근차근 대답했다. 그리고는 피검사를 마치고 검사날짜와 환자가 조치할 사항이 적힌 쪽지랑 미리 먹어야 할 약을 받아서 돌아왔다.

대장내시경을 몇 번 해봤지만 2~4리터의 물에 장세척제인 '코리트산' 이란 가루약을 타서 1시간 이내에 마셔야 하는 일이 어려웠다. 물 한 컵도 벌컥벌컥 들이키지 못하는 내가 쌀뜨물처럼 뿌연 물을 마시자니, 사약을 마시지 않으려고 몸부림치던 〈장희빈〉이란 사극영화의 한 장면이 떠올라 장 세척 물이 마치 사약처럼 보였다. 순간 온몸에 소름이 돋았다. 그렇다고 아니 마실 수도 없었다. 신령한 생각을 해야 할 판에 방정맞은 생각을 하다니 눈을 질끈 감고 물 한 컵을 단숨에 들이켰다. 역겨운 입맛을 가라앉히려고 얼른 박하사탕 한 알을 입에 넣었다. 그리고는 두 컵 세 컵을 연신 마셨다. 죽을 힘을 다하여 물을 마시고는 어찌나 지겨웠던지 물통을 홀떡 던져버렸다. 그러고 나니 올챙이처럼 불룩해진 뱃속에서 꼬르륵 소리를 내며 요동을 치기 시작했다.

맑은 물이 나도록 깨끗하게 빤 빨래처럼 속을 씻어낸 나는, 밑이 터진 홀렁한 바지를 입고 도마에 오른 새우처럼 다리를 접고 침대에서 옆으로 누웠다. 만좌중에 심판이라도 할 셈인가. 모니터가 사방에 놓여 있었다. 내 속을 들여다보라는 듯이 내 코앞에도 모니터가 놓여 있었다. 도망칠 힘도 없는 내 팔에 쇠고랑을 채우듯 링거를 꽂고는 생포라도 할 듯이 마취주사까지 놓았다. 점점 정신이 혼미해지면서 몸이 가라앉았다. 그런데 웬일일까. 몇 초나 지났는지 정신이 다시 초롱초롱해졌다. 드디어 나를 신랄하게 재판할 의사와 간호사가 실뱀 같은 레이저로 내 속을 휘젓기 시작했다. 코앞에 놓인 모니터로 적나라하게 내 속이 들여다보였다. 만감이 교차하는 순간이었다.

아득한 옛날이야기다. 내 손으로 닭을 잡아본 기억이 되살아나 그때 죽은 닭이 행여 내가 아닐까 하는 엉뚱한 생각마저 떠올랐다.

나는 이렇게 닭을 잡았다. 숫돌에 번쩍번쩍하게 간 칼로 닭의 배를 갈라놓고서 간, 염통, 콩팥, 쓸개, 모래주머니를 차례차례 들어냈다. 알주머니에는 대추만 한 노란 알이 주렁주렁 달려 있었다. 그리고는 마지막으로 창자를 꺼내어 칼끝으로 무명천 자르듯이 쭉~~쭉 갈라서 굵은 소금으로 싹싹 문질러 씻었던 기억이 떠올라 나를 만감의 도가니 속에 가두어 버렸다.

무엇을 얼마나 걷어 먹었기에 이런 변變을 치르는 걸까. 식성이 촌스런 탓에 김치와 시래기에 된장과 고추장 그리고 푸성귀를 먹은 일이며, 흰 쌀밥을 고집한 죄밖에는 없는데 말이다. 이런 일을 안 하고 살 수는 없는 걸까. 푸념 섞인 말로 합리화하면서도 한편으로는 무사하기를 바라는 마음 간절했다.

얼마쯤 지났을까. 의사의 손놀림에 따라 오른쪽, 왼쪽, 바르게, 오른발을 왼발 위로 올리라는 등 자세를 바꿔가며 혹여 덜 씻긴 오물에 숨어 있는 복병을 찾으려고 내 몸 구석구석을 샅샅이 뒤졌다. 내시경이 가슴팍까지 올라온 기분이었다. 여태 말 한 마디 없던 의사는 모니터를 멈춰 놓고서 여기가 맹장 부분이라 일러주었다. 나는 의학적인 용어는 단 한 마디도 알아듣지 못하는 문외한이다. 그런데도 의사와 간호사의 말투와 표정을 보고서 나는 짐작할 수 있었다. 갑자기 밑이 시원해지더니만 실뱀 같은 레이저 선은 제 몫을 다했는지 빠져나가고 의사선생님은 이제 끝났다면서 "깨끗합니다!"라는 말을 남기고는 내 인사가 끝나기도 전에 수술실을 빠져나갔다.

참으로 긴 송사였을까. 변호사도 없이 마음을 졸이고 졸인 외로운 재판이었다. 무죄라고 혐의를 벗은 피고인이 법정의 문을 턱! 열고 나오는 기쁨이 이러했을까.

(2010. 12. 27. 대장내시경 하던 날)

나무 양푼도 가꾸면 쇠 양푼 되더라

사람들은 나를 멋쟁이라고 부른다. 첫인사로 "멋쟁이시네요!"라는 말을 들으면 기분이 좋지만 쑥스러워서 그냥 피식 웃고 만다. 어쩌다가 모른 체할 수 없어, "멋쟁이가 아니라, 멋을 부리는 편이지요."라고 대답하기도 한다.

나는 유난히도 소지품을 챙기고 옷에 신경을 쓰는 편이다. 입고 나설 때 산뜻한 기분이 나를 활기차게 만들어준다. 잠자리에 들기 전 내일 외출할 때 입을 옷을 미리 코디해 둔다. 그러는 게 재미있을 뿐만 아니라, 이렇게 미리 준비를 해두면 아침에 허둥대지 않게 되어 시간이 절약된다. 날씨의 변화에 따라 옷도 맞춰 입어야 하니 일기예보도 놓치지 않고 듣는다. 또 그날 분위기에 맞게 가방과 구두도 챙긴다. 결코 지나치다고 생각지 않으며, 내가 좋아서 하는 일이라 별로 불편을 느끼지 않는다.

나는 아이쇼핑도 즐긴다. 꼭 사고 싶은 것에 눈독을 들였다가 반값으로 에누리할 때 사거나, 균일가격으로 내려갔을 때 구두나 가방도 가끔 산다. 그렇다고 낭비벽이 있는 것은 아니다.

옷장을 정리하다 보니 옛날에 입었던 한복이 곱게 개켜져 있었다. 그냥 두기엔 너무 아깝고, 그렇다고 입고 나설 수도 없었다. 궁리 끝에 평상복으로 고쳐 입으면 어떨까 하는 순간, 벌써 내 머릿속에선 예쁜 생활한복 디자인이 떠오른다. 전주 중앙동 '수선집'과 남부시장 '용강 주단'이란 한복 집을 찾는다. 한복 두 벌을 고쳐서 치마와 저고리를 바꿔가며 입으니 옷이 네 벌이 된 셈이다. 여기에다 액세서리로 포인트를 주면 얼마든지 멋진 이미지를 창출할 수 있다. 수공은 좀 투자를 해야 하지만, 입을 때마다 새 옷처럼 기분이 좋으니, 이것 또한 멋 부리기의 묘미가 아닌가 싶다.

한복집뿐만 아니라 내가 즐겨 찾는 곳이 또 있다. 전주 오거리 '조일제화' 점으로 밑창이 다 닳아빠진 구두를 수선하러 가면, 대개 버리고 다시 구매하라고 하지만, 떼를 써서 수선을 부탁한다. 수선한 구두를 보면, 구입가보다도 10배 이상 싸서 그렇게 옹골질 수가 없다. 그리하여 나는 '재활용' 달인이 되었다.

글 쓰는 재주가 남다르단 말은 못 들어봤지만, 손재주가 남다르다는 말은 자주 듣곤 한다. 구정뜨개실로 떠 입은 여름옷을 보고, 전주 코아백화점 여성의류판매점에서는 내 옷 치수대로 뜨개질을 해달라는 주문도 있었다. 쉬운 일이 아니라서 거절했다. 한번은 보라색 모자를 쓰고 성당에 갔더니, 평소에 잘 알고 지내던 지은정 교수가 내 옆에 다가와 귀에 대고, '불여우'라며 말을 건넸다. 깜짝 놀란 내 표정을 보더니만 깔깔 웃으면서 "프랑스 여배우 같다."며 모자를 쓴 내 모습이 너무 멋있다고 했다. 그리하여 이렇게 위트 있게 말하는 지 교수께 손으로 뜬 보라색 모자를 선물한 적도 있다.

지금도 어느 신부님의 강의가 잊히지 않는다. 화장하는 시간이 30분 이상 걸리는 사람은 손을 들어보라고 했다. 화장하는 시간이 길수록 문제라며, 이런 시간을 아껴서 성서 말씀을 한 줄이라도 읽어보라고 강조한 기억이 난다. 물론 옳은 말씀이다. 겉멋과 속멋을 겸비한 사람이 되란 말씀으로 알아들었다.

멋이란 깨끗함이라 말하고 싶다. 더러운 것을 아름답다고 말하지는 않는다. 이슬 머금은 목련 꽃봉오리에서 향기가 풍기듯이 속멋과 겉멋이 어우러져 자연스럽게 풍겨오는 은은함을 '멋'이라고 말하고 싶다. 깨끗함 그 자체가 아름다움인 것이다.

멋이란 건강함이라 말하고 싶다. 건강하지 못함을 아름답다고 말하지는 않는다. 죽은 나무를 가꾸거나, 허수아비를 아름답게 꾸미는 사람은 없다. 건강해야 멋도 부릴 수가 있다. 건강 그 자체가 아름다움이다.

멋이란 부지런함이라 말하고 싶다. 게으른 사람을 누가 아름답다고 말하랴. 깨끗하고 건강하게 아름다움을 유지하려면 부지런해야 함은 두말할 나위가 없다. 부지런함, 그 자체가 아름다움이다.

찬물에 금방 세수한 싱싱한 딸기가 예쁜 크리스털 쟁반에 먹음직스럽게 담겨져 있다. 마치 속멋과 겉멋을 겸비한 품위 있는 여인처럼 보였다. 딸기가 뚝배기에 담겨 있었다면 어떻게 보였을까. 격에 맞게 멋을 부리기란 그리 쉬운 일은 아니다.

옛말에 장맛은 하루아침에 못 만든다 했지만, 지금은 그 말이 바뀌었다. 장맛은 하루아침에 만들 수 있지만, 멋은 하루아침에 만들 수 없단다. 그만큼 멋이란 오랜 연습을 통해서 속멋과 겉멋이 어우러져 자연스럽게 풍겨 나오는 것이다. 그러니 부지런히 연습할 일이다.

'기품을 지키되 사치하지 말며, 지성을 갖추되 자랑하지 말라.'는 '신사임당'의 가르침을 되새겨 본다. 자만하지 않고 겸손한 마음으로 모든 것을 사랑의 눈으로 대하는 태도에서 진정한 멋도, 진정한 기쁨도 우러나는 것이 아니겠는가.

나는 부모님의 고운 피를 이어받은 시골 태생으로, 연지 찍고 곤지 찍고 화사한 화장은 하지만, 아직 얼굴에 기계를 사용한 적은 없다. 가슴속엔 언제나 동양적인 아름다움을 추구하며 살아왔고, 또 그렇게 살기를 자부한다. 나무 양푼이 쇠 양푼이 될 때까지 말이다. 그래서 계간 《대한문학》에 수필로 등단하면서 당선 소감에서도 이렇게 밝혔다.

"유난히 멋 부리기를 좋아하는 나는 겉만 멋쟁이가 아니라, 내면의 멋도 겸비한 청초한 여인이고 싶습니다.' 라고…….

(2008. 5. 16.)

내 얼굴에 침 뱉기

우리 동네 안길에 자그마한 팥죽집이 있다. 두어 평 남짓한 방 하나에 서너 개의 탁자가 놓여 있는 허름한 집이다. 그렇다고 음식까지 허름한 것은 아니다. 팥죽을 비롯하여 잔치국수, 열무비빔국수 등을 판다. 팥죽 한 그릇에 4,000원이다. 이 집을 자주 찾는 이유는 음식 값이 쌀 뿐 아니라 입가심으로 나오는 보리밥 때문이다. 팥죽을 끓이는 동안 상추, 된장, 고추장 등의 건건이를 얹은 보리밥을 양푼에 비벼 한입 먹고 나면 정작 주 메뉴인 팥죽은 결국 다 먹지도 못하고 위생 비닐봉투에 싸가지고 오기도 한다. 그렇다고 팥죽을 안 시킬 수는 없지 않은가.

전북대학교 평생교육원 앞에 가면 화가의 이름을 딴 P음식점이 있다. 수필공부가 끝나면 우르르 몰려가는 식당이다. 이곳 역시 팥죽집 못지않게 허름한 집이다. 자주 가는 이유는 교육원에서 가까워 주차 고민을 하지 않아도 되고 음식 값도 싸기 때문이다. 이보다 더 큰 이유가 있다. 후식으로 구수한 누룽지가 나온다.

전기밥통 시대에 사는 우리는 일주일에 한 번 맛보는 누룽지와 숭

늉 맛에 매료되어 버렸다. 이 또한 주 메뉴인 순두부백반을 안 시킬 수는 없지 않은가. 어느 지인이 한 말이 생각난다. 수필공부보다는 끝나고 밥 먹는 재미가 더 쏠쏠하다는 말에 한바탕 웃었던 일이 엊그제 같은데, 벌써 7년이란 세월이 흘렀다. 그러고 보면 먹기 위해서 사는 것인지 살기 위해서 먹는 것인지 아리송하다.

나는 가톨릭 신자다. 지금은 5분도 채 안 걸리는 성당 가까이에서 살고 있다. 어렸을 적 기억으로는 성당처럼 추운 곳이 없었다. 대대로 내려오는 구교 집안이라서 내 의지와는 상관없이 눈이 오나 비가 오나 미사에 참석해야만 했다. 그 시절에는 내복도 시원치 않았고, 털신도 없었다. 먹는 것 못지않게 입을 것도 부족한 때였다. 30분도 더 걸리는 성당을 걸어서 다녀야 했으니, 어린 마음에도 성당에 안 다니는 친구들이 부러운 때도 있었다. 이렇게 이어온 신앙생활이어서인지 주일미사만큼은 거르지 않고 열심히 참석하려고 한다.

일요일 미사 강론시간이 기다려진다. 젊은 신부님의 강론 말씀은 신자들의 심금을 울린다. 유머감각과는 거리가 먼 인상인데도 가끔씩 깨소금 같은 우스갯소리로 신자들의 입을 펑 터지게도 만들고, 이따금 화끈한 박수를 끌어내기도 한다. 그러다가도 가슴 뭉클한 얘기로 눈가에 이슬을 맺히게도 하니 신부님은 분명 예수님의 대리자시다.

나는 고약한 버릇이 있다. 염불보다는 잿밥에 정신이 있다고나 할까. 세미나에 참석하여 강의를 듣고도 주제파악을 못하고 헤매기 일쑤다. 그나마 우스갯소리라도 머릿속에 담아오는 것을 다행이라고 해야 할지. 한 예로 15년 전에 서울에서 열린 성령대회에 참석한 일이 있었다. 그때 주제는 '언어폭력' 에 대한 신부님의 열띤 강의였다. 그러나 지금까지 잊히지 않는 말은 '강아지를 발로 확 차버린다.' 는 말 대신에, '강아지를 발로 살짝 건드리고' '앵무새를 손으로 집어 휙 던져버리고'를 '앵무새를 손으로 집어 살짝 갖다놓고'란 말만 남아있다. 이는 마치 팥죽집에서 입가심으로 나오는 보리밥을, 순두부백반 집에서 후식으로 주는 누룽지를 더 기다리는 것처럼 말이다.

부활주일을 맞은 성당 안은 화려했다. 여느 때처럼 신부님은 차분히 강론을 시작하셨다. 내용은 그날 복음이 주제主題가 되어 이루어지지만 이따금 쐐기 같은 소재素材를 끌어들여 주제를 더 확고하게 머릿속에 심어주신다. 거두절미去頭截尾하고 오늘 강론은 2012년 4월 11일에 있을 국회의원 선거와 12월 19일에 실시될 대통령 선거에 즈음하여 하느님 앞에 부끄럽지 않은 선택을 하라는 메시지였다. 오늘도 내가 고대하던 입가심 같은 말씀으로 내 귀뿐만 아니라 신자들의 귀를 쫑긋하게 만들고도 모자라 폭소까지 자아냈다. 내용은 버스에 탄 어떤 승객이 발로 버스를 차면서 불평하는 말이다.

"아니, 이 똥차 언제 출발하지?"

고래고래 소리를 질러댔다. 그때 기사님이 이렇게 대답했다.

"예~ 똥이 꽉 차야 떠납니다."

이 말씀이 끝나자 나도 웃고 모두 다 웃었다. 웃다 보니 정신이 번뜩 들었다. 내 속을 빤히 들여다보고 하신 말씀 같았다.

요즘 버스파업으로 전주시며 전주시 근교에 사는 서민들은 고달프다. 몇 대가 결행하고 많은 승객을 태우고 달려온 버스에 오르면서 나는 늘 이런 식으로 말을 뱉었으니 말이다. 이렇게라도 달려온 버스가 있어 그나마 내가 버스를 타고 다니는 고마운 마음은 천 리 밖에 있고, 왜 전주시만 이러는 거냐며 불평을 해댔으니 말이다. 똥차에 오른 내가 바로 똥이 된 것이다. 발로 찬 버스는 내 몸이나 같은 내 나라요, 내가 몸담고 있는 사회요, 가정이다. 나는 한 사람의 국민이며 사회인이요, 한 가정의 주인이다. 똥차에 앉아 있는 내가 바로 똥이란 말이 아닌가. 그것을 기사님이 일깨워 준 것이다. 의미심장意味深長한 짤막한 대화 속에서 지난날의 나를 되돌아보았다.

식은 팥죽을 다시 데워 먹는 맛이 어찌 처음 끓였을 때의 맛과 같으랴. 신부님의 강론말씀을 내 서툰 글 솜씨로 옮겨 다른 이에게 전한다는 것이 무리인 줄 알면서도 혼자 간직하기엔 너무 아쉬워 이 글을 쓴다. 선거에 즈음하여 서로 칭찬은 못할망정 내 얼굴에 침 뱉는 일은 하지 말아야 할 것이다.

(2012. 4. 8. 부활 주일에)

작심삼일
—베트남, 캄보디아, 라오스여행

새벽 2시 30분경, 잿밥을 얻어먹고는 닭이 울기 전에 천국으로 돌아가려는 영혼일까. 산뜻한 새벽 공기를 가르며 나는 서울행 버스가 있는 곳으로 줄달음질쳤다. 트렁크 바퀴는 콘크리트 도로 바닥을 드르륵거리며 할퀴어댔다.

늦가을인데 철 지난 여름옷을 챙기는 것이 그리 즐겁지만은 않았다. 큰일을 여러 번 치른 관계로 자식들한테 좀 미안한 생각이 들어서 이번엔 알리지 않고 다녀오기로 했다. 가방을 꾸릴 때면 유난히도 멋진 원색의 옷가지를 챙기느라 요란을 떨었는데 이번에는 대충 챙겼다.

아파트 엘리베이터에서 나와 경비실 앞에 이르렀을 때다. 몇 년 전 제주도에 다녀왔던 일이 갑자기 떠올랐다. 꼼꼼하게 집 안을 단속하고 갔건만 돌아와보니, 냉장고 문이 열려 냉각기가 꽁꽁 얼어 고드름이 달렸고, 전축 테이프가 계속 돌고 있었으니 만약 과열로 불이 났더라면 어쩔 뻔했을까. 아무리 생각해도 이건 천둥번개의 충격으로 일어난 일이 아니었을까 싶다.

가스 스위치는 제대로 잠갔는지, 전기 스위치는 껐는지 께름칙했다. 다시 올라가 점검하고 약속장소로 갔다. 새벽부터 일어나 화장은 언제 했는지 다들 화사한 차림들이었다. 이제부터는 집 안 걱정일랑은 안녕이다.

드디어 버스는 인천국제공항을 향해 달리기 시작했다. 달리는 창밖은 아직 어둠으로 가득했다. 뜬눈으로 밤을 새운 가로등만이 잘 다녀오라며 가는 길을 밝혀주고 있었다. 열한 달 만에 다시 여행길에 오르니 마음은 느긋했다. 버스 안에서 32명의 명단을 확인하느라 신일관광 사장님 머릿속이 복잡해 보였다. 여권은 아예 단체로 걷어가 버렸다. 책임자의 말은 항상 같았다. 개인행동은 금물, 일행 놓치지 않기, 짝꿍도 챙기고, 이름표를 목에 걸고, 모이란 장소에 시간 지켜 모이기 등 주의사항으로 일차 점검은 끝났다.

비행기 출발시각까지는 3시간이나 남았다. 새벽잠 설쳤지, 아침밥 걸렀지, 눈 뚜껑이 자꾸 내려앉는 것 같았다. 단체로 준비해온 아침밥을 먹으려고 공항 한쪽에 자리잡고, 나무젓가락이며 구운 김을 한 봉지씩 받아 쥐고 있는데 누군가 갑자기, '아이고! 내 정신 좀 봐.' 하며 외마디 소리를 질렀다. 택시 안에다 찰밥이며 맛있게 버무린 겉절이 등 준비해온 아침 식사거리를 통째로 놓고 내렸다지 않는가. 자기 가방만 가지고 내린 것이다. 집을 나서기 전 내 행동이 생각나서 식사 준비하느라 수고했다며 즐거운 여행이 되자고 격려해줬다. 32명의 아침은 공항 내 식당에서 해결했다. 그리고도 시간이 남아 자유로이 면세점에 들러 이것저것 구경하며 탑승 시간을 기다렸다.

여행길에 오를 때마다 이구동성으로 하는 말은 절대로 선물이고 뭐고 쇼핑은 아예 생각지도 말자, 그리고 안내자 말에도 넘어가지 말자며 결심을 단단히 한다. 이번에도 예외는 아니었다. 인천공항에서 긴 탑승 시간을 면세점의 유혹에 빠지지 않고 무난히 넘기고 비행기에 탑승했다. 드디어 10시 40분 인천국제공항을 출발하여 베트남 하노이 노이바이 공항을 향해 비행기는 날아올랐다. 일행들은 재잘거리며 가져온 간식을 나누기도 하고 창밖을 내다보며 여행의 즐거운 낭만에 빨려 들어가고 있었다.

여행할 때 기내식은 마치 소꿉장난하는 것 같다. 음식 맛은 우선 제쳐놓고 올망졸망한 식사도구로 각양각색의 사람들이 식사하는 모습을 보면 절로 웃음이 나온다. 영어를 못 읽어도 소금, 후추 봉지는 뜯어서 맛보면 알고, 단지 촌스런 먹성 탓에 적당히 익은 김치나 좀 주었으면 하는데 언감생심이다. 현지 음식을 먹어보려고, 아예 챙기는 것 자체가 귀찮아 나는 고추장이나 김 같은 밑반찬을 따로 챙겨가지 않는다.

그래도 몇 차례 나라 밖 여행을 다녀봤건만 촌스런 행동은 여전하다. '잘 먹고, 잘 자고, 잘 싸고,' 를 3쾌라고 하던데, 2쾌까지는 잘되지만 '잘 싸고' 가 되지 않으니 이 또한 촌스럽기 그지없다. 만약에 나 혼자서 여행길에 나섰다면, 까다로운 절차를 척척 밟으며 목적지를 잘 찾아갈 수 있을까 하는 엉뚱한 생각도 해봤다.

나는 작심삼일을 무척 싫어한다. 왠지 신용이 없는 사람처럼 보이는 것 같고, 주견 없이 그저 갈팡질팡하는 것 같아서다. 그래서인지 웬만하면 다짐이나 결심을 하지 않는 편이다.

마지막 날 캄보디아에서였다. 천연고무로 만들었다는 라텍스라는 제품에 홀딱 빠져 그만 카드결재를 하고 말았다. 캄보디아에서 생산되는 천연고무로 만들었다는 침대 시트와 베개를 샀다. 물건 값이 우리나라보다 엄청나게 쌀 뿐더러 세균감염 방지와 목병에 좋다는 말에, 쇼핑은 아예 안 해야겠다는 결심이 무너지고 만 것이다. 청구서에 마치 사장이 결재하는 것처럼 달필로 사인을 했다. 상점 주인 말이 더 걸작이었다. 나보다 물건이 더 먼저 집에 도착해 있을지도 모른단다.

베트남, 캄보디아, 라오스 5박 6일간의 여행을 마치고 집에 돌아와 화장실 문을 여는 순간, 또 한 번 아연실색하고 말았다. 다시 올라와서 그렇게도 꼼꼼히 문단속했건만 화장실에 불이 켜져 있는 게 아닌가? 이게 건망증인가 세심증인가. 아기를 너무 잘 낳으려다 째보를 낳았다는 말이 나를 두고 한 말 같다. 나도 어느새 이렇게 되었단 말인가. 허, 참!

여행이 끝나고 나 자신을 되돌아보았다. '절약은 미덕이다.' 란 캠페인이 요즘은 '절약만이 미덕은 아니다.' 로 바뀐 추세인데 나도 한몫을 한 셈인가. 쇼핑하지 않겠다는 다짐을 헌신짝처럼 버리고 라텍스를 샀으니 말이다. 이게 천상의 침상이라도 되는가. 적당한 소비는 경제를 활성화하는 데 도움이 된다고 핑계대면 될까? 소비도 하면서 즐겁게 살면 이 또한 젊게 사는 비결이라고 자꾸만 나 스스로 자위해 본다.

(2008. 1. 18.)

슛! 골인

― 막둥이의 결혼을 기대하며

봄은 혼인의 계절이라고 해도 과언은 아니다. 편지함 열기가 겁날 정도로 3, 4월 내내 일주일에 한두 건씩 청첩장과 함께 전화가 줄을 잇는다.

계 모임 총무로부터 전화가 왔다. 내용인즉 자기 아들 결혼식 날 예식장에서 모임을 가지면 곗돈도 아낄 뿐더러 결혼식에도 참석하고 일거양득이 아니겠느냐는 것이다. 뜬금없는 전화를 받고 내심 놀랐다. 친구 입이 아무리 무겁기로서니 일언반구도 없이 아들을 결혼시킨다는 소리에 백 번 축하한다고 했지만 기분이 묘했다. 친구와 나는 처지가 비슷해서 서로 만나면 나 같은 동지가 있다는 점에서 위안을 받았는데, 이젠 그런 동지가 없어지게 되니 갑자기 허전해졌다. 나는 부모노릇을 제대로 하고 있는지, 부모가 반 중매쟁이라던데, 친구 아들과 우리 집 막둥이와는 초등학교 동창인데다 동갑내기다. 친구가 부럽기도 하고, 막둥이에게 미안한 생각마저 들었다.

슛! 골인, 4강에 진출, 아! 대한민국, 짝짝짝, 붉은 악마들, 'Red' 라 쓰인 티셔츠, 거리마다 대형 스크린, 멋진 세리머니, 히딩크, 박지성,

안정환 선수 등등 지금도 그때를 떠올리면 통쾌하다. 세계가 들끓었던 2002년 한일월드컵대회만큼이나 그해 우리 집 막둥이도 화려했다.

서울에서 유학을 마친 총각이 전국 각지에서 모인 사나이들을 물리치고 효성그룹에 슛! 골인했으니 말이다. 입사연수를 마치고 집에 다니러 왔을 때 내 앞에 내민 명함은 나를 다시 한 번 감동시켰다. 명함에는 이렇게 기록되어 있었다.

'주식회사 효성중공업 퍼포먼스그룹 전력PU/차단기설계팀 정지균'

자식사랑은 내리사랑이라더니 누나와 형보다도 막둥이가 더 애잔한 이유는 부모가 되어봐야 안다. 축구공같이 둥글둥글한 생김새만큼이나 성격 또한 너그럽고 부드러우며 자상한 편이다. 남성으로서 자기주장을 섣불리 드러내지 않으면서도 묵묵히 펴나가는 스타일이다. 우리 집 막둥이를 보면 그냥 든든하다. 솥뚜껑만 한 손으로 피아노 건반을 눌러 섬세한 음을 만들어내는 장면을 보면 그저 즐겁다. 막둥이 덕에 내가 팔불출이 되어버렸지만 그래도 좋다.

바야흐로 세월은 흘러 스물아홉 살 되던 해부터 중매가 들어왔건만 귓등으로도 듣지 않았다. 누나와 형은 한 번 선보고 슛! 골인하여 아들 딸 낳고 잘도 사는데, 일에 빠진 막둥이는 좀처럼 말을 듣지 않았다. 그렇더니만 맞선도 보고 신식말로 미팅도 하는 것 같았다.

선을 본 대상도 축구선수 수만큼이나 다양했다. 초중학교 교사, 학원강사, 약사, 미용사. 간호사, 여자 건축사, 영양사, 호텔 경리사, 보육사 등등. 잘 되나 싶어 조심스럽게 물어보면 패스미스로 공을 놓쳐버리고, 장거리 슈팅을 날려보지만 골대만 맞고 튕겨져나와 노골이고, 헤딩골로 넣어 봤지만 기술부족으로 골대를 넘겨버리고, 페널티킥을, 어느 땐 프리킥을 얻어내 수비진을 뚫고 힘껏 쏴 보지만 이번에도 역시 노골, 마지막 네 번까지 만나보고는 옐로카드를 들고 말았단다. 맨체스터 유나이티드 팀에 들어가기만 하면 뭘 해. 슛! 골인을 시켜야지.

아들아! 여자란, 축구선수가 발로 공을 다루듯이, 무조건 세게 골대만 보고 쏜다 해서 다루어지는 존재가 아니라는 것을 알아야 한다. 네가 피아노를 치듯이 강, 약, 중간 약, 세게도 두드리고 여리게도 두드리며, 점점 빠르게도 쳐보고 점점 느리게도 치면서 드라마틱하고 다이내믹하게 연주해야 감흥이 오는 존재란다.

긍정적인 생각만 가지고 사는 우리 '막둥이 정 과장' 파이팅이다. 앞으로 곧 좋은 짝이 나타날 것으로 엄마는 믿고 또 믿는다.

(2008. 4. 24.)

운전맹의 훈수

사람들은 나더러 못하는 게 뭐냐고 묻는다. 특출나지도 못하면서 여기저기 기웃거린다는 뜻일 게다. 그럴 때면 좀 쑥스럽기는 하지만 기분이 나쁘지만은 않다. 사실 운전면허증도 18년 전에 취득했다. 그런데도 여태 운전을 못하는 21세기의 운전맹이다. 운전학원에 접수하고 필기시험은 한 번에 합격했다. 바로 실기시험에서 브레이크가 걸렸다. 장장 열두 번째에야 합격했으니, 오죽하면 수입인지 붙일 자리가 없어 두어 장을 뜯어내고 열두 번째 수입인지를 붙였을까. 하도 오래된 일이라 이제는 창피하지도 않다. 뒤이어 남편이 운전면허증을 취득하면서 우리 집에도 승용차라는 새 식구가 불어났다.

남의 자식은 가르쳐도 자기 자식은 못 가르친다고 했던가? 남편은 나한테 운전을 가르치려고 작심을 했던지 여름방학이 시작되자 새벽이면 나를 깨웠다. 연습하기 싫어서 꾀를 부리고 아픈 척도 하다가 몇 번 따라나섰다. 그이의 명령에 따라 안전띠를 매고, 시동을 걸고, 출발준비, 액셀러레이터를 서서히 밟으면서 전진, 앞 신호등에서 좌회전 · 우회전, 급정거 브레이크 밟고, 항상 발은 브레이크에 놓으라는 등 머리가 지끈지끈 아플 정도로 훈수해댔다. 지금 생각하면 그때가 절호의 기회였는데……. 핸들을 잡기만 하면 이유도 없이 차가 무서웠다. 운전은 정말 하기 싫었다. 이럴 거면 왜 돈 들이고 고생해가며 운전면허증을 땄는지, 어느 날인가는 쌓아놓은 벽돌 더미에다 차를 처박고 말았다. 바로 그때 조수석에 앉았던 그이의 입에서

"내 명대로 못 살 것 같구먼!"하는 탄식의 소리가 튀어나왔다. 내 운전연습은 거기서 막을 내리고 말았다.

그럼에도 내 지갑 속에는 녹색운전면허증이 버젓이 자리하고 있다. 신분증이 필요한 곳에서 운전면허증을 보이면 군말 없이 어디서든 무사통과다. 어쩌면 하늘나라까지도 통과되지 않을까 싶다. 신분증을 대신해주는 운전면허증처럼, 누가 나를 대신해줄 수는 없을까. 돈 · 건강 · 자식 · 친구 아니면 또 어떤 믿음이?

'운전맹'은 하루도 거르지 않고 국악원이나 백화점 아니면 수선집으로 버스를 타거나 걸어서 다닌다. 그러다 보니 시내버스 노선이며 시가지가 내 손금을 보듯 훤하다. 어쩌다 승용차로 외출을 하다 보면 자연히 조수석에 앉은 내가 훈수를 하게 된다. 바둑판처럼 그려진 시가지가 내 손바닥 안에 있으니 말이다. 시내 지리를 몰라 쩔쩔매는 그이에게 이리 가라, 저리 가라, 천천히 달려라, 차선을 지켜라, 신호등을 보라는 등 온갖 잔소리를 한다. 18년 전에 들었던 그 훈수를 운전맹인 내가 그이에게 해대다니 어이가 없어 웃음이 나온다. 한편으로는 앙갚음하는 것 같아 재미도 있다. 주객이 전도되었다고나 할까.

장거리 여행을 할 기회가 왔다. 화창한 날씨만큼이나 달보드레한 라일락 향이 신바람을 부추겼다. 느긋하게 조수석에 앉아 클래식음악을 들으면서 오월의 차창 밖 풍경에 젖어 센티멘털한 문학소녀가 되고 싶었다. 기사님마저 백마를 탄 백작같이 보였다. 콧노래가 절로 나

왔다. 드디어 등판번호 45부 1293을 단 우리 집 은빛 애마는 마치 제21회 밴쿠버동계올림픽에 출전하던 쇼트트랙 선수처럼, 각기 다른 등판번호를 단 차들과 함께 톨게이트를 빠져나갔다. 앞서거니 뒤서거니 차선을 바꿔가며 초반전부터 치열한 경쟁이 시작되었다. 등판번호만큼이나 다양하게 빨강 · 하양 · 검정 · 은빛의 유니폼을 입은 선수들은 누구의 훈수를 받으며 달리는지 긴장감 넘치게 달렸다. 마치 젊은 날, 인생의 오르막길을 앞만 보고 달렸듯이 말이다.

몇 분쯤이나 달렸을까. 나더러 이정표를 보고 코치를 잘하란다. 실은 창원에 몇 차례 다녀왔지만, 매번 고속버스나 아들 차로만 다녔지 오늘처럼 우리 내외만 승용차로 가기는 처음이다. 물론 혈기왕성했던 시절에야 윗녘 강원도 평화의 댐을 거쳐 아랫녘으로 내려가 삼천포를 거쳐 뱃속으로 차를 몰고 들어가 통영으로 건너보기도 했지만……. 고속도로에서의 운전은 잠시도 긴장을 풀 수가 없었다. 어찌나 과속으로 달리며 끼어들기를 하던지 아찔아찔한 순간들이 심장을 들었다 놓았다 하며 간을 콩알만 하게 만들었다.

운전은 권력과 같은 것일까. 왜 핸들을 잡기만 하면 앞만 보고 달릴까. 이정표를 보고 나더러 코치를 잘해달라더니 깡그리 잊고 내 훈수를 듣지 않는다. 이는 선거철이면 나를 당선만 시켜주시면 여러분의 뜻을 받들어 정치를 잘하겠다는 말과 무엇이 다를까.

드디어 일등도 꼴찌도 없는 무승부의 경기실황을 운전맹의 실감나는 중계방송으로 우리는 다른 차들과 함께 결승점 가까이에 이르렀다. 그런데 골인 지점인 동마산 톨게이트 앞에서 일이 벌어지고 말았다. 큰소리로 외쳤지만 이미 때는 늦었다. 하필이면 하이패스 노선으로 진입할 게 뭐람! 순간 나도 모르게 "내 명대로 못 살 것 같구먼!"이란 말이 절로 나왔다. 다행히도 뒤에 차가 없어서 후진할 수 있었다.

두고두고 입줄에 오르내릴 촌극이다.

운전사는 승객을 위한 운전사다. 내가 비록 '운전맹'이지만 나는 승객이다. 내가 하는 말은 곧 국민의 소리가 아니겠는가. 나는 소리쳤다.

"여보시오, 운전사, 승객을 편안히 잘 모셔야지요!"

(2010. 5. 15. 스승의 날에)

아내

沐 川

아내라는 이름의 그대여
등골에 붙은 나의 손결
나의 의상, 나의 밥상이여

내 문으로만 드는 유일한 꽃
스스럼없이 발가락까지 뻗어와
몸을 맡기는 나의 몸
그대, 장엄하고도 몽롱한 나의 악기여

쉼 없이 일렁이는 물결
항상 가슴을 맞춰야 하는
나의 태평양

아아, 아내라는 이름의 또 다른 나여
언제나 가슴에서 맑게 닦이는
나의 작은 손거울일레, 그대는

호랑이보다 무서운 곶감

삼복더위에 찾아온 손님과 생선은 자리를 빨리 뜰수록 고맙다. 오죽하면 호랑이보다 더 무서운 게 염천 손님이라 했을까. 그럼에도 기다려지는 손님이 있다.

나는 애들을 별로 예뻐하는 편이 아니다. 큰딸이었기에 동생들 뒤치다꺼리에 신물이 나서 그런지도 모른다. 그런데 이런 내가 염천 삼복더위에 손자들을 기다리는 이유를 굳이 말한다면, 멀리 사는 그들이 마냥 보고 싶어서다.

과장된 얘기지만 한집에 사는 제 아빠 얼굴도 모르는 세상이라지 않던가. 하물며 1년에 두어 번 보는 할머니가 어찌 안중에나 있을까. 그래서 내 딴에는 올해도 할머니 집의 추억을 만들어 주고 싶었다. 이런 생각을 하는 내가 고루한 할머니는 아닌지 모르겠다. 내 어린 시절, 방학 때면 제일 먼저 가고 싶은 곳이 할머니 집이었다. 사실 갈 곳이라곤 할머니 집밖에 없었으니까. 그 시절을 회상하니 나도 할머니 품으로 달려가고 싶다. 아니 날아가고 싶다.

올망졸망한 손자들이 서울에서 내려온다는 기별을 받으면 할아버지는 서재에서 원고지를 보따리에 싸느라 바쁘고, 나 역시 내가 아끼는 구두를 한쪽 구석 깊숙이 숨기노라면, 때맞춰 전화벨이 울리면서 "할머니, 여기가 정안 휴게손데요. 시래기 말고 묵은김치로 찌개를 끓여 주세요." 주문했다. 유난히 김치찌개를 좋아하는 종욱이는 입안에 침이 고여 말을 못할 정도로 휴대전화로 고래고래 소리를 지르곤 했다.

드디어 현관문이 열리고 퉁탕거리며 손자손녀들이 들이닥친다. 궁둥이를 하늘로 쳐들고 절을 하는 둥 마는 둥 하고는, 혜원이와 서현이는 서로 뒤질세라 정신없이 신발장 문을 열고 할머니의 빨간 구두를 찾아 신고 딸가닥거리면서 갖은 무게를 잡기도 한다. 종욱이와 재현이는 그까짓 구두 따윈 관심도 없다. 냉장고를 열었다 닫았다 야단이다. 재 묻은 강아지처럼 코를 흑흑거리며 매콤한 고등어 김치찌개를 어른 못지않게 먹어댔던 때가 엊그제 같은데, 벌써 종욱이가 5학년, 서현이가 3학년, 외손녀 혜원이가 4학년, 재현이가 2학년이니, 나는 걸어서 여기까지 왔는데 세월은 뛰거나 날아왔나 보다.

이번에 손자들이 오면, 이젠 말귀도 알아들을 만큼 자랐으니 할머니가 쓴 수필을 읽도록 해놓고 소감을 들어볼 요량으로 컴퓨터에 저장된 글들을 처음부터 순서대로 인쇄해서 파일에 끼워 책처럼 만들어 놓았다. 수필을 읽도록 유도할 '호랑이보다 더 무서운 곶감'을 준비해야 할 것 같아서 왕창할인판매를 하는 전주코아백화점을 찾았다. 이것저것 여름 속옷을 사서 시내버스를 기다리고 있었다. 마침 코앞에서 수박이 1,000원 5,000원 하는 소리에 귀가 홀딱, 생각할 겨를도 없이 사버렸다. 수박이 얼마나 크던지 들고 버스에 오를 수가 없었다. 금방 후회했다. 손님들이 모두 나를 바라보는 것 같았다. 잔뜩 멋을 부린 내 모습과 바윗덩이만 한 수박은 전혀 어울리지 않았다. 하는 수

없이 집으로 전화를 걸어 수박을 받으러 승강장까지 나오라고 불러냈다. 이런 해프닝 역시 귀여운 손자들 덕이라 생각하니 그리 부끄러워할 이유도 없었다. 이것이 내가 살아온 삶의 모습인 것을. 그 다음이 문제였다. 싼 것이 비지떡이라고 수박을 타 놓고 보니 '박 수박' 이었다. '약은 고양이 밤눈 못 본다.' 는 속담을 이럴 때 쓰던가.

할머니의 혼을 반쯤 빼놓고 손자들이 떠난 집안은 허전하기까지 했다. 서로 달라고 졸라댔던 빨간 구두는 떠나버린 방자 생각에 퍼질러 앉은 향단이처럼 입을 벌리고 현관에 나자빠져 있었다. 가지고 온 학용품을 꼼꼼히 챙기더니만, 달력 뒷장에 낙서하던 색연필이 미처 주인을 따라나서지 못한 것이 오히려 잘 되었다는 듯 방바닥에 누워 만세를 부르고 있었다.

'호랑이보다도 더 무서운 곶감' 으로 홈런을 쳤어야 했는데 엄벙덤벙하다 보니 정작 읽히고 싶었던 수필을 못 읽히고 보낸 것이 못내 아쉬웠다.

이런 게 바로 부모와 자식, 고부간, 할머니와 손자 사이에 피로 맺어진 인연이 아니겠는가. 가족 사랑에 물들었던 3박 4일간의 화려한 휴가는 막을 내렸다. 서울로 향하는 자가용 차창 밖으로 흔들어대는 아이들의 손짓에 나도 덩달아 어린애처럼 손을 흔들었다.

"어머니, 화장대 서랍 속에 넣어두었어요. 많이 못 드려서 죄송해요." 하는 며느리의 목소리가 가까스로 귀에 잡혔다. 며느리의 그윽한 눈빛이 내 마음을 다독거려 주는 듯했다.

(2008. 8. 17.)

나의 프로필

잔치마당에서 판소리 한 대목 불러달라는 청을 받았다. 생각할 겨를도 없이 쾌히 승낙하고 말았다. 나의 가상한 용기에 놀라 막 한숨을 돌리고 있는데 다시 연락이 왔다. 프로필을 보내달라는 것이었다. 어설프게나마 배운 판소리가 늘그막에 이렇게 나와 동행할 줄이야 꿈엔들 어찌 생각이나 했던가.

부엌일을 돕기 싫어했던 내게 어머니는 늘 도둑질만 빼고 다 배워두면 언젠가는 쓸 데가 있다고 하시며 '아는 것이 힘이다.' 란 말을 일깨워주셨다. 어머니의 강직했던 그 모습이 오늘따라 더 고맙게 여겨진다.

사실 프로필을 보내달란 말이 이번이 처음은 아니다. 그런데도 오늘따라 '나의 프로필' 이란 말이 영 쑥스럽다.

여자들이 제복에 약하다지만, 독자나 관객 또한 프로필에도 약하다. 나 역시 그렇지 않았던가. 책이 배달되면 맨 먼저 책 표지를 훑어본다. 그리고는 표지 뒷면의 약력에 눈이 꽂혀 끝까지 내리읽고는 화려하다느니, 대단하다느니, 때로는 별것 아닌 것처럼 헐뜯은 적도 있었다. 이 얼마나 황당한 일인가.

여고를 막 졸업하고 취직하려고 처음으로 이력서를 쓴 적이 있었다. 그 뒤 평범한 주부로 40년이란 세월을 다람쥐 쳇바퀴 돌듯 살아오다, 노을 녘에 전북도립국악원에서 겨우 더듬더듬 배운 판소리이거늘, 장려상은커녕 대회에 한 번 나간 경험도 없는 나의 약력을 어떻게 써야 할지 막막했다. 평범한 삶이었지만 알뜰살뜰 잘 살았다고 적을까, 성가대장을 몇 년 했다고 적을까, 아니면 우등상, 개근상, 합창부 단장까지 했다고 적을까. 아무리 뒤적거려 봐도 주소와 전화번호밖엔 적을 게 없다. 마치 나를 간들거리는 나무에 올려놓고 흔들면서, 지금까지 헐뜯어온 대가를 치르란 말인가. 평소 느끼지 못했던 묘한 감정에 휘감겨 부끄럼이 넘쳐 피식 웃음까지 나왔다. 한숨 돌릴 사이도 없이 쾌히 승낙하다니, 이 용기와 초라한 내 프로필에 한 풀 꺾인 감정은 도대체 어떤 맞수일까. 우왕좌왕하는 꼴을 알 수가 없다.

드디어 잔칫날이 왔다. 찌르륵거리는 마이크를 통해 울려 퍼지는 사회자의 소개. 고수의 약력은 정말 화려했다. 거기에 비하면 창자인 나의 프로필은 죄송하리만치 초라했다. 좀 떨리는 마음을 진정시키려고, "고수님! 프로필을 몇 줄 저한테 넘겨주시지요!" 하며 농담을 청해봤다. 정말 그렇게 할 수만 있다면 꾸어 오고 싶었다. 그러나 의기소침하지는 않았다. 내가 좀 부족하더라도 고수의 추임새와 화려함에 묻혀가면 되니 말이다. 이가 부실하면 잇몸으로 씹으면 되듯이, 온 힘을 다하자. 쇼맨십을 발휘하자. 옷이라도 화려하게 입자. 얼굴에 항상 미소를 띠자. 틀려도 자신 있게 틀리자. 나름대로의 마음가짐을 단단히 하고 임할 수밖에는 별도리가 없었다. 이 마음가짐은 어떤 처지에서든 변함이 없다.

악보도 없이 부채 하나 달랑 들고 많은 사람 앞에 서서 맨정신으로 신명나게 노래를 부른다는 게 결코 쉬운 일만은 아니다. 벌써 이런 공연을 한 지가 엊그제 같은데, 크게는 전국 수필의 날 수필가들 앞에서 깜짝 쇼를 했으며 작게는 50여 명도 안 되는 노인복지회관까지 합하면 10회도 훨씬 넘었으니 이 또한 프로필감인가.

한번은 이런 일도 있었다. 꽤 이름난 명창과 같은 무대에 서게 되었는데, 명창을 보는 순간 주눅이 들어, 오죽하면 집으로 전화를 걸어 기도 좀 해달라고 했을까.

무대 공포증은 적어도 나에겐 큰 적이다. 여기에 말려들면 달달 외웠던 가사도 꽉 막혀 쩔쩔매게 되니 말이다. 이것을 없애려고 염치를 부려보지만 잘 안 된다. 그러기에 내 나름대로 마음가짐을 주문처럼 외우기도 한다. 분위기에 취해 열창을 하다 보면, 객석에서 어깨춤을 덩실덩실 추거나, 손장단을 치며 추임새를 맛깔스럽게 넣거나, 혹은 작은 슬픔이 녹아내려 즐거움으로 바뀐 것을 보면 그 이상 기분 좋을 수가 없다. 대형스크린에 비친 어르신들의 밝은 모습에서 참 행복을 찾곤 한다.

엊그제 공연에서도 박수를 받으며 무대에서 내려오자, 명함을 내밀며 내 명함 한 장 달라고 했다. 이럴 때마다 명함 같은 것 없다고 대꾸하지만, 그 뒷맛 또한 개운치가 않다.

내 지갑 속에는 몇 푼의 지폐와 더불어 주민등록증과 운전면허증, 그리고 귀퉁이가 달아빠진 여행사 명함에서부터 아들의 명함, 음식점, 어느 여스님의 명함까지 열대여섯 장의 명함으로 빵빵하다. 소중해서라기보다 그냥 가지고 있을 뿐이다. 그렇다고 전화연락 한번 한 적도 없다.

글로벌 다문화 시대에다 인터넷 시대, 자격증 시대 등등 '시대'란 말이 언제 적 유행어던가. 조석으로 급변하는 시대 속에 살면서도 빨리 적응 못하는 촌스럽기 짝이 없는 존재가 바로 나다.
나의 프로필이다. 간단하지만 나에겐 더없이 소중한 것들이다.

2004년부터 전북도립국악원에서 판소리 수업
2005년 컴퓨터교실 3개월 수업
2006년 9월 2학기부터 전북대학교 평생교육원 수필창작과정 수강
2007년 수필 부문 신인상 수상 수필가 등단. (《대한문학》 제19호)

공연이 끝나고 나서, 모든 이에게 기쁜 마음으로 해바라기 수필집을 꼭 넣어서 총천연색으로 그려진 아주 멋진 명함을 나누어 주고 싶다. 생각해보니, 프로필이란 그 사람의 삶의 무게다. 낙엽처럼 프로필 하나 떨어뜨리고 가는 것이 인생이려니 싶다.

(2009. 5. 31.)

수필과 판소리의 만남

복날 이열치열 음식으로 삼계탕이 제격이라면, 이번 수필의 날 잔치마당에 판소리는 하늘이 점지한 찰떡궁합이었다. 적어도 나에게는 그랬다.

내가 판소리와 처음 만난 것은 전북도립국악원에서다. 취미로 적당히 배워보려는 것 중에서 제일 스트레스를 적게 받을 것 같아서 무턱대고 시작한 것이었다. 좀 창피한 일이지만 다섯 바탕이니, 명창의 대가 오정숙이니 하는 말도 들어본 적이 없었다. 판소리를 동요나 가곡쯤으로 취급하고 배워보겠다고 덤벼든 내가 가소롭기 짝이 없었다. 이 시점에서 판소리에 대해서 말해보라면 판소리처럼 어려운 것이 없다고 서슴없이 말하겠다. 우선 잘하고 못하고를 떠나서 대중가요나 가곡과는 달랐다. 많은 시간을 투자해야 한다는 것을 알았다. 쥐가 소금 먹듯이 포기하지 않고 배우고 있다. 그냥 배울 뿐이다. 배우다 보니 조금씩 맛이 들고 있다.

나를 처음 보는 사람들은 "혹시 국악을 하세요?"라고 많이들 묻는다. 아마 쪽진 내 머리 모양새를 보고 그렇게들 묻는 것 같다. 사실 그렇게 물어오는 말이 싫진 않다. 그래서 머리 스타일을 바꾸려고 하지 않는지도 모른다. 처음엔 겁없이 덤벼들었지만 지금은 판소리가 나에게 자긍심을 심어준다.

수필과의 만남은 어떠했던가. 재작년 9월 코스모스 필 무렵 신문에 끼어온 핑크빛 전단지는 행촌수필과 나를 엮어준 오작교였다. 올 9월이면 만 2년이 된다. 그동안 등단이란 기쁨과 함께 여기저기 몇 권의 책에도 내 글이 실렸다. 생각할수록 참 신기하다. 내가 이렇게 해낼 수 있다니, 지도해 주신 교수님의 덕이리라.

겉은 화사해 보일지 모르나 속은 마치 골다공증환자처럼 허한 나에게 수필은 에스트로겐 호르몬제였으며, 닫힌 마음을 열어준 영혼의 양식이었다. 물론 밑바탕이 부족한 나에게 벅찬 작업임엔 틀림없다. 한 발 한 발 내디디며 나를 가꾸어 가고 있다. 희망을 안고 한 편 한 편 작품을 써내려갈 때 그 기쁨을 무엇에 비할 쏜가. 늘그막에 얻어낸 보석을 장롱에 넣어 두진 않을 것이다. 보석은 치장했을 때 보석으로서 역할을 다할 것이다. 생활 속, 내 가슴속에서 캐낸 보석을 책으로 엮어볼 생각이다. 머지않은 날에…….

2008년 7월 15일. 1박 2일 동안 열릴 수필의 날은 오고야 말았다. 제8회 대구에서 열린 전국수필가교류대회. 드디어 나의 판소리가 수필의 날 덕에 대구로 나들이를 가게 되었다. 사실 이번이 처음은 아니다. 작년 대한문학 연말 총회에서도 한 번 경험한 바가 있었다.

내가 잘나서가 아니다. 감히 무명이란 이름을 붙이기조차 어색한 나에게 기회를 주다니, 본 행사에 판소리를 할 수 있도록 주선해 주신 분들께 감사하지 않을 수 없다. 수필의 날 잔치마당에 판소리가 한몫한다는 생각에 몇 날 밤을 설치며 마음을 다지고 다졌다.

글로 쓰는 수필이 소리 없는 내 영혼이라면, 판소리는 말 그대로 목

청이라는 악기로 쓰는 역동적인 영육의 소리다. 그러니 수필과 판소리는 나라는 존재의 빛깔이 얻는 순간이 아닌가. 수필이 득음하는 순간이다. 수필과 판소리, 생각할수록 절묘한 찰떡궁합이다.

전북대학교 평생교육원 앞에서 11시 30분 출발. 여느 때보다 출발 시각이 느지막해서 여유로웠다. 내 자리는 당연히 맨 뒷좌석이다. 42명의 행촌식구들의 일거수일투족을 한눈에 볼 수 있으니 이 얼마나 좋은 자리인가. 여왕이 된 기분으로, 오늘 행사 중 제4부에 부를 판소리 대목을 중얼거리며 갔다. 그러다가 생각났다. 정월에 가계부를 샀더니 토정비결 부록이 딸려왔다. 재미로 내 생년월일에 맞춰서 운수를 한번 점쳐 보았다.

'사람으로 즐거움이 오고 사람 때문에 화도 오리라. 7, 8월에 먼 길을 떠날 수, 동쪽으로 가면 금의환향할 수.' 이렇게 씌어 있었다. 믿지는 않지만 참 재미있지 않은가. 이현령비현령이라더니, 오늘 수필의 날을 맞아 대구에 가고 있는 나를 비유해서 한 말 같아 기분이 좋으면서도 묘했다. 이렁저렁 벌써 대구에 도착했다.

즉시 프린스호텔 1103호실로 방을 배치받아 한복으로 갈아입고 행사장으로 갔다. 7월 염천 더운 날임에도 완벽하게 준비한 주최 측의 노고에 머리가 숙여졌다. 1, 2, 3부 행사가 진행되고 있음에도 내용이 귀에 들어오지 않았다. 다홍 모시 치마에 하얀 모시 적삼을 받쳐 입은 등에선 에어컨이 무색하리만치 실개천처럼 땀이 흘렀다. 1,000여 개의 눈앞에서 그것도 최고의 지성인 수필가들 앞에서 식전에 소리를 부른다는 것이 부담이 아닐 수 없었다. 더군다나 행촌수필문학회의 이름이 걸린 일이라서 저녁 생각도 멀리 사라져버렸다. 얼마나 긴장했으면 호텔 방 열쇠를 준다는 것이 이강애 언니한테 삼성카드를 주었겠는가.

드디어 버선발로 무대에 올랐다. 그러나 예상외로 떨리지는 않았다. 쇼맨십 기질이 내게 있어서일까. 그것은 42명의 행촌회원들의 성원과 대회 경험이 많은 이수홍 회장님이 명고수라서 큰 힘이 되기도 했다. 나 또한 나름대로 품위 있고 당당하려고 애썼다. 춘향가 중에서 사랑가 한 대목을 이수홍님과 같이 부르고 나서 앙코르로 심봉사 황성 가는 대목을 내가 목청껏 불렀다. 청중의 박수에 온몸이 녹아내리는 것 같았다.

팀별 장기자랑에서 쟁쟁한 명고수 이수홍님을 비롯하여 5명이 출연하였다. 무려 4만 원을 투자해서 한복차림을 한 임두환님, 박귀덕님, 김금례님, 형효순님, 그리고 나, 이렇게 행촌을 대표한 6인조의 열연과 더불어 행촌회원들의 들끓는 추임새에 힘입어 당당히 1등을 차지한 것 또한 영광이 아닐 수 없다.

다음날이었다. 그야말로 수필가교류대회였다. 아침을 먹으면서나 로비, 심지어 화장실 같은 데서 마주칠 때마다 찬사와 눈인사를 건네며 말을 걸어왔다. 그럴 때마다 웃음이 넘쳤지만 억누르고 억눌렀다. 몇 분한테서 e메일주소와 명함도 받았다. 아직 메일은 못 보냈지만, 앞으로 보낼 생각이다.

수필과 판소리의 만남은 이렇게 막을 내렸다. 이번 대회는 나를 업그레이드시킨 계기가 되었음이 틀림없다. 소리 없는 수필에 소리를 달아준 이번 판소리 한마당 체험으로 나의 수필은 좀 더 내밀한 가사를 써야겠다고 다짐했다.

(2008. 7. 21.)

그곳에 가지 않으려오?

沐 川

(전략)

안개 발자국 산을 넘고 나면
쑥국새 울음에 풀잎이 옷을 벗는 곳
풀꽃이랑 누워서 흰구름 띄우면
꾀벗은 아이들 물장구치는 소리 들리는 곳
그곳에 가지 않으려오?

한낮에도 컴컴한 개구리 불 밝혀 울고
먼별에서 소쩍새소리 들려오는 곳
하늘이랑 억새꽃 흔들흔들 만나면
달빛 풀벌레소리 오솔길을 내는 곳
그곳에 가지 않으려오?

궂은비 시린 낙엽길에 서면
어디선가 장작 패는 소리 들리는 곳
모닥불도 사그라져서 다 떠나버리면
까치소리 고목 너머 흰 눈이 내리는 곳
그곳에 가지 않으려오?

(후략)

제 6부

배다른 형제

배다른 형제

행촌수필문학회 수요가족들의 얼굴을 그려보았다. 하나같이 개성이 뚜렷한 배우들이다. 누구 하나, 같은 점이라곤 없다. 둥글고 모나고, 급하고 느긋하고, 깔끔하고 투박하고, 가늘고 퉁퉁하고, 화끈하고 덤덤하고, 차갑고 따뜻하고, 작고 크고, 서로 상반되면서도 부딪치지 않고, 마치 두 개의 톱니바퀴가 서로 톱니를 엇갈리면서 잘 돌고 있듯이 교수님을 중심으로 배다른 형제들은 모난 곳을 다듬어가며 살아가고 있다. 수요가족은 남자 10명, 여자 10명이다.

* 정원정 형님은 행촌식구 중에 나이가 제일 많으시다. 수요반을 집에 초대한 일도 있다. 겉으로는 연약하게 보이나 내심은 강인한 분이다. 수요일이면 제일 먼저 등교하신다. 가방이 무거울 성싶어 들어주려 하면 자기 것은 자기가 챙겨야 한다며 거절하는 것을 보면, 성격 또한 대쪽 같아 감히 누가 얼씬도 못할 것 같다. 그러나 정도 많다. 반원들이 집에 갔을 때 이것저것 내놓으며 먹으라고 했다. 넓은 집을 혼자 지키면서 사시는 걸 보면, 나도 형님처럼 살 수 있을까, 혼잣말로

중얼거려보았다.

* 이수홍 회장님은 특별한 달란트를 가진 분이다. 유머와 재치가 넘치고 긍정적인 생각으로 한번 마음먹은 것은 해내고야 마는 성격이다. 글, 사진, 컴퓨터, 북, 노래 등등 못하는 것이 없는 만능 배우다. 닉네임도 명고수, 백학, 수필가로 다양하다. 글도 일주일이면 몇 편을 쓰는지, 벌써 수필가로 등단까지 했으니 개인에겐 영광이고 수요가족에겐 부러운 경사다.

* 이강애 언니는 암과도 싸워 이겼으니 호랑이도 맨손으로 잡아버릴 수 있을 것이다. 자칭 '나는 대통령이다.' 라고 할 정도니까 알아줘야 한다. 요사이는 '노인복지사 자격증' 을 취득했다고 자랑이다.

* 이의 언니는 서울내기로 말이 좀 느린 편이다. 독서실 운영, 주말농장 가꾸기, 공인중개사, 운전면허증까지 합하면 자격증이 몇 개나 되는지 물어보고 싶다. 늦둥이 외손녀를 키우는 재미에 빠져 짝꿍도 경기도 광주에 두고 주말부부 노릇을 하고 있다. 일주일에 한 번 랑데부하는 회춘 부부라 이름 붙여 줄까 한다.

* 김금례 언니는 교수님과 동갑이라나. 탄력 있는 피부를 가진 글래머 미인이다. 글 솜씨 또한 보통이 아니다. 가정도 다복하여 재미나게 살고 있다.

* 총무를 맡고 있는 윤지영 반원은 머리가 빤짝빤짝하여 모르는 것이 없다. 술 중에서 제일 맛있는 술은 공짜 술이란 문제도 0.5초 내로

맞춰버리니까 말이다. 시부모님을 잘 모시는 요즘 젊은이 같지 않은 참한 신세대 주부다. 엄마를 닮은 예쁜 딸도 있다.

* 최은경 반원은 닉네임이 장미니까 장미 아가씨라 불러줄까? 운전도 잘해서 항상 교수님을 모시는 옵티마의 주인이다. 수요가족 나들잇길, 삼천포로 빠져들어 한층 드라이브 기분을 살려준 분위기우먼이다. 두 딸을 둔 처녀 같은 엄마로 글도 잘 쓰는 수필가 지망생이다.

* 김희영 반우님은 뭐가 바쁜지 요즘엔 보이지 않는다. 말수가 적은 편이다. 고향 후배라고 회장님이 특별히 챙기는 전남 구례 출신 춘향이다. 명함판 사진이라도 한 장 보내달라고 해야 하려나 보다. 다음 강의 시간엔 꼭 얼굴을 보았으면 싶다.

* '아리아랑' 여사장 서순기 반원은 가냘픈 몸매지만 찬 서리를 맞고 핀 들국화 같다. 나이 어린 여사장으로 돈을 많이 벌어 부자가 되었으면 한다.

* 오명순 반원은 싹싹하고 상냥한 인상을 가진 은하수 같은 미인이다. 닉네임이 은하수니까. 해마다 7월 칠석날이면 오작교를 놓아 견우와 직녀를 만나게 해주는 여인이다. 명순씨 우리 앞으로 잘해보자고요.

* 임두환 반원은 일명 임 장군으로 통한다. 외모만큼이나 성격도 좋다. 〈고사리〉란 글도 잘 썼지만 고사리도 잘 꺾나 보다. 고사리 뜯어 말리는지 얼굴 보기가 힘들다. 정원정 언니 집에도 동행했으면 좋았

을 텐데 좀 아쉽다. 머지않아 수필가로 등단하리라 믿는다.

* 강용환 사장님은 잊어버릴 만하면 한 번씩 나타난다. 꽃미남이 벌써 며느리도 얻고 우즈베키스탄 총각을 아들로 삼았단다. 인간애가 돋보인다. 수필가도 되고 돈도 왕창 벌어 한턱 쏘면 별이 쏟아질 것 같다.

* 박병술 반원은 그 이름도 행복한 술병으로서 스피치 강사이기도 하다. 악수를 잘 청하는 전 전주시의원이었다. 유명한 연설 강사로 하는 사업도 잘되고 수필가로 등단도 하시기를…….

* 황형연 반원은 이름 부르기가 어렵지만, '젖소 아버지' 로 통하는 이름난 남원의 대표 낙농가다. 순한 인상에 인심이 좋아 치즈와 야쿠르트도 얻어먹었는데, 사업도 잘되고 수필가로 등단하시기를 바란다.

* 3월에 좀 늦게 등록한 김혁권님, 이민교님, 이희석님, 정영권님, 조규열님과는 눈인사 한번 제대로 못 나눠 봤지만 수필가족이 된 것을 모두가 환영한다. 행촌수필문학회 회원으로 가입하면 참 좋겠다.

주인공은 항상 마지막에 등장한다던데, 이 글을 쓴 나는 최정순이다. 닉네임은 '해바라기' 다. 나에 대한 것은 여러분이 이 글을 읽고 달아준 댓글로 대신하려 한다. 많은 댓글을 달아주었으면 좋겠다.

* 김경희 07-05-13 16:59
누구나 고유의 향기가 있는 법. 똑같아지려고 애쓰지 말고 자기다

운 멋을 찾아 노력하는 것이 좋겠지요? 다르기 때문에 누구나 귀합니다. 그러나 같아야 하는 것도 있다는 것을 잊어서는 안 되겠지요? 인간미, 또는 자연의 이치와 같이 다르지만 공통점이 있기에 우리는 서로를 이해하며 살아갈 수 있는 거겠지요?

* 명고수 07-05-13 22:31

해바라기님! 칭찬하기 대회 준비하세요? 칭찬하기 대회 원고를 읽는 것 같았습니다. 째쟁이 해바라기님은 첫째 잘 웃고 가곡, 판소리(북도 치고), 가요(노란 셔츠 입은 사나이), 찬송가 다 기똥차게 잘 부르고 부채춤, 칼춤, 두루마리 화장지 살풀이 춤까지 섭렵하셨으니 등단도 초읽기인 듯합니다. 어쩜 그리도 잘 쓰셨어요? 비 오는 주말이면 그런 글이 빗줄기처럼 쏟아지는가 보네요. 우리 수요반 칭찬, 웃기 대회를 졸업기념 파티에서 열어볼까 하는데 최우수상은 누가 거머쥘 것인지 예상이 됩니다. 분에 넘친 칭찬 감사합니다. 건강 빕니다.

"철학이 줄리엣을 만들 수 없다면 그런 철학은 꺼져버려라."

-로미오-

아자 아자 !!

* 치즈아이 07-05-14 14:28

햇볕 따갑고 바람부는 오후 2시 잠도 오고 개성의 냄새를 왜 그리도 잘 쓰셨을까……. 젖소황(치즈아이)

* 장미 07-05-14 20:58

남이 가진 좋은 점은 누가 먼저 가져갈세라 얼른 제 주머니에 챙겨

넣고 싶습니다. 그러나 마음뿐 아직도 미흡한 점은 많습니다. 선생님 감사해요. 처녀라고 불러주어서 철없이 기분이 좋네요. 건강하세요. *^.^*

* 임장군 07-05-14 23:09

안녕하세요. 해바라기 선생님!

기초반 문우님들의 좋은 점을 모두 기억하신 걸 보니 옛날 학창 시절에 머리 좋다는 말씀은 많이 들었겠네요.

〈배다른 형제〉 제목도 멋지고요. 하여간 기분은 좋습니다.

열정을 가지고 열심히 살아가시는 선생님이 너무 부럽습니다.

지금도 〈아랫목〉이란 글이 생각나는군요.

언젠가 교수님께서 이 작품을 칭찬하시던데…….

항상 건강하고 행복하십시오.

* 정현창 07-05-15 11:13

10대 10이라, 수요반으로 가려면 미인 한 분을 모시고 가야겠군요. 항상 행촌의 밝은 빛이 되는 수요반이 되길 기원합니다.

* 주신사 07-05-16 08:35

역시 내 동생이다. 해바라기 넌 영원한 나의 동생이야.

예쁜 동생, 글도 잘 쓰는 동생. 기쁘고 영광이야! 할렐루야 아멘.

* 신기정 07-05-16 08:58

제목 하나만으로도 살가운 정이 느껴지는 아름다움이 있습니다. 가까이 계신 좋은 인연들과의 정붙이기를 더 많이 배워보고 싶습니다.

자연이 아름다운 것은 배다른 형제로 태어났기 때문이리라. 해바라기가 아름답다 하여 정원에 해바라기만 심었다면 장미꽃은 어디에서 보겠는가. 내가 있고 네가 있으며 산이 있고 물이 있어 세상은 서로 어우러져 교향악의 꽃을 피운다. 하느님의 섭리 곧 자연을 거슬러 복제인간을 만들었다면 모두 똑같은 '너' 만 있을 뿐 '나' 라는 존재는 없었을 것이다.

오늘처럼 봄비 내리는 날엔 옛 사진이라도 꺼내보며 지난 추억들을 들추어내고 싶다. 실비 내리는 소리에 젖어 수필가족 첫 수업 시간 속으로 빠져들어갔다. 수많은 얼굴을 대하며 살아왔지만, 수요가족 얼굴이 오늘따라 더 그리워져 이렇게 그려보았다. 할 말은 많지만 지면상 줄였다. 행여 누군가에게 누陋가 되었다면 머리 숙여 용서를 구한다.

수요가족과 더불어 세상 모든 사람과 한배를 탄 배다른 형제로서 우리 모두 아름답게 살았으면 싶다.

(2007. 5. 12.)

일생을 기다린 어머니

어머니가 거울 앞에서 머리를 곱게 빗고 계시면 참 싫었다. 어쩌다 치장을 하고 외가에 가는 날이면 부엌 일이 맏딸인 내 차지였으니, 자다가도 몇 번씩 어머니의 자리를 더듬곤 했다.

초등학교 5학년 때까지만 해도 별 어려움 없이 살았다. 그러다가 아버지의 병세가 갑자기 깊어지자 직장을 그만두셨다. 겨우 대여섯 마지기의 농사만으로 생활이 어려워지자 어떻게 살아가야 할지를 아버지와 어머니가 상의하는 얘기를 들었다. 설상가상으로 내 친구 봉이네 집에 쌀을 빌려주었는데 고리채 정리로 몽땅 떼이고 말았다. 한동안 아버지는 봉이네 집 쪽을 향하여 역정을 삭히느라 마른기침을 토하셨으니 그 노여움을 누가 감히 탓하겠는가. 어머니가 농사에만 의지하셨다면 일곱 남매의 학비는커녕 먹고 살기도 힘들었으리라. 그 뒤 어머니는 서둘러 가게를 차려서 어린 동생들을 데리고 전주로, 농사일로 아버지와 중학교 1학년인 나와 둘째 동생은 그냥 그집에서 살았다. 이런 처지에서 늘 어머니가 그리워 한순간이라도 더 어머니 곁에 머물고 싶어 무던히도 어머니를 쫓아다녔다.

경대 앞에 미사포가 없으면 성당에 가셨고, 비누 그릇이 없으면 빨래터에, 호미가 없으면 텃밭에, 밀짚모자가 문지방에 걸려 있는 날엔 하다못해 옷에 푸새라도 하고 계셨다. 학교에서 돌아와 푸르무레한 명주 목도리가 아랫목 옷걸이에 걸려 있지 않으면 가슴이 철렁 내려앉으며 얼마나 허전했던지 혼자서 눈물을 훔치곤 했다.

친구들과 고무줄놀이나 사방치기놀이를 하다가도 저녁 무렵이 되면 "아무개야! 밥 먹어라." 부르는 소리에 강아지마저도 졸졸 뒤따라 집으로 다들 돌아가버리면 쓸쓸하고 외로워서 속으로 몇 번이고 어머니가 부르는 것처럼 내 이름을 혼자서 부르며 나 자신을 위로했던가.

어머니는 별로 말이 없으셨다. 일곱 자식 수업료다, 아버지 약값이다, 장사 밑천에 그날그날 살아가자니 몸이 열이라도 모자랐을 것이다. 그러기에 자식들에게 잔정을 나누어줄 여유가 없었으리라. 어머니의 짐은 너무도 버거우셨다. 그런 버거운 멍에를 지고도 어머니는 궁색한 말씀이나 언짢은 표정을 짓지 않으셨다. 무한한 모성애랄까. 자식사랑으로 만사를 감내해내는 어머니의 의지, 그것은 자기 살을 새끼에게 먹이는 우렁이의 삶과도 같았다. 이런 강인한 어머니의 모습에 젖어 어린 마음에도 응석을 부릴 수가 없었다. 맏이라는 책임감이 나를 또래들보다 조숙하게 만들었다고나 할까. 애어른이니, 지금 시집보내도 되겠다느니, 하는 말을 들으며 자랐다.

함지박에 보리쌀이 담겨 있으면 곧바로 저녁밥을 지었으며, 대야에 빨랫감이 담겨 있으면 세탁을 했다. 이런 솜씨로 보리밥도 곧잘 지었다. 큰딸로서 살림 밑천답게 어머니의 잔일을 도우며 자랐다.

토요일이면 어머니가 오시는 날이었다. 이날 저녁은 텃밭에서 뜯어 온 채소에다 어머니가 사 오신 생선, 과일, 빵, 거기다 어머니의 손맛까지 합해져서 한 주간의 긴 기다림이 부엌에서부터 익었다. 찌개가 보글보글, 닭들도 나래 짓을 파득파득, 목줄이 풀린 강아지까지도 어머니의 치맛자락을 물고는 좋아서 야단이었다. 이렇게 일곱 남매와 병아리, 강아지가 어우러진 우리 집 마당은 떠들썩했다. 어찌나 좋던지, 나는 새 운동화를 신고 더욱 신바람이 나서 뒤뜰로 골목으로 쏘다니며 뛰놀았다. 어머니가 오신 날이면 우리 집은 참 행복했다. 밤늦도록 등잔불 밑에서 구멍난 양말을 기우는 어머니의 포근함에 젖어 잠들곤 했다.

그러나 어찌 포근한 날만 있었으랴. 어머니가 계시지 않는 날엔 마중하러 막차 시간에 맞춰 역으로 나갔을 때 지축을 흔들며 남쪽에서 들어오는 기차 소리는 무섭기까지 했다. 기차 화통에서 나오는 연기만큼이나 꾸역꾸역 사람들이 밀려 나왔다. 그렇게 많은 사람 속에 어머니는 보이지 않았다. 혼자서 터덕터덕 집으로 돌아온 날 밤이면 숙제를 제대로 할 수가 없었다.

삶이란 숙제, 나는 지금도 어려운 문제를 푸는 숙제를 하고 있다. 어머니는 가셨지만 늘 손에 묵주를 들고 기도하셨던 어머니, 버거운 짐을 오히려 버팀목으로 삼으셨던 어머니. 궁색한 말씀이나 언짢은 표정을 짓지 않으셨던 어머니. 어디선가 금방이라도 빙그레 웃으며 보따리를 들고 나타나실 것 같은 어머니.

지금도 길을 걷거나, 버스정류장을 서성거리거나, 새벽 기차소리에 잠이 깬 새벽이면 나도 모르게 빈자리를 더듬는 것은 어머니가 그리워서가 아니겠는가. 이순이 지났는데도 어머니를 생각하면 내 눈가엔 그리움의 눈물이 맺힌다.

(2009. 2. 28.)

어머니의 뼘

아파트 앞 '참새 방앗간'에서는 가으내 매캐한 고추방아로 김장철을 알리더니, 오늘은 떡 익는 냄새가 설이 가까이 와 있음을 알린다. 이번 설은 연휴가 짧다는 것을 달력의 빨간색 글씨가 알려준다. 14라는 숫자 밑에 ※표를 해놓고 볼펜으로 '익산역 낮 12시 16분 도착' 이라 씌어 있다. 서울 큰아들을 그 시각에 맞춰 마중하는 날이라는 뜻이다. 몇 년 전만 해도 설렘으로 명절을 맞았건만 이제는 무탈하게 지나가기를 바라는 마음뿐이다.

2년 전만 해도 우리 집 섣달그믐날 풍경은 이러했다. 시집간 딸네 식구 4명을 제외하고도, 서울에 사는 큰아들네 식구 4명과 창원에 있는 막둥이 그리고 우리 내외 모두 7명이 모였다. 그러면 1년 내내 찬장 깊숙이 틀어박혀 있던 접시며 숟가락 젓가락까지 덩달아 나와 왁자지껄했다. 그러더니만 1, 2년 사이에 그믐날의 풍경이 슬며시 설날로 옮겨가 버렸다.

TV와 라디오에서는 설 연휴 교통상황을 연일 보도한다. 예상외로 고속도로나 지방도로가 평일이나 다름없이 원활하다며 지레짐작하고 귀성을 포기한 사람들의 마음을 부추긴다. 공교롭게도 섣달에 딸을 출산하여 시댁에 못 오게 된 둘째 며느리와 아들이 마음에 걸린다.

설날 아침이다. 아들네 식구가 도착하면 점심때 차례를 지내기로 하고는 우선 아침을 대충 점만 찍었다. 할아버지는 익산역으로 아들네 식구 마중을 나섰고 나는 차례상 겸 점심상을 차릴 채비를 하고 있다. 설날인데도 사방이 조용하다. 오늘 아침에는 위층에 사는 꼬마들의 쿵쿵대는 소리마저도 들리지 않는 것으로 보아 할머니 집으로 설을 쇠러 간 모양이다. 하던 일을 멈추고 아파트 앞마당을 내려다보았다. 자전거를 타거나 때때옷을 입은 애들도 보이지 않는다. 어디서 달려왔는지 소방도로까지 차들만이 빼곡하다. 바쁘게 보이는 것은 오로지 도로 위를 달리는 차들뿐이다.

어머니가 부뚜막에 놓인 좀도리를 자루에 붓고, 뼘으로 동생 신발 문수를 재고 있으면, 나는 설이 가까이 왔다는 것을 안다. 이때부터는 새 옷을 사달라며 어머니를 퍽 졸라댔다. 어머니의 장바구니를 일일이 풀어헤치다 종이에 싼 사카린을 엎질러 야단을 맞은 적도 있다. 지금도 잊히지 않는 것은 내 설빔은 옷이고 신발이고 모두 풍덩 했다. 일곱 남매 중 맏이었던 탓에 새로 지은 옷은 소매를 한두 번씩 접어 입어야 했으며, 내 몸에 작다 싶어야 동생 차지가 되었던 기억이 새롭다. 신발은 내 발 문수보다 항상 한 치수 컸다. 신발 앞부분에 솜뭉치를 넣어 신어보기도 했다. 벗겨지려고 하면 발가락을 오그리고 걸어보지만 헐떡거리기는 매한가지였다. 겨우 벗겨지지 않을 만하면 다 떨어져 엿장수 몫이 되었다. 한번은 발바닥이 간지러워 잠에서 깨어보니 뼘으로 내 발을 재고 계셨다. 다 커버린 내 발을 지금 어머니가 뼘으로 다시 잰다면 잠을 자지 않고 버선을 꿰매는 어머니 옆에 앉아 있으련만……. 풍덩한 것이 그렇게 싫었음에도 나는 영락없이 어머니를 닮았다. 딸아이의 꽃신에다 벗겨지지 않게 고무줄로 묶어주었던 생각을 하면 웃음이 나온다. 그래서인지 나는 지금도 옷을 크게 입는 편이다. 생각은 꼬리에 꼬리를 물고 이어졌다. 순간 전화벨이 울린다.

"할머니, 배고파요." 큰손자 종욱이의 목소리는 서울내기들이 집 앞에 다 왔다는 신호다. 구름 따라 흘러가던 나는 갑자기 손놀림이 바빠지기 시작한다.

조촐하게 차려진 차례상 앞에 여섯 명이 나란히 섰다. 아들이 따른 제주祭酒를 큰손자 종욱이가 받아 조심스레 상 위에 놓는다. 2, 3학년 때만 해도 차례상에 올려놓은 생선을 젓가락으로 쑤셔대던 개구쟁이였는데 중학교에 입학할 나이가 되니 의젓해졌다. 남성의 상징인 목에 아담의 복숭아가 도두룩하고 우렁우렁 변성된 목소리가 제법 남자답다. 손녀 서현이 역시 늘씬한 종아리에 잘록한 허리가 '김연아' 처럼 곱다. 손자손녀 모습을 보노라니 그 아이들을 잘 키우느라 애쓴 큰며느리의 노고가 느껴진다. 큰며느리가 오늘따라 듬직하게 보인다.

(2010. 3. 9.)

분盆갈이

자질구레한 집안일이 그렇다. 눈으로는 어서 저것을 해치워야지 하면서도 손길이 얼른 가지 않는 일이 한둘이 아니다.

아파트 베란다에는 올망졸망한 화분들이 놓여 있다. 그이는 용돈이 생기면 자잘한 화분을 사들인다. 좀 부풀려 말하면 열흘이 멀다고 화분을 사들이더니 제법 자그마한 꽃밭같이 되었다. 있는 화분이나 잘 키우라며 핀잔을 주지만 꽃을 싫어하는 사람도 있을까. "참 예쁘다!" 놀러 온 친구들이 베란다의 화분을 보고 칭찬하기에 내가 아니라고 해도 곧이듣지 않는다.

덩치가 큰 화분은 소철뿐이다. 아파트로 이사오면서 먼저 챙긴 것이 이 화분이었다. 한 지붕 밑에서 살아온 세월이 30년이다. 열대식물이기에 여름엔 뙤약볕에 놓았다가, 서리가 내리기 전에 거실로 옮겨가며 정성들여 키웠다. 아이들 손목이 굵어지는 것처럼 소철도 밑둥치에 솔방울 무늬의 나이테를 만들어가며 부챗살 분수처럼 잎을 피웠다. 억센 잎에 때로는 아이들이 다칠세라 없애려고도 했고 서리를 맞아 얼어 죽을 고비도 넘겼다.

소철은 좀 높직한 화분에 심어야 더 멋져 보인다. 눈이 내리는 크리스마스 무렵이면 꼬마전구며 산타를 매달아 썰렁한 우리 집 거실을 연탄난로와 함께 포근한 분위기로 만들었다. 이런 광경을 아이들이 참 좋아했다.

아파트로 이사 온 뒤 베란다 구석 차지가 된 소철 화분이 안쓰러웠다. 물을 주면 잘 받아 마시지 않더니 아니나 다를까 새순이 나와야 할 때가 지났는데도 싹이 나올 기미가 보이지 않았다. 지금까지 묵묵부답이다. 더 놀라운 것은 줄기가 남쪽으로 쏠려 허리 굽은 나팔 모양이 되어 버렸다. 내 무관심이 자초한 일이다.

헤아려보면 자식들과 산 세월보다도 더 긴 세월을 같이 살았다. 강아지는 사립문 밖으로 나간 일이 있지만, 바깥출입 한번 안 하고 제자리를 지켜온 소철, 이 지경이 되었음에도 가타부타 말 한 마디 없다. 차라리 불평이라도 해야 내가 덜 미안하지 않겠나 싶다. 소철이 30년 동안 써온 일기를 어느 날 갑자기 입을 열게 되면 무어라 할까. 우리 집의 희로애락을 다 머금고 있을 식구로서 우리가 보지 못한 것까지도 차곡차곡 들려주리라. 햇볕과 비바람, 좀도둑의 발자국까지 훤히 보고 적어놓았을 푸른 식구 소철! 희한한 궁금증이 왈칵 밀려왔다.

분갈이가 자질구레한 집안일 같지만, 들깨 모종을 하듯이 호미로 푹 떠서 화분에 꽂기만 하면 되는 것이 아니다. 견디다 못해 짝꿍을 졸라댔다. 도대체 호텔 로비에나 어울릴 서른 살짜리 소철을 어쩔 거냐며 죽이려면 차라리 화분 집에라도 보내자고 했더니 나더러 집에 손님을 초청했느냐며 동문서답을 하더니만, 화분을 준비하라고 하여 부리나케 옹기화분을 하나 사왔다.

분갈이는 3, 4월이나 9, 10월이 적기다. 뿌리가 화분에 가득 차 배수나 영양공급이 원활하지 못해서 잎이 누레지거나 뿌리가 화분 위로 또는 밑구멍으로 나오게 된다. 그때가 바로 분갈이할 때라고 할 수 있다. 사람이나 식물이나 잘 먹고, 잘 자고, 잘 싸는 등 3쾌의 법칙은 같은가 보다.

화분은 먼저 것보다 좀 큰 것으로 샀다. 너무 커도 뿌리만 비대하게 되므로 주의할 일이다. 마치 큰 차를 굴리다 보면 기름 값만 낭비하게 되는 격이랄까.

화분을 분리할 때는 뿌리가 상하지 않도록 뽑아야 한다. 썩은 뿌리나 묵은 뿌리는 잘라야 하는데 너무 많이 잘라도 화초가 스트레스를 받는다니 얼마나 어려운 작업인지 알 수 있다.

다음으로는 흙과 모래와 퇴비를 골고루 혼합해서 화분 높이에 맞춰 절반 이상 채워야 한다. 이렇게 분갈이가 된 화분을 갑작스럽게 직사광선에 노출시키면 시드는 원인이 되니 밝은 실내에서 조금씩 서서히 밖으로 이동해주어야 한다. 이 또한 수술한 사람이 서서히 회복되어 가는 과정과 무엇이 다르랴.

드디어 힘들게 뽑힌 소철이 신문지 위에 놓였다. 상상했던 일이 눈앞에 나타났다. 원뿌리를 중심으로 잔뿌리가 어찌나 기기묘묘하게 얽혀 있던지 바늘구멍 들어갈 틈도 없이 단단했다. 그러니 물이며 공기가 어떻게 통할 수가 있었겠는가. 소통되지 않으면 죽음에 이른다는 것을 눈으로 확인할 수 있었다. 그럼에도 잊고 지나쳤으니 그동안 소철이 얼마나 힘들었을까.

전지가위를 손에 쥐고 외과 의사처럼 조심스럽게, 그러면서도 사정없이 뿌리와 뿌리 사이를 떼어가며 멍든 뿌리를 찾아 자르고 또 잘랐다. 수술은 계속되었다. 옆에서 조수 노릇을 하는 나는 집도하는 의사 이상으로 뿌리가 잘릴 적마다 등골이 오싹오싹하고, 발바닥이 간질거리며, 입가가 찔룩찔룩하고, 눈앞이 아찔아찔 했다. 뿌리가 잘리는 순간순간 내 머릿속에 두서없이 자란 송곳 같은 생각들이 잘뚝잘뚝 잘려나가는 것 같았다.

수술을 마친 소철은 새 옹기화분으로 옮겨졌다. 묵은 줄기를 잘라내고 비틀린 밑둥치를 바로잡아 세워놓으니 한결 개운해 보였다. 새해에는 봄과 함께 우리 집 거실에서 새로운 부챗살 푸른 분수가 피어오를 것이다.

이 가을이 가기 전에 내 마음도 분갈이해 줘야겠다.

(2009. 10. 17.)

편지 1

여학생들의 재잘거림 소리로 교실은 장 속이다. 그 속에서 당번이 목이 터져라 외쳤다. 잘 들어보니 교무실에서 나를 찾는다는 전갈이었다. 애들의 시선이 모두 내게 쏠렸다. 그 순간 이런저런 생각들이 번개처럼 스쳤다. 밀린 수업료도 다 냈고, 도둑영화 한 편 본 일도 없으며, 빵집에 들락거리거나 청소 시간에 뺑소니를 친 일도 없다. 그렇다고, 상 받을 일이 있는 것도 아닌데, 하필이면 종업식 날 나를 교무실로 부르는 이유가 뭘까. 가슴을 조이며 교무실로 갔다.

내 학창 시절만 해도 도덕교육과 학교규율이 참 엄격했다. 집에서는 아버지가 무서웠고, 학교에서는 선생님이 무서웠다. 하물며, 쉬는 시간 선생님들이 모두 계시는 교무실로 불려가는 것은 끔찍한 일이다. 교무실 출입은 규율을 어긴 경우가 대부분이어서, 갑자기 호출명령을 받은 나로서는 당황할 수밖에 없었다. 담임선생님 앞에 선 나는 전혀 예상치 못한 뜻밖의 일에 가슴이 뛰었다. 편지 한 통이 지휘봉과 나란히 책상에 놓여 있지 않은가. 선생님은 나를 빤히 바라보며 말없이 그 편지를 건네주셨다.

편지를 먼저 읽은 선생님의 표정을 읽지 못한 어설프기 짝이 없던 여중 3학년생인 내가 벌써 이순을 훌쩍 넘어 은발이다. 이 새벽, 내 마음은 벌써 색동옷을 입고 웃고 울고 지냈던 그 시절로 돌아갔다. 이성에게서 온 편지를 애들 앞에서 까발리지 않고 교무실로 불러 은밀히 넘겨주신 속 깊은 선생님의 마음을 새삼 되새겨본다.

우리 집은 텃밭이 울 밖에 있었다. 공교롭게도 아랫마을로 가는 지름길이 텃밭 가상으로 나 있어서 어머니 대신 텃밭에서 푸성귀를 뜯어오는 일이 종종 있었다. 그날도 하필이면 상추를 뜯고 있을 때 그 오빠가 올 게 뭐람. 오빠는 나를 볼 적마다 내 이름을 부르며 말을 걸었지만 부끄러워 상추 소쿠리에 고개를 처박고는 말대꾸를 해본 일이 없다. 사실은 이름만 어렴풋이 알 뿐, 나이도, 언제 군대에 입대했는지도 모른다. 그런데 오늘 받은 편지가 바로 그 오빠로부터 배달된 군사우편이자 이성으로부터 받은 첫 편지다. 아마 골방에서 편지를 읽었겠지. 글귀는 떠오르지 않으나 그 당시 학적부상 이름이 잘못 기재되어 '정애' 라고 불렸는데 편지 첫 줄에 "귀여운 정애야" 라고 쓴 글귀만이 또렷이 떠오를 뿐이다. 밤새도록 썼다가 지우기를 반복했던 답장은 결국 부치지 못했다. 편지 간수를 잘 못해서 어머니한테 들켜 자다 말고 일어나 야단맞은 추억이 지금 왜 이리 달콤한지.

싸락눈이 내리는 괴괴한 밤, 강아지 방울 소리를 들으며 잉크를 찍어 펜으로 편지를 썼던 아득한 그 옛날이 다시 돌아온다면, 나는 어머니한테 열 번 야단을 맞는다 해도 답장을 쓰리라.

(2009. 12. 26.)

편지 2
— 단감

우리 집에 배달되는 택배는 거의가 책이다. 겉봉을 뜯어보지 않아도 좀 얄팍하면 시집이고, 좀 두툼하면 수필집이다. 그런 우리 집에 10월 어느 날 큼직한 상자 하나가 배달되었다. 대수롭지 않게 여기며 상자에 붙은 화물수탁명세서를 확인해 보았다. 보낸 사람의 주소와 이름 그리고 품명까지 한눈에 들어왔다. 그 순간 나는 무엇으로 답례할까 고민하며 보내준 이에 대한 고마운 마음과 죄송스런 마음으로 뒤범벅되었다. 전화를 먼저 할까 하다가, 포장을 뜯었다. 알알이 여문 홍갈색 단감이 상자 가득 담겨 있었다.

벌써 한참 세월이 흘렀다. 같은 길을 가고자 만난 지인들의 모임장소에서 그녀를 처음 보았다. 나보다 열 살쯤 연상인 그녀는 자그마한 몸매에 은갈색의 머리가 아주 인상적이었다. 가냘프면서도 강인하게 보였고, 냉찬 것 같으면서도 따뜻한 분 같았다. 거기다 세련미까지 겸비한 멋쟁이였다. 선생님이란 호칭은 거리감이 있어 싫고, 언니라는 호칭은 좀 미안한 생각이 들어서 내 생각대로 형님이라 불렀다. 그렇다고 아삼육 사이도 될 수 없는 조금은 어려운 형님이었다. 그런 형님한테서 온 택배였으니 내가 황송할 수밖에. 감 하나를 집어 쓱쓱 닦아

한입 물고는 전화를 했다. 택배 잘 받았다는 감사의 말과 안부를 묻고서 전화를 끊었다.

내 습성 중에 고약하다면 고약하고 좋게 보면 좋은 버릇이 하나 있다. 예를 들어 사과 한 상자를 샀다면 갯수를 세어 단가가 얼마인지를 따져본다. 그리고는 상, 중, 하질로 골라놓고는 하질부터 먹기 시작한다. 그렇다고 콩나물 천 원어치를 사서 콩나물을 세어볼 정도는 아니다.

상자에 든 단감을 방바닥에 쏟았다. 그런데 이게 웬일인가. 박스 밑에서 한지로 곱게 접은 연두색 봉투가 나오는 것이 아닌가? 더 놀라운 것은 편지 내용이었다. 편지를 읽고 또 읽어보았지만 택배를 받을 주인공이 내가 아니었음을 알았다. 나와 인접한 동네에 사는 이름이 비슷한 사람이었다. 여기서 혼선이 온 것이다. 이미 포장지는 뜯겼고, 감도 한입 물어뜯었으니 다시 포장해서 돌려보낼 수도 없어서 정말 난감했다.

아까 택배를 잘 받았다는 안부 전화를 했을 때, 형님의 대답이 어딘지 모르게 석연찮았던 한 마디가 지금까지도 생생하다.

"꼭 받아야 할 사람한테 갔구려."형님과 나는 이런 기이한 사연으로 더욱 우정이 돈독해졌다. 술잔도 주거니받거니 해야 취하는 법이거늘, 우정 역시 술잔과 같아서 주거니받거니 하는 동안 정은 쌓여가는 법이다. 그때 형님의 그 한 마디가 나에게는 명언이었다.

지난해에도 그랬듯이 올해도 형님의 우정이 단감이 되어 택배로 배달될 10월을 기다리리라. 형님의 연세 지긋하지만 오래도록 이러한 날이 이어지기를 바란다.

탱탱하게 익은 가을을 한입 깨물어 맛보는 단감의 향기를 그리며 소리쳐본다. "배달 사고야, 자주 일어나라!" (2010. 2. 3.)

병아리

해마다 3월쯤이면 우리 집 마당에는 햇병아리로 그득했다. 아버지는 싱글벙글하며 좁쌀 모이와 높이가 낮은 물그릇이랑 싸릿대로 엮은 어까리를 챙기셨다. 그리고는 허술한 수챗구멍과 강아지가 들락거리는 담장 밑 개구멍까지도 짚 뭉치로 틀어막곤 하셨다.

내 어린 시절만 해도 시골에서 가용 돈 마련이나 식구들 보양식감으로는 닭만 한 게 없었다. 그러다 보니 정월이 되면 이집저집 할 것 없이 병아리를 깠지만, 사료를 사서 기른다는 것은 엄두도 못 냈다. 그러니 방목할 수밖에 없었다. 어느 날인가는 별스런 일도 다 있었다. 학교에서 돌아와 보니 병아리 머리에 빨간색 물감이 칠해져 있지 않은가. 놓아먹이자니 옆집 병아리와 구분하려고 아버지가 꾀를 내신 것이었다.

한배에서 태어난 병아리 수가 모두 스물한 마리나 되었다. 아버지는 허실 없이 키워야 한다며 암컷을 퍽 선호하셨다. 그러면서 덧붙이는 말씀이 요놈들을 여섯 달만 잘 키우면 알을 낳을 것이고, 그러면 딸내미가 사달라는 별표 운동화랑 크레용도 사줄 수가 있다는 거였다. 검정 고무신만 신었던 나는 운동화를 사준다는 말에 병아리를 정성껏 돌봐야겠다고 마음먹었다.

학교에서 돌아오면 우선 병아리부터 찾았다. 꼬리를 치며 나를 반기는 강아지는 뒷전이고 병아리가 보이지 않으면 나도 모르게 입술을 앞쪽으로 쭉 빼고서 구~~구~구를 외치며 텃밭을 돌아 헛간 거름자리를 거쳐 소매통이 놓인 변소까지 집 안팎을 샅샅이 뒤졌다. 허겁지겁 한참 구~구~구를 외치다 보면 나중에는 입술이 얼얼해져 헛바람만 나왔다. 걱정이 되어 하늘만 바라보고 있을 때 엉뚱하게도 뒷집 대밭 속에서 어미 닭의 꼬꼬댁 하는 소리와 함께 삐악거리며 따라오는 병아리를 보면, 반가운 마음에 앞서 순간 화가 치밀어 고무신짝을 집어던지기도 했다.

먹이가 많은 대숲은 족제비나 들고양이들이 득실대는 곳이라서 행여 잡혀 먹힌 병아리는 없는지 어까리 속에 가두면서 세어보고 또 세어보곤 했다. 이렇게 돌보는데도 병아리 수는 차츰차츰 줄어 열세 마리밖에 남지 않았다. 앞으로 몇 마리가 더 줄어들지, 어른들 말로는 공중에 솔개가 나타나면 어찌나 그 기세가 사납던지 갓난애기도 낚아채갈 정도였다던데 병아리쯤이야……. 솔개가 아니라도 병아리를 위협하는 적은 곳곳에 도사리고 있었다. 한번은 소매통에 빠진 병아리를 건져 목욕을 시켜서 솜으로 둘둘 말아 아랫목에 묻어 두었지만, 시들시들 오줌독으로 죽고 말았다.

알에서 깬 지 3~4개월쯤 자라면 중병아리(약병아리)라 했고, 6개월이면 암탉은 알을 낳게 되었다. 여러 마리가 갈갈대며 알 낳을 자리를 찾는 풍경은 집안 분위기를 풍성하게 했다. 내가 유년기를 보내고 소년기에 접어들었듯이 병아리들은 아직 약병아리나 다름없는 나와 함께 커갔다.

3~4개월이 지나자 내 눈으로도 자웅(♂♀)을 구별할 수가 있었다. 암탉과 달리 수탉은 다리가 길고 꺼벙했지만, 벼슬이 돋고 혈기가 넘쳐 눈도 불그스레 번쩍거렸다. 가끔 목을 하늘로 쳐들고는 발성이 덜 된 성대로 '꼬끼오' 소리도 제법 질러댔다. "나는 왕이다!"라고 외치는 것일까.

수컷들의 싸움은 갈수록 치열했다. 암컷과 부하들을 거느리고 싶은 자리다툼이었을 게다. 고개를 꼿꼿이 세우고는 부리를 맞대고 눈을 노려보며 어깨에 힘을 잔뜩 주고 날개를 활짝 펴고는 모둠발로 껑충껑충 뛰면서 가슴치기를 해댔다. 털이 빠지고 피가 나도록 상대방을 아무 데나 마구 쪼아대며 싸웠다. 그러다가 어느 한쪽이 날개를 서서히 접으며 눈꺼풀을 내리깔고는 모이를 찾는 척 고개를 갸웃거리며 슬슬 피해버리면 한바탕 싸움은 끝났다. 그뿐인가. 닥치는 대로 먹어치우고 파헤쳤다. 심지어 부뚜막에 놓인 소금이며 간장까지도 찍어 맛볼 정도였으니 말이다.

사춘기 적 반항이라더니 금방 청소한 마루에다 배설을 해대고 발자국 동양화까지 그려놓곤 했다. 툭하면 담을 넘어 마당에 널어놓은 곡식이며 채전에 손을 댔다가 주인마님한테 들켜 장대로 두들겨 맞고 도망쳐오기 일쑤였다. 나는 이런 닭들을 보면서 안쓰러워 모이를 주기도 했다. 어미 닭도 이 무렵이면 젖떼기라도 하듯이 새끼들을 죽지 않을 만큼 마구 쪼아댔다. 그래도 새끼들은 그러려니 하면서 스스로 먹이를 찾으며 커갔다.

사실 나도 병아리가 아니던가. 고추잠자리가 날 무렵 볼그족족하게 익어가는 대추를 보면 어찌나 달콤하게 보였던지, 아침 일찍 골목 집 대추나무 밑을 서성였던 일이며 벌집이 달린 줄도 모르고 나뭇가지를 흔들다가 벌은 그만두고 주인 할아버지의 헛기침 소리에 놀라 신발짝이 벗겨진 줄도 모르고 줄행랑을 치지 않았던가. 그날 밤 벗겨진 신발짝 하나 때문에 잠을 못 이루고 뒤척이다 날이 밝았다. 아니나 다를까. 날이 밝자 "최 생원 계신가?" 하는 골목 집 할아버지의 목소리가 무서워서 떨었건만 지금은 왜 이리도 그리움으로만 밀려오는지…….

"여섯 달만 잘 키우면 알을 낳을 것이고, 그러면 운동화와 크레용도 사줄 수가 있지!" 하신 아버지의 말씀은 내 어린 시절 병아리와 함께 자라면서 머릿속에 깊이 새겨진 나의 희망이었다. 병아리는 자라서 어미 닭이 되어 어김없이 알을 낳았다.

(2010. 9. 20. 추석 무렵)

그곳에 가는 까닭

— 제1회 전국수필의 날 행사 참관기 (1)

내가 문학 기행을 가는 이유는 우선 적은 비용으로 평소에 가보기 어려운 곳을 찾을 수 있다는 점과 또 하나는 많은 사람들을 눈빛으로나마 보기 위해서다.

우선 행촌수필문학회 회원 간에도 그렇다. 화요반, 수요반, 목요반, 목요야간반, 금요반, 안골반, 꽃밭정이반이 있지만 특별히 개인적으로 친하지 않는 한 게재된 글을 통하여 어설프게 이름을 알 따름이다. 단체 행사로 1년에 봄가을 문학 기행과 출판기념회 및 행촌수필 송년의 밤 행사 등이 있지만 그나마 참석하지 않으면 309호 강의실에서 같은 교수님을 모시고 수필을 배우고 있으면서도 누가 누구인지 알 길이 없다.

물론 수필 쓰는 공부만 하면 되지 뭘 더 원하느냐고 반문할지 모르겠으나 내 생각은 그렇지 않다. 어찌 사촌 형제의 얼굴을 보고 싶지 않으랴. 나는 이런 심정을 오곡을 섞어 지은 밥에 비유하여 〈배다른 형제〉란 제목으로 수필을 빚은 적도 있다. 하기야 요즘 세태가 집안 간에도 애경사나 있어야 겨우 식장에서나마 친척들을 만나 볼 수 있는데 뚱딴지같은 생각일지 모르겠다. 그럼에도 어지간하면 얼굴을 마주 볼 기회를 놓치지 않으려고 이번 수필의 날 행사에도 참가하였다. 등단한 이래 제8회 때부터 한 번도 거르지 않았다. 아주 특별한 일이 없는 한 앞으로도 계속 참석할 것이다.

7월 15일 초복을 막 넘긴 날씨, 더위야 각오했지만, 차라리 5월이나 10월이었으면 좋았을 것으로 생각하며 버스에 올랐다. 7시 30분 드디어 각양각색의 차림을 한 행촌수필가족 29명을 태운 버스는 목적지 강릉을 향하여 달리기 시작했다. 차창 밖으로는 그리운 아버지가 논두렁 콩잎 사이를 거닐며 잘 다녀와라! 너울너울 손짓을 하는 것 같았다.

오랜만에 강릉 땅 오죽헌에 발을 내딛자니 감회가 깊었다. 우리 일행을 비롯하여 각처에서 모여든 수필가들을 보는 순간, 반가운 마음에 환호성이라도 지르고 싶었다. 통성명이 무슨 필요가 있을까. 그냥 그들과 함께 이곳에 있다는 것만으로도 좋았다. 등줄기를 타고 흘러내리는 땀쯤이야 아랑곳하지 않고 삼삼오오 끼리끼리 오죽헌을 돌아보며 시비 앞에서, 또는 율곡의 동상 앞에서 해설을 듣거나 아니면 사진을 찍으며 유유자적하는 모습에서 수필가들의 열정을 읽었다. 남극의 태양보다도 더 뜨거운 수필의 체온에 가슴이 뜨거워졌다. 나는 이것을 보기 위하여 이곳 강릉까지 왔다. 정말 가슴이 뿌듯했다.

행사장인 강릉시청으로 자리를 옮겼다. 2층 대강당 무대의 '수필의 역사를 짓다' 란 타이틀과 함께 우리를 하나로 묶는 '사람과 사람을 잇는 수필' 이란 글귀가 내 마음을 사로잡았다. 과연 나는 수필을 통하여 사람을 만나러 왔으니 내 생각이 빗나간 것이 아니라는 사실에 놀랐다. 1· 2· 3부 행사는 2층 강당에서, 저녁은 17층에서 이루어졌다. 정녕 내 치부를 까발리자면 어떤 행사건 간에 강의 내용을 귀담아 잘 듣는 형이 아니다. 그렇다고 메모를 잘하느냐 하면 그것도 아니다. 강사님이 청중의 졸음을 쫓으려고 가끔 얘기하는 우스갯소리는 잊지 않고 귀담아 오는 것을 보면 바보는 아니다. 그런데 1부 행사가 시작되기 전부터 계속 자막을 통하여 수필가들의 수필집을 선전하는 스크린을 보면서 나를 후려치는 느낌을 받았다. 작년 제10회 때 마음속으로 약속하기를 내년에는 꼭 수필집을 내서 저 대열 속에 나도 서 있어야지 했던 나 자신과의 약속을 깡그리 잊고 앉아 있는 나를 꼬집어야 했다. 또다시 내년을 벼르고 있다.

잔치 끝에는 말이 많듯이 내 개인적인 생각이지만 좀 지루한 감이 없지 않았다. 네 사람의 축사와 개인별 문학단체별 수필낭독이 몰아치기 식이어서 머릿속에 남은 게 없었다. 서너 시간에 걸친 본행사가 끝나고 쪼르륵 거리는 배를 달래며 17층 뷔페식당으로 갔다. 언제들 왔는지 먹고 자리를 뜨는 사람, 먹고 있는 사람, 줄지어 서 있는 사람 등 그야말로 자유분방하였지만, 친교의 분위기는 아니었다. 만남은 먹는 자리에서 이루어지는 법인데 술잔을 기울이며 건배 정도는 했더라면 좋았을 것을 하는 아쉬움도 있었다. 다행히도 행사 중 잠깐 쉬는 시간에 대구에서 온 '수필세계' 사람들을 만나 짧은 덕담이라도 나눴으니 망정이지 그 기회마저 없었다면…….

강릉 경포대에 가면 4개의 달을 본다던데 6월 보름인데도 달은커녕 별도 못 보았으니……. 이렇게 본행사는 끝났다.

강릉의 명물 선교장에 들어 눈을 떠보니 다음날 아침이었다. 주최측 누군가가 만인을 위하여 제공한 아침을 마치고 말로만 들었던 허난설헌생가를 거쳐 경포호수에 비친 낮달에 정을 묻고 경포대 해수욕장 모래를 밟았다. 강릉을 떠나 원주에 있는 박경리문학관을 둘러보았다. 전주로 돌아오는 길 버스 안에서의 여흥은 유익한 시간이었다.

끝으로 이 행사를 주관한 주최 측 임원진들과 지연희 수필분과회장님께 진심으로 감사의 인사를 드린다. 행촌식구 한 사람이라도 더 참석하게 하려고 문자메시지를 비롯하여 두 끼니의 식사와 수박에서 이쑤시개까지 준비한 행촌수필문학회 박귀덕 회장님, 더불어 수고해주신 행촌수필문학회 회원님들 그리고 지도편달을 아끼지 않으신 김학교수님께 큰 박수를 올린다.

1박 2일 동안 강원도, 경기도, 충청도를 거쳐 전북 전주 땅에 다시 도착하고 보니 내가 바로 김삿갓이 아니었나 싶다. 구경 한번 잘했다. 목욕물에 몸을 담그니 내 집 또한 천국이었다.

(2011. 7. 24. 중복 날에)

아낙네들의 발악

— 제1회 전국수필의 날 행사 참관기(2)

드디어 낮 행사가 끝나고 밤을 맞았다. 낮이 남자의 세상이라면 밤은 여자의 세상이라고 말하면 반기를 들 사람들이 있을까. 그러나 오늘 밤만큼은 행촌수필 여인네 11명의 세상이었다. S자 몸매를 유지하려면 '저녁은 거지처럼' 먹으라는 말을 잊고 허겁지겁 배를 채우고는 겨우 허리를 굽혀 일어났다. 온종일 강의에다 여기저기 들렀더니 파김치가 된 몸을 어서 씻고, 부리고 싶었다.

행촌가족의 숙소는 강릉의 명물인 '선교장船橋莊'이란다. 선교장이 마치 선禪이나 도道를 닦는 장소처럼 들렸다. 행사장인 강릉시청에서 선교장까지는 버스로 5분 거리였다. 선교장에 도착한 행촌 여인들의 숙소는 초가 1관이었다. 달빛에 보아도 마당이 넓은 집이었다. 마루에 걸터앉자마자 임실 처자 선심이가 대뜸 손바닥으로 마루를 쓱 닦으며 하는 말이 걸레질을 해야 한다며 걸레를 찾았다. 그녀는 흰 바지를 입고 있었다. 그리고는 방문을 열고 불을 켜고는 금세 입을 실룩거리며 쥐 냄새가 난다고 코를 쥐고 야단을 떨었다. 내 코에도 쥐 오줌 냄새가 틀림없었다. 다소 낯익은 냄새였다. 몇십 년 만에 맡아보는 냄새던

가. 바로 초가삼간 내 고향집 냄새였다. 한 개의 방문엔 아주 옛날 우리 집 뒤주를 지켰던 커다란 자물통이 잠겨 있었다. 거기에 손을 댔다가는 부정을 탈 것 같은 예감이 들어 아무도 만질 엄두조차 내지 않았다. 아마 이 집 조상의 위패가 모셔진 방이 아닐까 하는 생각이 들어 무섭기까지 하였다. 또 다른 두 개의 방안에는 누군가 시집올 때 가져왔는지 농 속에는 얄팍한 차렵이불과 요까지 정갈하게 있었다. 순간 농 안에서 자고 있던 동생이 '누나' 하며 튀어나올 것만 같았다. 어렸을 적에 숨바꼭질할 때 숨기 좋은 곳이 농 속이었다. 한번은 동생이 농 속으로 들어가 그 속에서 잠들어 버렸는데 그것도 모르고 동생이 없어졌다며 야단을 떨었다. 50여 년 전 그때의 일이 생각나 지금 내 앞에서 벌어지고 있는 것 같은 착각에 빠져버렸다.

겨우 방안에 들어 여장을 풀고서 씻으려는데 집 안팎을 아무리 둘러보아도 욕실이 없었다. 음력 6월 보름달은 집을 나온 여인들의 마음을 아는지 모르는지 서쪽으로 기울어갔다. 하는 수 없이 밖으로 나와 우물가에 모였다. 그리고는 저마다 홀라당 벗는데 느닷없이 영아씨가 말했다. "이러다 나무꾼이 나타나면 어쩌지?" 한바탕 깔깔 웃어제쳤다. 그리고는 알몸에 얼음장 같은 물을 퍼부어댔다. 입에서는 '아! 시원하다!' 가 연발탄처럼 터져나왔다. 한결 가벼워졌다.

이제 잠을 자야 할 시간이다. 요강이 없으니 새벽에나 쏟아야 할 소피까지 미리 보고서 잠자리에 들었다. 창문으로 들어온 둥근달은 행촌 여인들의 몸을 투시라도 하듯이 뚫어지게 쳐다보고 있었다. 우리가 연꽃이었을까. 오죽헌烏竹軒 뜰 앞에 핀 연꽃에 홀리어 율곡의 마음을 사로잡기라도 할 듯이 타임머신을 타고 400여 년 전으로 내달렸던 여인들. 아마도 달나라 계수나무집 총각인 율곡의 부모는 며느릿감을 찾고 있었는지도 모른다. 다음 보름날에나 기별이 올는지. 어서 달을 품고 좋은 꿈을 꾸어서 아직 소식이 없는 며느리한테 팔아야 할 달 꿈속으로 자꾸만 빨려들었다. 미처 숟가락 총으로 문고리 거는 것도 잊은 채…….

오호 통재라! 어젯밤에 마루에 걸터앉았을 때는 선교장의 진가를 미처 알아보지 못했다. 아침 새들의 지저귐 소리에 잠에서 깬 여인들은 샘가에서 세수하고 주변을 둘러보았다. 샘가 위쪽에 '정육점으로 가는 길' 이란 푯말이 꽂혀 있었다. 푯말을 보는 순간 이런 난들에서 깔깔거렸다니, 등골이 오싹했다. 선교장의 이곳저곳을 구경하면서 별유천지인 선교장을 못 알아본 것이 부끄러웠다. 숙소를 마지막으로 점검하는 순간, 우리는 또 한 번 놀랐다. 수수께끼가 풀린 것이다. 방문을 잠그고 있던 그 커다란 자물통은 가짜였다. 손으로 문고리를 건드리는 순간 방문이 열리고 그 속에는 냉 온수가 동시에 콸콸, 깨끗한 수건에 샴푸 린스, 향내 나는 비누, 녹차, 커피 등등 거기다 취사도구까지 모두 갖추어진 일류급 호텔 주방이 아닌가. 그러나 행촌 여인들은 애석해하지 않았다. 오히려 그 옛날 샘가의 추억을 되살려보았고 영원히 잊지 못할 추억을 만들었음에 감사하며 선교장을 나왔다. 이렇게 해서 '아낙들의 발악' 은 막을 내렸다.

칠월 염천에 여인네들의 웬 발악이었던가. 그래, 수필에 미쳤기 때문이지. 찌는 적도의 태양 아래 팔랑거리며 요사스럽게 감히 가출을 꿈꾸다니. 발악이 아니고서야 가슴에 끓는 용광로를 어떻게 감내하랴. 1박 2일의 외박은 강호동과 이승기 등 연예인들만의 잔치가 아니었다.

이렇게라도 강릉을 누비며 발악을 하고 돌아왔으니 용광로처럼 달아오른 아낙들의 광기는 좀 누그러졌으리라.

(2011. 7. 31. 칠월이 가기 전에)

뒤늦은 문상

— 제1회 전국수필의 날 행사 참관기(3)

'박경리 토지문학관' 하면 왠지 외할머니 집이나 되는 것처럼 가 보고 싶었다. 적어도 글줄이나 쓰는 사람이라면 그분의 작품이 어떻고 사생활이 어떻다느니 수없이 입줄에 올렸으리라. 그럼에도 나는 '박경리' 에 대하여 별로 아는 게 없었다. 그저 영상매체를 통하여 소설 《토지》로 유명한 여류작가라는 것과 〈거리의 악사〉 등의 수필을 읽은 것이 고작이었다. 마침 강릉에서 전국 수필의 날 행사가 있었기에 돌아오는 길에 회원들을 태운 버스는 선교장을 출발 1시간 남짓 달려 원주 '토지문학관' 에 도착하였다.

다른 문학단체들도 이곳에서 다시 만나니 또 반가웠다. 우선 첫눈에 들어온 문학관은 규모가 커 보였다. 박경리 선생님의 '옛집' 을 중심으로 '홍이동산' '평사리마당' '용두레벌' '북 카페' '박경리 문학의 집' 으로 이루어져 있었다. 자료실에는 소설 《토지》를 비롯하여 손수 만들어 입었다는 원피스가 장군의 갑옷처럼 옷걸이에 걸려 있었고, 귀히 아끼셨다는 달항아리, 육필원고와 만년필에 이르기까지 정갈하게 진열되어 있었다. 영상자료실 또한 선생님의 일대기를 알 수 있도록 잘 엮어져 있었으며, 곳곳마다 해설사의 능변이 한몫을 더하였다.

무엇보다도 나를 이끈 것은 옛집이었다. 현관에 들어서니 쌕쌕거리는 에어컨 바람이 집주인의 한恨인 양 숨소리인 양 서늘한 기운으로 다가왔다. 초상화 속의 선생님이 금방이라도 손을 잡을 듯이 반기며 한 말씀 하실 것만 같은데 기척이 없고 손님들만 꾸역꾸역 모여들었다. '군중 속의 고독' 이라더니 텅 빈 집 같았다. 다만 벽에 쌓인 책과 집필 탁자 위에 놓인 재떨이가 선생님의 지난날을 대변해 주고 있었다. 그런데 외할머니 집마냥 좋아서 가고 싶었던 그 마음이 이리도 성숙한 것일까. 옛집에 돌아와 어머니의 주검을 맞았던 그날처럼 목구멍까지 슬픔이 차올라 가슴이 먹먹하였다. 소설 《토지》를 붙들고 18년간이란 세월을 밤낮없이 산고를 치렀던 몸부림의 손자국 발자국이 스민 한 모성작가가 풍겨내는 삶의 냄새, 그것은 곧 내 할머니의 냄새였고, 어머니의 냄새였다.

선생님의 초상화를 보는 순간, 하마터면 '어머니' 라고 외칠 뻔하였다. 부스스한 머리와 도톰한 얼굴이며 뽀얀 피부까지 어쩌면 그리도 돌아가신 나의 어머니를 닮았던지. 선생님께서는 글이 잘 풀리지 않거나 고독이 엄습해 오면 담배 연기로 방안을 가득 채우셨다는데, 나의 어머니도 글은 쓰지 않았지만 낭자머리에 담배를 피우셨다. 선생님은 1946년에 결혼하여 '김영주' 라는 딸을 그해에 낳았고, 어머니 역시 같은 해에 나를 낳았으니 선생님의 딸과 나는 동갑이다. 어머니는 향년 57세에 세상을 뜨셨으니 지금 살아계신다면 88세로 선생님보다 두 살 위다. 그러니 어찌 선생님께서 나의 어머니 같지 않으랴. 푸새한 옷이 풀기가 세면 팔자가 세다던데 어머니가 푸새한 삼베 속옷을 몰래 물속에 담가 다시 풀기를 빼서 입었던 기억이 난다. 일곱 자식 뒷바라지가 얼마나 고달팠으면 다른 집 자식들은 집을 나가 공장도 잘 가던데 우리 집 새끼들은 학교만 갈라고 한다며 마음에도 없는 투정을 하셨을까. 새벽 기차나 저녁 막차를 타야만 했던 아버지 같은 어머니. 초상을 치른 뒤 삼우제 날로 기억된다. 어머니의 부음을 늦게 접한 남부시장 사람들이며 마을 사람들, 멀리는 사돈네 팔촌까지, 그날도 오늘처럼 조문객들이 꾸역꾸역 모여들었다. 탁자 위엔 재떨이 대신 어머니의 영정과 십자가 그리고 촛불과 향이 켜져 있었다. 아직 어머니의 죽음이 믿기지 않아 어리벙벙해 있는 동생들을 보고 이 어린 것들을 두고 어떻게 눈을 감았느냐며 걱정해주시던 그분들이 마치 오늘 문학관을 찾은 우리들이 아니었나 하는 착각에 빠졌다.

실눈을 뜨고 임종을 맞았던 저 어머니의 영정! 무엇을 못 놓으시고 이승을 헤매셨을까. 당시 사우디아라비아에 가 있었던 둘째 아들을 못 잊어서였을까, 아니면 막내딸이 마음에 걸렸을까. 본향本鄕으로 가는 길이 그다지도 힘들었단 말인가. 혼자 가는 길. 세상에 처음 나올 때 불끈 쥐었던 손마저 펴시고 끝내는 실눈을 내리고 세상을 뜨셨다.

어머니 같은 박경리 선생의 '토지문학관' 을 나오면서 자꾸만 저며드는 생각을 떨쳐버릴 수가 없었다. 현관문은 상갓집 문이고 나는 뒤늦은 문상객이 아닌가. 만감이 교차했던 선생님의 옛집에서 마음속으로 재배再拜를 올리고 마지막으로 "감히 '어머니' 라 불러봅니다."라고 방명芳名을 하고 문학관을 나왔다.

(2011. 8. 21.)

제 7부

우리집 10대 뉴스

2006년 우리 집 10대 뉴스

2007년 우리 집 10대 뉴스

2008년 우리 집 10대 뉴스

2009년 우리 집 10대 뉴스

2010년 우리 집 10대 뉴스

2011년 우리 집 10대 뉴스

2006년 우리 집 10대 뉴스

1. 남편의 후두암 수술

낭랑한 목소리를 가지고 있던 남편이 어느 날부터인지는 정확히 모르겠는데 쉿소리가 나기 시작했다. 생활하는 데 불편을 못 느껴 그냥 몇 개월을 보내버렸다. 남편은 노래방에서 노래를 힘껏 불러서 목이 쇠었다고 생각했고, 식구들도 그냥 그러다 말겠지 했는데 계속 변화가 없어서 검진을 받아보기로 했다. 남편의 종합검진 결과 후두암 초기로 나타났다. 평소 까발리기를 싫어하는 성격 탓에 아무에게도 알리지 않고 수술을 받았다.(2006년 2월 9일 전북대병원 홍기환 교수님) 수술은 잘되었고 계속 치료 중이다.

2. 노인복지회관 회원증 발급받다

만60세가 되어야 받을 수 있는 회원증이다. 복지시설이 잘되어 있다는 소문을 듣고 찾았다. 처음엔 엄청 망설였다. 왜 망설였느냐고 굳이 묻는다면 '노인'이란 말이 싫어서였다. 지금은 자랑하면서 다닌다. 컴퓨터도 그곳에서 익혀, 지금 그 실력으로 수필을 쓰고 있으니까. 시간이 허락한다면 요가도 할 생각이다.

3. 큰아들 정경균 직장 옮김

큰아들이 무디스 계열 '한국신용평가회사'에서 선임연구원으로 근무하고 있었는데 '김 앤 장(Kim & Chang)법률회사'에서 '국제재무분석사'로 스카웃 제의를 하자 어찌해야 할지 몰라 아버지의 조언을 듣고 싶다는 연락이 왔다. 옮기는 쪽으로 결론이 났다. 그래서 지금은 '김 앤 장'에서 근무하고 있다. 그리고 목동 9단지 29평에서 목동 2단지 35평으로 아파트를 옮겨 재미나게 살고 있다.

4. 막둥이 정지균 대박 터뜨리다

2001년도 한양공대 기계공학과를 졸업한 막둥이 정지균이 '효성그룹'에 입사했다. 고등학교 시절만 해도 허리 사이즈가 28인치였던 아들 녀석이 서울생활에 놓아먹인 망아지처럼 허리 사이즈가 늘어났다. 우리 집 돌연변이로 두각을 나타내던 막둥이가 직장에서도 4년 되던 해 '대리'를 달더니, 그 뒤 1년 만에 과장으로 승진, 탄탄대로를 달리고 있다.

"돈 없으니 벌어서 장가도 가라." 아버지의 말 한 마디의 효과였는지 6월엔 현대차 투싼을 몰고 집에 와 너무 기분이 좋았다. 현대판 총각은 분명 아닌 것 같다. 아직 장가갈 마음이 간절하지 않은가 보다. 더도 말고 큰며느리만 한 신부만 만나도 좋겠는데…….

5. 사위 PC방 개업

컴퓨터공학이 전공인 사위가 '모터로라'에서 과장으로 근무했었다. 그러던 사위가 8월 7일 갑자기 개업한다는 연락을 하여 부랴부랴

김치를 담가 가지고 일산으로 갔다. PC방을 수원에다 차렸으니 당연히 이사를 해야 하는데도 애들 교육을 핑계삼아 이사를 미루고 있는 딸과 이사를 강요하는 시아버지를 보면서 현대판 대원군과 민비가 탄생되는 것이 아닌가 하여 걱정이다.

6. 세 번째 중국 여행

남편의 고희를 맞아 중국 여행을 다녀왔다. 백수의 몸이니 비수기 때 가도 되는데 같은 일행 중 아직도 현직인 선생님 한 분과 합류하느라, 그 여름 더위를 견디며 중국의 원가계 장가계에 갔었다.

7. 전북대학교평생교육원에 입학

김학 교수님을 처음 뵌 자리는 영진회관이란 음식점이었다. 지금 생각해보니 수필반 학생들과 점심을 들고 있었던 것 같다. 가방 끈이 짧은 나는 교수님이란 단어를 평소에 동경하며 살았다. 나도 대학생이 된 기분으로 국악원도 열심히 다녔고, 지금은 전북대학교 평생교육원 수필반에서 교수님의 지도를 받으면서 영원한 대학생으로 살고 있다. 열심히 노력하여 수필가로 등단도 하고 내 이름의 수필집도 출간하고 싶다.

8. 목소리를 되찾은 남편의 기쁨

남편은 목 수술 뒤 계속 약을 복용하면서 정기적으로 치료를 받으러 병원엘 다녔다. 수술한 지 8개월이 되던 날, 의사선생님은 이젠 약은 그만 드시고 3개월에 한 번씩 병원에 나와서 검진을 받자고 하시며 다음 검진 날짜를 2007년 1월 22일로 잡아주셨다. 지금은 목소리도 많이 되찾았다. 목소리를 되찾은 남편의 기쁨이 우리 식구들을 즐겁게 한다.

9. 큰손자 정종욱 '전국수학경시대회 대상' 수상

큰손자 종욱이가 성균관대학교 주최 제12회 전국수학경시대회에서 대상을 받았다고 큰아들이 전화를 했다. 귀여운 종욱이, 친구들과도 어울려 축구도 하고 달리기도 하면서 즐겁고 씩씩하게 자라주길 바란다.

10. 내 글이 활자화되었다

제10호 《행촌수필》이 발간되었다. 216쪽에 내 수필작품이 게재되었다. 마냥 기쁘다. 미숙아인 나는 좋아서 입이 귀에 걸렸다. 죽을지 살지도 모르면서 양수를 터뜨리고 밖으로 나온 미숙아는 정말로 용감했다. '무식이 용감하고, 모를 때가 좋은 때라고들 한다.' 그래! 배우면서 박사가 되는 것이지 누가 처음부터 박사로 태어나던가. 스스로를 채찍질하면서 부끄러움을 달래본다.

이렇게 우리 집 10대 뉴스를 선정해 보았다. 어찌 사건들이 이뿐이랴. 가슴 아픈 일들, 성질 돋운 일들, 자존심 구긴 일 등 헤아릴 수 없이 많았지만 다 뒤로하고, 자랑도 아니고, 그렇다고 치부도 아닌 일들, 나에겐 소중한 일들임에 틀림없다. 앞으로도 해마다 계속 이렇게 우리 집안의 가족사家族史를 기록해가고 싶다. 한 달에 한 번은 너무 벅차겠지?

(2006. 12. 15.)

2007년 우리 집 10대 뉴스

1. 남편 후두암 수술 뒤 계속 치료 중

집안의 중심인 가장이 2006년 2월 9일 후두암으로 목 수술을 하고 나서 정기검진을 계속 받는다. 12월 5일 6개월 만에 찾은 병원, CT촬영 결과 다행히도 별 이상이 없다. 다시 6개월 뒤 진료를 예약했다. 목을 수술하면 본래의 음성을 되찾는 게 거의 불가능하다던데, 불편하지만 의사소통에는 거의 지장 없이 '이만큼' 되는 일도 천행이라 했다. 앞으로도 계속 정기검진은 받을 것이다. 그저 감사할 따름이다.

2. 큰손자 정종욱 전국수학경시대회 대상

손자 종욱이가 막 태어났을 때는 튼튼해 보이지 않아 걱정했는데 요놈이 벌써 초등학교 4학년이다. 영어도 잘하지만 성균관대학교 주최 전국수학경시대회에서 5학년 수학에 도전하여 작년에 이어 올해도 대상을 거머쥐었다.

"종욱아, 자랑스럽다. 활발하게 뛰놀며, 어른께 인사도 잘하고, 친구들과도 사이좋게 지내기 바란다. 정종욱, 파이팅이다!"

3. 아파트로 이사

그동안 30년 가까이 단독주택에서 살다가 전주시 덕진구 우아동 대우2차 푸르지오 아파트로 이사했다. 아파트에서 살아보니 단독주택에 비해 아주 편리하고 좋다. 자식들이 잘사는 것도 고마운 일인데, 우리 부부가 아파트로 이사하도록 도와준 아들과 며느리가 정말 고맙다.

4. 신인상 당선으로 수필가 등단의 꿈 이뤄

종합문예지 《대한문학》(제19호) 가을호에서 신인상을 수상하여 수필가로 등단했다. 옹달샘 물은 퍼낼수록 맑은 물이 고이건만 내 머릿속 글샘은 어찌 이리 가뭄을 타는지……. 어렵사리 얻은 자리이니 새해부터는 더 열심히 글을 쓰려고 한다.

5. 독무대 공연

10월 24일 부안 변산반도 전북학생해양수련원에서였다. 대한문학상, 연암문학상, 신인상을 수여하는 영광스런 자리. 전국에서 모인 300여 문학인과 수상자, 그 가족친지 등 수준 높은 이들이 지켜보는 무대에서 15분 정도 판소리를 할 기회가 있었다. 개인적으로는 영광이고 큰 경험이었다. 명고수로 통하는 이수홍 회장님 역시 나에겐 과분한 고수님이었다. 지도해주신 김학 교수님과 축하해 주신 모든 분들께 감사드린다.

6. 복 터진 해외여행

1월에는 12박 13일 여정으로 그리스, 터키, 스페인, 포르투갈, 프랑스, 암스테르담에 다녀왔다. 몸담고 있는 봉사회가 추진한 성지순례였다. 또 11월에는 베트남, 라오스, 캄보디아 등 동남아에 5박 6일 일정으로 다녀왔다. 가족 같은 교직동호인 모임이어서 역시 빠질 수가 없었다. 우물 안의 개구리였던 내가 한반도를 벗어나 세계가 좁다하게 돌아다녔다. 이제 기행수필을 써서 견문을 기록으로 남길 일만 남았다.

7. 천주교 전주교구 성령봉사회 총무를 맡다

천주교 전북교구 산하에 여러 개의 심신단체가 있다. 그 중 '전주교구성령쇄신봉사회' 라는 단체가 있는데 한마디로 신앙을 북돋우는 게 주 업무다. 봉사자 수가 100명이 넘는다. 전북대병원장을 역임한 바 있는 안득수 박사께서 회장으로 다년간 봉사하시는데 금년에 내가 총무를 맡게 되었다. 임기 동안 깔끔하게 모든 일을 처리하려고 한다.

8. 동생 최대관 재취업

현대건설 전기부 부장으로 해외 파견근무도 여러 해 동안 했던 동생 최대관이 퇴직한 뒤 일거리가 없이 지내더니 재취업이 되어 부산으로 떠났다. 나도 덩달아 기쁘다. 일을 할 수 있다는 것이 얼마나 즐겁고 행복한 일인가!

9. 하늘나라로 간 손아랫동서

여태 고향을 지키면서 선산을 돌보고 열심히 농사를 짓던 손아랫동서가 지난 9월 먼저 조상님 곁으로 갔다. 고향을 지키던 동서의 빈자리가 너무 크다. 부디 명복을 빈다.

10. 인기 없는 단독주택 언제쯤 팔리려는지

단독주택이나 우리 집 막둥이 인기 없는 것은 마찬가지인가 보다. 집은 살면서 팔아야 한다고 사람들이 이사할 때 말린 이유를 이제야 알겠다. 우편물을 가지러 가보면 정말 나간 집 같다. 집이나 사람이나 멀쩡한 것이 폐허로 바뀌는 것이 다를 게 없다. 나에게는 팔리지 않는 물건 하나가 더 있다. 효성중공업에 근무하는 우리 집 막둥이다. 인물 반듯하겠다, 직장 짱짱하겠다, 왜 결혼에 신경을 쓰지 않는 건지 모르겠다. 눈높이를 낮추어 무자년에는 꼭 결혼하길 기원한다. "정지균 과장, 제발 장가 좀 가라. 알겠니? 정 과장, 파이팅이다."

한 해의 삶을 되돌아보면 감사해야 할 일로 꽉 차 있다. 그러나 아쉬움이 남는다. 족자에 걸려 있는 문구를 본다. '거안사위(居安思危).' 그리고 후회하지 말라는 주자십회훈(朱子十悔訓)을 되새겨본다. '춘불경종추후회(春不耕種秋後悔)-봄에 씨 뿌리지 않으면 가을에 거둬들일 것이 없어 후회한다.'

아파트로 이사한 일과 수필신인상 수상은 화려했던 일로 오래 기억될 것이다. 언제부턴가 기도 제목 하나가 더 늘어서 나 자신도 놀란다.

"하느님, 최카타리나 글 좀 잘 쓰도록 맑은 지혜를 주시옵소서."

정해년 세밑 (2007. 12. 30. 일요일)

2008년 우리 집 10대 뉴스

2008년(무자년=쥐띠)을 돌아보며 우리 집의 대소사를 기록하려 한다. 지난해의 10대 뉴스를 들춰보면서 뿌듯한 마음에 기록의 중요성을 다시 한 번 깨닫는다. 이 기록을 후손들이 읽음으로써 귀감이 되었으면 한다. 그런 의미에서 계속 기록할 것이다.

1. 막둥이 정지균 결혼

결혼 말만 나오면 '제가 알아서 할게요.' 라고 말문을 막던 아들이 4월에 창원에다 아파트를 장만하더니 직장 상무님의 소개로 사귀던 아가씨를 8월 23일 처음으로 집에 데려왔다. 빠른 진전으로 9월 20일에 상견례를 하고, 11월 22일 결혼했다. 아들은 효성그룹 전기차단기 팀 과장이다. 며느리 조정미 양은 지식경제부 산하 한국전기연구원 홍보과에 근무한다. 주례사에 의하면, 효성그룹과 한국전기연구원과 현대중공업(아들 장인 근무처)이 굴지의 3대기업으로 한자리에 모이기란 보기 드문 일이라 해서 좋았다. 드디어 값비싼 노총각 결혼했다. 아들 덕에 나는 〈슛! 골인〉과 〈터널〉이란 수필을 낳기까지 했다.

2. 큰손자 정종욱 한국수학올림피아드 동상을 받다

종욱이가 키만 쑥쑥 자라는 줄 알았더니, 지능도 같이 자라주어 참 고맙다. 지난해에도 전국 초등부 수학경시대회에서 대상을 두 번씩이나 거머쥐었는데, 5월에 실시한 한국수학올림피아드에서 초등학교 5학년생이 중등부 수학에 응시하여 동상을 받았다는 전갈을 받고 무척이나 기뻤다. 혜원이, 서현이, 재현이도 예쁘게 자라고 있어 레모나 할머니는 참 기쁘다.

3. 더욱 젊어진 동반자 시인 목천

그분은 젊게 사느라 바쁘다. 나이가 들면 무거운 옷도 피하는데, 하물며 책임지는 일이야 더더욱 그러지 않을까. 동인지 《두리문학》, '대학 56법정동문회', '고교 순구회' 등 회장을 맡아 분주하다. 거기다 인터넷신문인 브레이크뉴스에 '새벽을 깨우리로다' 라는 고정난으로 시 · 글을 연재하며 글이다, 산이다, 하루가 모자란다. 한번은 '하수인 정병렬' 이라 쓰인 안내 문구를 보면서 박장대소를 했다. 99 88 장수하소서.

4. 해바라기 최정순 독무대 진출

(1) 첫 공연은 7월 15일 전국 '수필의 날' 행사 때 대구 프린스호텔 공연장에서부터 시작되었다. 500여 명 앞에서 판소리 춘향가 중 사랑가를 불렀던 일은 〈수필과 판소리의 만남〉이란 글을 쓰게 했다.

(2) 두 번째 공연은 10월 1일 장수 '의암 논개제' 제1회 시낭송회(장수문협 주관)에 초대되어 춘향가 중 사랑가를 이수홍님과 임성래 고수님의 장단에 맞춰 입체창으로 불렀다. 내 생전 출연료 받기는 처음

이다.

(3) 세 번째는 11월 2일 고창선운사 유스호스텔에서 열린 미당문학제 겸 제28회 문인협회전국대표자대회 때다. 웅성거리는 호텔 안으로 들어서자 강영란이란 명창도 와 있었고, 바로 곁에는 내 인생의 주춧돌을 놓아주신 송하선 은사님이 연사로 앉아계시지 않는가. 갑자기 현기증이 났다. 기도 좀 해 달라며 집으로 전화까지 했다. 자네 그 '끼' 로 소신껏 하라며 용기를 북돋아준 목천께 감사한다. 꼭 잘해서만 멋있는 것은 아니다. 최선을 다하는 모습이 더 아름답다.

(4) 12월 3일, 호남성, 완산경우회에 초대되어 100여 명의 말쑥한 신사들만 모인 자리에 여자는 나 혼자뿐. 군계일학은 못 되어도 그저 홍일점, 간 큰 여자가 된 기분이 나쁘지 않았다.

(5) 12월 13일, 행촌수필문학회 송년의 밤 행사 때 식전행사로 판소리 한 대목을 불렀다. 우리소리는 참 좋은 것이여!

(6) 12월 23일, 전북도립국악원연수생 발표회를 했다. 내가 활동하고 있는 전주교구성령봉사회 회원들이 관람하러 왔다. 이 광경을 보고 고창에 사는 모니카 자매는 판소리를 배우려고 마음먹었단다. 여섯 번의 공연을 통해서 얻은 교훈은 한 대목이라도 확실하게 익혀야 함을 알았다. 수필과 판소리는 내게 효자다.

이렇게 나를 독무대에 설 수 있게 다리를 놓아준 김학 교수님과 공연을 같이 할 수 있도록 독려해준 이수홍 회장님께도 감사드린다.

5. 전북문인협회 가입

1월 14일 전북문인협회에 가입했다.

6. 행촌수필문학회 편집위원으로 위촉

12월 13일, 행촌수필문학회 송년의 밤 행사에 앞서 새로운 임원진을 발표했다. 편집위원 4명 중 한 사람으로 뽑힌 나는 정말 자격이 있는가? 자문하면서 부족하지만 열심히 해볼 생각이다.

7. 2009년 한국 꽃동네에서 열리는 세계성령대회에 봉사자로 뽑히다

전국에 15개 교구가 있다. 나는 전주교구 봉사자로서 2009년에 열리는 세계성령대회 봉사자로서로서 해야 할 일들을 교육받고 있는 중이다. 자세한 내용을 볼 수 있는 홈페이지를 소개한다.

(세계성령대회 : 2009년 6월1일~ 9일)

*홈페이지 : http:// love.inaction.co.kr

8. 63번째 맞는 생일선물로 큰며느리로부터 일본여행 티켓 받다

손자, 손녀를 곱게 키울 뿐만 아니라 시부모에게 효도하는 큰며느리 참 예쁘고 고맙다.

9. 둘째 며느리 선물 덕에 귀 뚫다

예뻐지고 싶은 마음에 검버섯은 제거했었다. 귀를 뚫지 않아서 액세서리가 모두 이미테이션이었다. 그러던 차에 둘째 며느리로부터 값진 귀걸이 선물세트를 받아 멋을 부린다. 보물을 함 속에 넣어두기만 하면 보물이던가!

10. 손녀 서현이 탈장 수술받다

손녀 서현이 탈장수술을 받았다.

365일 어찌 좋은 일만 있었을까. 여동생 정란이 갑상선암 수술, 친구와의 영원한 이별 등 가슴 아픈 일들이 있었지만 모두 세월에 묻혀 버렸다.

국제 금융위기로 세계경제가 어려운 한 해였다. 새카맣게 타버린 2008년의 경제가 2009년에는 잉걸불처럼 타오르기를 기대해 본다. 2008년 흘러간 세월에 감사하며 2009년 오는 세월을 당당하게 맞으련다.

(2008. 12. 31. 수요일)

2009년 우리 집 10대 뉴스

2009년 기축년(소띠)을 돌아보며 우리 집의 대소사를 기록하려 한다. 간단간단하게 적어두었던 가계부를 들추어 보면서 기록의 중요성을 깨닫는다. 이 기록을 후손들이 읽음으로써 귀감이 되었으면 한다.

1. 둘째 며느리 조정미의 임신 소식

결혼한 지 6개월째 접어든 5월, 며느리로부터 임신 소식을 접했다. 큰며느리 김정미도 예쁘고 둘째 며느리 또한 예쁘다. 입덧도 하지 않고 수월하게 8개월을 넘기고, 내년 2월 초가 예정일이다. 출산휴가 3개월에 휴직 1년을 내고 아기를 며느리가 키운다니 한시름 놓았다. 아무쪼록 건강하게 분만하기를 바란다.

2. 선산 일을 시작했다

명당을 찾아 이곳저곳에 모셨던 증조부모님을 비롯하여 부모님과 윗동서님 등 모두 일곱 분을 한자리에 모셨다. 2월 10일 11일 12일 3일 동안 날씨가 따뜻하여 일하기가 수월했다. 조상님의 은덕이라 생각한다.

3. 큰손자 정종욱 한국수학올림피아드 대상 수상

한국수학경시대회에서 3년째 대상을 차지한 정종욱 대견스럽다. 내년에 중학교에 입학하는 종욱아! 수학도 잘하지만 튼실하고 예의바른 청소년으로 자라주기 바란다. 또 한 가지는 친구도 많이 사귀어야 돼. 정종욱 파이팅!

3학년짜리 외손자 심재현은 복사(미사 때 신부님 옆에서 도와주는 역할)가 되려고 40일 동안을 새벽 5시 미사에 한 번도 거르지 않고 참여해서 복사단이 되었다니 종욱이 형 못지않게 어른스런 재현이도 파이팅!

4. 큰아들 가족과 캐나다 록키 여행

8월 말 큰아들 가족과 우리 내외 6명이서 가족여행을 떠났다. 학교로 학원으로 공부하기 바쁜 손자손녀의 전화 목소리 듣기도 어려웠는데, 이번 여행을 통해서 대화와 스킨십으로 정이 몽땅 들었다.

5. 단독주택 매도

30년 동안 살았던 집을 내놓은 지 2년 만에 팔렸다. 안 팔릴 때는 두통거리더니만 막상 팔고 나니 정말 서운했다. 정들이기보다 정을 떼기가 더 어려운가 보다.

6. 새 승용차

13년 동안 우리 집 발 노릇을 한 정든 차를 보내고 새 차로 갈아탔다.

7. 남편의 건강 체크 결과 양호함

2006년 2월 9일 후두암으로 전북대병원에서 목 수술을 했다. 6개월 간격으로 정기검진을 계속 받아왔다. 12월 28일 Pet(전신촬영)촬영 결과 양호하다는 판정. 앞으로도 6개월 간격으로 정기검진은 계속된다. 감사할 뿐이다.

8. 전주교구 성령쇄신봉사회 자문위원

20여 년 동안 활동한 전주교구 성령쇄신봉사회 총무 등 임원직을 마감하고 자문위원으로 위촉받았다.

9. 문학단체 가입

2월 25일 한국문인협회에 가입했다.

10. 판소리 공연

판소리 공연을 두고 '일 고수 이 명창' 이란 말이 있다. 그런데도 고수도 없이 나 홀로 공연을 했다.

(1) 군산 김성중님 고희연

(2) 익산 북일교회에서 운영하는 노인대학

(3) 친구 시어머니 100세 생신 잔치

(4) 익산 고현교회

(5) 전주 인보요양원

(6) 소양 마음사랑병원

(7) 진안 동향면민의 날과 수박축제

(8) 김제 신풍성당

(9) 완산초등학교 사랑의 은빛축제

(10) 전주 교동 차문화 바자회 한마당에서까지 거리의 악사가 되어 공연

삶이 꼭 마음먹은 대로 살아지던가. 기쁜 일도 슬픈 일도 바람처럼 찾아오는 것이 삶이다. 음식은 싫으면 먹지 않으면 되지만 세월이 어찌 음식이던가. 삶은 호흡과 같아서 좋든 싫든 숨을 쉬지 않으면 끝이다.

내 아담한 글집을 상상했지만, 넘치면 어느 날인가 그려내지겠지. 뒷걸음질쳤던 일을 반성하면서 돌아오는 호랑이해에는 더욱 매진할 것을 다짐해 본다.

만날 밥 먹듯이 만나는 만날, '만날' 이야말로 지금 어떻게 맛보아야 하는지. '만날' 은 지금 만나고 있는 가장 중요한 때가 아닌가.

하느님, 감사합니다. 아멘.

(2009. 12. 31.)

2010년 우리 집 10대 뉴스

금년 11월 11~12일에는 삼성동 코엑스에서 G20 정상회의 개최국 의장으로서 성공적인 회의를 마쳤다.

11월 23일 연평도 총격사건 등 국가적으로도 좋은 일 나쁜 일이 공존한 해였다. 하지만 우리 집은 큰 걱정 없이 1년을 마무리하게 되어 고마울 뿐이다.

1. 둘째 며느리 조정미 첫딸, 정하랑 출산

2008년 11월 22일에 결혼한 둘째 아들 정지균과 조정미 부부. 2010년 1월 20일 오후 4시 55분에 몸무게 3kg, 키 50cm인 예쁜 딸을 순산했다. 지식경제부 소속 한국전기연구원에 근무하던 며느리는 15개월 휴직을 하고 손녀를 예쁘게 키우고 있다. 손녀가 보고 싶으면 네이트온 사이트에 들어가 며느리가 올려놓은 비디오나 사진을 통해 하랑이 모습을 본다. 11개월째 들어서면서부터 첫 걸음마를 시작했으니, 이번 돌 때는 손녀가 돌떡을 돌릴 수 있을까? 생각만 해도 기쁘다.

2. 큰손자 정종욱 중학교 입학

큰아들 정경균과 큰며느리 김정미 사이에 태어난 큰손자 정종욱이 서울 목동 신목중학교에 입학했다. 올 추석에 전주 할아버지 집에 왔을 때 종욱이는 할아버지보다 훨씬 키가 컸다. 초등학교 5학년인 손녀 서현이도 날씬하게 자랐다. 큰아들 부부가 고맙다.

3. 큰손자 정종욱 수학 올림피아드 금상 수상

초등학교 때부터 수학을 잘하여 수학경시대회에서 대상 금상을 받더니만 중학교에 들어가서도 올 8월에 실시한 한국수학올림피아드 고등부 수학대회에 중학생으로는 종욱이 단 한 명이 출전하여 금상을 획득하였단다. 앞으로도 높은 계단을 딛고 올라서야 하니 여기서 멈추지 말고 더욱 정진하기 바란다. 수학도 물론 잘해야 하지만 그보다도 예의바른 청년으로 자라주기 바란다.

4. 남편 목천 세 번째 시집 상재

퇴직한 지 10여 년이 넘었지만 계속 열심히 창작활동을 하여 세 번째 시집 《설원에 서다》를 출간하였다.

5. 외손자 심재현 팔 골절

경기도 일산에 사는 외손자 심재현이는 초등학교 4학년인데 크리스마스 무렵 얼음판에서 미끄러져 팔이 골절돼 깁스를 했다고 한다. 세 살 때도 팔목이 골절된 일이 있었는데 또 다쳐 어린 것이 추위에 고생이 심해 마음이 짠하다. "현아, 빨리 치료되기를 할머니가 기도할게." 외손녀 심혜원은 내년에 중학교에 들어가는데 요즘 사춘기가 찾아오는 것 같다고 한다. 재현이 혜원이 사랑한다.

6. 사위, 사업 접고 다시 취직

4년 전에 잘 다니던 회사(모토로라)를 접고 갑자기 많은 돈을 들여 사업을 시작했었다. 돈은 벌었는지 못 벌었는지 모르지만 그 사업을 접고 '웅진 코웨이' 회사에 다시 취직을 했으니 다행이다.

7. 방과 후 어린이들에게 판소리를 가르치다

올 3월부터 전주시 우아동 동사무소 2층에서 초등학교 1~4학년 어린이들에게 방과 후 일주일에 두 번, 판소리를 가르치고 있다. 떠들고 장난을 치지만 머리가 빤짝빤짝하여 어른들보다 빨리 익히는 것을 보면 까불어도 귀엽다. 나 또한 애들과 같이 배우는 마음으로 가르치고 있다. 약간의 용돈도 생기니 일석이조다.

주제 : 방과 후 맑음

날짜 : 11월 5일 오후 7시

장소: 전주시 덕진구청 2층 강당

부모님들을 모시고 방과 후 교실 9팀이 모여서 제3회 학예발표회가 있었다. 우아 2동 방과 후 교실팀(15명)은 판소리 심청가 중에서 심봉사 '황성 가는 대목' 을 불러 많은 박수를 받기도 했다.

8. 이종동생 사망

경기도 안양에 사는 이종동생이 11월 4일 위암으로 세상을 떴다. 나보다 먼저 세상을 하직한 동생이 벌써 셋이나 된다. 세상에 올 때는 순서가 있지만 갈 때는 순서가 없다는 말이 실감난다.

9. 남해 여행, 청와대와 국회의사당 방문

올봄 경기도 오산 김 선생님 가정, 김제 백구 정 선생님 가정 그리고 우리 내외 등 6명이 2박 3일(3/15~16~17) 동안 순천만을 거쳐 통영까지 한 바퀴 돌아왔다.

* 청와대와 국회의사당 방문 : 3월 30일

10. 건강검진 결과 이상 무

건강검진을 정기적으로 받고 있다. 올해도 검진결과 이상이 없다니 그저 감사할 따름이다.

가는 호랑이 웃는 얼굴로 보내고 달려오는 토끼 기쁜 마음으로 맞아야겠다. 아멘!

(2010. 12. 31. 늦은 밤)

2011년 우리 집 10대 뉴스

세계적인 독재자 리비아의 카다피, 이집트의 무바라크의 말로는 처참했다. 북한의 김정일 국방위원장이 12월 17일 오전 8시 30분 열차 안에서 급성심근경색으로 별세했다. 제23회 동계올림픽을 강원도 평창으로 유치하던 날, 우리는 환호했듯이 우리 집에서도 좋은 일이 있을 때는 박장대소를 했다가도 안 좋은 일이 있을 땐 입맛을 잃으면서까지 고민했던 한 해였다. 그간 있었던 우리 집 10대 뉴스를 정리해 본다.

1. 둘째 아들 정지균 차장으로 승진

효성그룹에 입사한 지 10년차 되는 지난 4월 1일자로 둘째 아들 정지균이 차장으로 승진했다. 차장으로 승진되더니만 더 바빠져서 미국, 일본, 인도, 이태리, 네덜란드 등으로 출장이 잦다. 덕분에 출장에서 돌아올 때면 어머니 선물이라며 가방, 화장품, 향수 등을 사다주어서 기분이 좋았다. 어느 때는 아들이 부러워서 "정 차장은 좋겠네!" 하면 "놀러가는 게 아니고 일하러 갑니다."라고 대답하는 아들이 정말 믿음직스럽다. 아들아! 행복해라.

2. 큰며느리 김정미 갑상선 수술

큰며느리는 김정미요 작은며느리는 조정미다. 두 며느리의 이름이 공교롭게도 같다. 그래서 지칭할 때면 이름 앞에 성을 꼭 붙여야지 그렇지 않으면 본인이나 듣는 사람이 혼선을 빚는다. 큰며느리는 피아노를 전공했는데 결혼하고는 피아노학원을 접고 애들 뒷바라지에 발 벗고 나섰다. 생활력이 강해서 서울 목동 9단지에 35평 아파트를 장만하더니 학군 좋은 목동 2단지로 다시 이사를 하더니, 지난 3월 1일에는 학원이 가까운 잠실로 또다시 이사를 했다. 맹모삼천지교란 말은 우리 큰며느리를 두고 한 말 같다. 이런 며느리를 나는 경제학박사라고 부른다. 그런 김정미가 지난 2월에 갑상선 수술을 받았다. 뒷바라지를 못해줘서 미안할 뿐이다. 이상 없이 잘 지내고 있어서 다행이다.

3. 외손녀 심혜원 중학교에 입학

경기도 일산에 사는 외손녀 심혜원이 일산 발산중학교에 입학했다. 할머니 키를 훌쩍 넘긴 손녀가 예쁘게 잘 자라주어서 기쁘다. 가까이 살면 손자 재현이랑 자주 만나 맛있는 것도 같이 사먹고 영화도 보러 다니면서 할머니와 정을 나눌 텐데 그러지 못해 좀 아쉽다.

4. 창원에 사는 둘째 아들의 딸 정하랑 돌잔치

2010년 1월 20일생인 손녀 하랑이가 벌써 돌을 맞았다. 돌떡을 돌릴 만치 짜박짜박 걷기 시작했다. 이런 하랑이를 아가방에 맡기고 한국전기연구원에 복직해야 하니 며느리와 손녀가 좀 안쓰러웠다. 그래도 먹성이 좋아서 무엇이든 잘 먹고 순한 편이어서 다행이다. 복직 선물로 아들이 며느리에게 기아 포르테(Kia Forte) 승용차를 선물했다니 우리네 신혼 때와는 격세지감을 느낀다.

5. 동생 환갑잔치에 초대받다

둘째 남동생이 환갑이라며 초대했다. 현대건설 전기부 차장까지 지낸 동생은 집안의 기둥이었다. 부모님이 일찍 돌아가시니 동생들을 대학까지 공부시킨 장한 동생이었다. 지금은 퇴직하고 현장 감리로 뛰고 있다. 동생들 치다꺼리를 하느라 아들 하나밖에 낳지 않았다. 12월 17일 전동성당에서 그 외아들을 성대하게 결혼시켰다. "동생! 정말 수고했네. 남은 생애 더 행복하게 살게나."

6. 고려저축은행 퇴출에도 피해 없어

어느 날 라디오에서 흘러나오는 삼화은행 퇴출사건이 뇌리를 스쳤다. 불길한 예감이 들었다. 이자 몇 푼 더 받으려고 제2금융권인 고려저축은행을 거래했었다. 만기가 되어 다시 예금했던 통장을 해약해서 농협으로 옮겼다. 그리고는 잊고 있었다. 정확한 날짜는 모른다. 아니나 다를까. 고려저축은행이 퇴출되었다는 방송을 듣고는, 지금까지 내가 한 일 중에서 잘한 일이 있다면 바로 이 일이구나 싶었다. 13년 전에 나는 전북가톨릭성령봉사회라는 심신단체의 재무를 맡았던 적이 있었다. 그때 30여 명이 이스라엘 성지순례를 계획한 돈을 복자신협에 예금해 놓았었다. 거기다 적금까지 합하면 1억 원이 훨씬 넘었다. 은행도 망한다는 경험을 했다. 하루아침에 복자신협이 퇴출되어 버렸으니 아찔했다. 그러나 해결이 되어 성지순례를 무사히 마친 일도 있어 이번 고려은행 퇴출사건은 액수가 많고 적고를 떠나서 안전한 방법으로 저축이나 예금을 해야 한다는 교훈을 다시 한 번 깨닫게 했다.

7. 전라북도문예진흥기금 신청

'문예진흥기금'이 무엇인가를 알았다. 지원은 미미하지만 기금을 받게 되면 좋고 탈락하면 경험을 했다고 치부할 요량으로 신청서를 냈다. 그러나 막상 발표된 명단을 보는 순간 행촌식구들 중 남학생은 줄줄이 합격, 여학생은 줄줄이 낙방했다. 한 번 시작한 일 내 년에 다시 신청하여 기필코 기금을 받아 수필집을 내고 싶다.

8. 2박 3일 제주도 여행

지난 1월 8일 토요일 새벽 6시 큰며느리가 전화했다. 9시 50분발 제주도행 비행기표를 예약해 놓았으니 광주비행장으로 지금 출발하라는 내용이었다. 아무리 성질이 급하기로서니 어제 저녁에라도 연락을 하였으면 미리 준비라도 했을 텐데, 화장기 없는 얼굴에 모자를 눌러쓰고 등산 가방에 칫솔이며 손에 닥치는 대로 주섬주섬 넣어가지고 우리 내외 두 백수가 택시에 올랐다. 주민등록증이 든 지갑을 놓고 택시에 오른 바람에 다시 집으로 되돌아왔다 갔던 일이 새삼스럽다. 카이스트 수학 영재학교에 가야 하는 종욱이만 참석을 못해서 서운하다. 이번이 네 번째인 제주도 여행, 해비치호텔에서 보낸 2박 3일간의 제주도 여행은 행복했다. 아들아, 며느리야! 오밤중도 좋다. 그런 전화라면 언제라도 오케이다. 그리고 고맙다.

9. 기초노령연금 신청 통보를 받다

두 달 전에 우아동 2가 주민센터에서 통보가 왔다. 기초노령연금을 신청하란다. 주민센터를 찾았다. 기초노령연금은 월 수입이 1,180,000

원 미만인 사람에 한한다며 나는 해당이 안 된단다. 대략 월 10만 원 정도가 나온다고 여직원이 설명을 해 주었다. 새삼 남편의 연금이 고마웠다. 그래도 고맙다는 말 한 마디 안 했는데 "목천님, 고마워요!" 그러고 보니 지난번 정형외과에 갔을 때 진료비가 1,500원이었던 것도 내가 만 65세가 된 때문이었다는 것을 이제야 알았다. 사실은 호적이 늦게 되어 1년을 손해 본 셈이다. 나는 음력으로 45년 12월 18일인데 호적으로는 46년 12월 18일로 되어 있다.

10. 건강검진을 1년에 한 번 정기적으로 받다

아버지는 심근경색으로 어머니는 중풍으로 돌아가셨다. 심장과 혈관 계통에 가족력이 있어서인지 남동생이 둘이나 심근경색으로 먼저 갔다. 나 역시 3월부터 혈압 약을 복용하고 갑상선에 이상이 있어 6개월에 한 번씩 검사를 했는데 다음부터는 1년 뒤에 검사를 하자고 한다. 남편 역시 후두암 수술 뒤 목소리가 그럭저럭 의사소통하는 데 별 지장은 없지만, 어쩌다 전화를 받으면 상대방이 아무 이유 없이 전화를 끊어버리니 어지간하면 전화를 받지 않는다. 그러던 어느 날 갑자기 검버섯을 뺀다며 피부과에 가는 모습을 보고 남자나 여자나 젊게 보이고 싶은 마음은 같은가 보다 생각했다.

지난 몇 년간 해마다 1월이면 비행기를 탔다. 2010년에는 캐나다에, 올해는 제주도에 다녀왔다. 내년에도 여행할 수 있기를 기대한다. 되도록이면 긍정적인 생각으로 살도록 노력해야겠다.

1년 동안 베풀어주신 모든 은혜 하나님께 감사하면서 2011년 우리집 10대 뉴스를 마무리한다.

(2011. 12. 31)

■ 발문

끼와 재능과 노력으로 버무려진 팔방미인 수필가, 최정순

一向 최정순 첫 수필집 《속 빈 여자》출간에 부쳐

김 학 (수필가, 전북대 평생교육원 수필창작 전담교수)

一向 崔貞順, 그녀는 타고난 끼와 재능 그리고 노력으로 버무려진 우리 시대의 종합예인綜合藝人이다. 그녀가 있는 곳엔 언제나 웃음과 박수가 있다. 一向 최정순, 그녀가 마이크 앞에 서면 노래와 춤이, 무대에 서면 판소리와 고전무용의 율동이 있어 관객의 박수를 끌어내고 그들에게 즐거움을 선사한다. 그녀는 나무랄 데 없는 21세기의 주부 엔터테이너다. 그 끼와 재능을 묻어두고 어떻게 지금까지 가정을 지키며 살아왔을까?

一向 최정순, 그녀는 1946년 1월 20일 익산시 동산동 옴속골에서 아버지 전주최씨 영필과 어머니 전주류씨 귀례의 4남 3녀 중 맏딸로 태어났다. 어느 집이나 맏이는 일찍 철이 들기 마련이다. 특히 맏딸이라면 바쁜 어머니를 대신하여 동생들을 잘 보살펴야 한다. 먹을 것, 입을 것을 챙겨주는 것은 물론 동생들의 똥오줌까지 받아내야 하고, 칭얼거리는 어린 동생을 업어서 달래야 한다. 그러면서 미래의 어머니가 될 자질을 익히며 맏이로서 리더십을 기르게 된다. 一向 최정순도 그런 과정을 거쳤을 것이다. 그 덕에 결혼을 빨리 했는지도 모른

다.

一向 최정순은 익산 동산초등학교와 원광여자중학교에 다녔다. 원광여자상업고등학교를 졸업한 1966년 4월부터는 전주형문고등공민학교에서 음악 강사 겸 서무직원으로 사회생활을 시작했다. 一向 최정순은 그곳에서 총각 선생 정병렬을 만나게 되었다. 취직한 지 만 2년도 되지 않아 사랑에 빠진 나머지 서둘러 1968년 1월 13일 정병렬과 혼인했다. 그녀의 나이 22세 때다.

전라북도 순창군 동계면 출신인 남편 정병렬은 아버지 경주정씨 윤조와 어머니 김해김씨 아죽의 둘째 아들로 태어났다. 정병렬과 최정순은 큰딸 소현과 큰아들 경균, 작은아들 지균 등 1녀 2남을 두었다. 오랜 세월이 흘러 그 자녀들이 또 결혼하여 외손자와 외손녀, 친손자와 친손녀 등 4명을 낳자 一向 최정순은 자동적으로 할머니로 승격하였다.

一向 최정순의 두 며느리는 공교롭게도 성씨는 다르지만 이름은 똑같다. 큰며느리는 경주김씨 '정미' 이고 작은며느리는 한양조씨 '정미' 이다.

할머니가 된 一向 최정순은 노후를 대비하려 자신이 갈 길을 찾는다. 1995년에는 전라북도립국악원에서 한국무용 기초과정을 마쳤고, 또 3년 뒤에는 전라북도립국악원에서 고수반 기초과정을 수료했으며, 2004년부터는 판소리 연구반에서 소리를 익혀 소리꾼의 길로 한 발짝 더 다가섰다. 전북도립국악원은 一向 최정순의 배움터가 되었다. 그녀는 배움의 길에서도 10년의 법칙을 잘 지키며 꾸준히 배움의 뿌리를 깊고 넓게 뻗어가고 있다. 그녀의 끼와 재능이 서서히 세상에 드러나게 되었다. 그녀의 도전은 여기서 멈추지 않는다.

一向 최정순은 배움의 끈을 놓지 않았다. 2005년 11월에는 전주신

흥고등학교 컴퓨터교실에 등록하여 석 달 동안 컴퓨터를 배웠다. 도약을 위한 기초공사를 마친 셈이다. 그때 배우고 익힌 컴퓨터 기능을 요즘 얼마나 유용하게 활용하고 있는지 모른다. 그녀의 나이 60대에 시작한 도전이었다. 도전 없이 영광을 누릴 수는 없는 법. 인터넷에서 그녀의 별명은 해바라기다. 요즘 인터넷 세상에서 해바라기가 활짝 꽃을 피우고 있다.

2006년 9월부터는 전북대학교 평생교육원 수필창작 과정에 등록하여 수필과 사랑을 나누기 시작했다. 수필공부를 시작한 지 채 1년도 되지 않아 계간 종합문예지 《대한문학》 2007년 7, 8월호에서 〈아랫목〉과 〈아니, 이게 무슨 냄새지〉란 수필작품으로 신인상을 수상하여, 당당히 수필가로 문단에 이름을 올리게 되었다. 그리하여 1961년 《전북일보》 신춘문예 시 부문에서 〈엄동의 계절〉이란 작품으로 당선하여 혜성처럼 시인으로 등단한 남편 정병렬과 더불어 '시인 남편과 수필가 아내'로 새롭게 문인 부부로 태어나게 되었다. 시인 남편과 만났으니 그녀는 일찍부터 문학의 향기에 젖어서 살았을 것이다.

수필가 一向 최정순은 활발히 창작활동을 펴는 한편 행촌수필문학회, 전북문인협회, 영호남수필문학회, 한국문인협회 회원으로서 폭넓게 활동하고 있어 장래가 크게 기대된다. 뒤늦게 수필가로 등단한 것을 만회라도 하려는 듯 열정적으로 수필삼매경에 빠져 있다.

사람의 운명이란 묘한 것이다. 一向 최정순은 어려서부터 음악을 좋아했다. 그러기에 초등학교 5학년 때 전주KBS어린이합창단원으로 활동했을 뿐 아니라 중고등학교 때는 가곡을 원어로 부르려고 무척 노력했다고 고백한다. 그렇게 음악을 좋아하던 그녀가 수필의 길로 들어서면서 수필에게 발목이 붙잡히고 말았다. 수필은 그녀에게 제2의 사춘기를 가져다주었다며 늘그막에 수필을 만난 것은 큰 횡재라고 강조한다.

一向 최정순의 별명은 '쩨쟁이' 다. 늘 멋을 내기 때문에 그런 별명을 얻었을 것이다. 한복차림의 그녀의 모습은 한 마리의 단정학丹頂鶴처럼 조신하고 매력적이어서 사람들의 눈길을 끈다. 그녀 역시 이 첫 수필집 《속 빈 여자》의 머리말에서 이렇게 이야기하고 있다.

> 유난히 멋 부리기를 좋아하는 나는 겉만 멋쟁이가 아니라 내면의 멋도 겸비한 청초한 여인이고 싶다. 나다운 수필을 씀으로써 내 특유의 향이 새록새록 피어나서 내가 즐겁고 더불어 이웃도 향기로워진다면, 이것이 바로 수필이 주는 매력이자 횡재가 아니겠는가. 내 몸에 잘 맞는 수필이란 옷을 지어입고 오래오래 행복해지고 싶다.

수필가로서 늦깎이인 그녀의 야무진 꿈이 꼭 이루어지기를 바라는 마음 간절하다. '시인 남편과 수필가 아내' 의 집에서는 늘 문학의 향기가 그윽하리라 믿는다. 남편과 아내가 대화를 나눌 때도 남편은 시처럼 간결한 어휘로, 아내는 수필처럼 쉬운 언어로 조곤조곤 이야기를 나누려니 싶다. 一向 최정순의 첫 수필집 《속 빈 여자》에는 70여 편의 수필을 7부로 나누어 게재하고 있다. 그러면 이제부터 一向 최정순의 수필 속으로 들어가 보자.

2. 수필가 一向 최정순의 수필세계

수필은 보기 쉽고, 알기 쉬우며, 읽기 쉽게 써야 한다. 누구나 이론적으로는 잘 아는 상식이지만 막상 한 편의 수필을 탈고하고 나면 그게 그렇게 만만치 않다는 사실을 알게 된다. 수필은 쉽게 쓰기가 더 어려운 법이다. 그래서 누구나 수필을 쓸 때 참신한 소재를 찾고, 그 참신한 소재를 참신하게 해석하며, 또 그것을 참신하게 표현하려고 한다. 그렇게 한 편의 수필이 완성되면 그 수필은 좋은 수필이 될 것이다.

> 마을에 전깃불이 들어오기 전까지 우리 집은 등잔불을 밝히고 살았다. 안방과 부뚜막 조왕, 그리고 마루 기둥에 등잔대를 만들어 성냥과 나란히 놓았다. 대두병에는 물같이 맑은 기름이 항상 절반 이상 담겨 있었으며, 기름이 달아난다고 마개를 야무지게 틀어막아 그늘진 곳에 걸어두었다. 행여 대두병에 성냥을 그어대면 불이 난다며 어찌나 단속했던지 동생과 나는 아예 그쪽으로는 눈길도 주지 않았다. 그 기름이 바로 휘발성이 강한 석유였다.
>
> – 〈등잔불〉 서두

전깃불이 들어오기 전의 시골풍경이 진솔하게 잘 그려져 있다. 一向 최정순과 동년배라면 그가 어느 곳에 살았건 비슷한 여건이었을 것이다. 그러나 요즘 젊은이들에겐 이 이야기가 상상도 할 수 없는 호랑이 담배 피던 시절의 이야기로 들릴 것이다. 이 등불은 밤에 어둠을 밝혀주는 역할만을 하는 것이 아니다. 화자話者의 어린 시절을 나타내는 상징물이기도 하다. 지금은 농촌이나 도시 어디를 가더라도 찾아볼 수 없고, 민속박물관에나 가야 만날 수 있는 사라진 귀물貴物이다.

화자가 해바라기를 인터넷에서 닉네임으로 사용하게 된 것은 결코 우연이 아니다. 어린 시절부터 해바라기와 각별한 인연이 있었기 때문이다.

> 사립문 옆에 심지도 않은 해바라기 한 포기가 자라고 있었

다. 호박구덩이의 거름 덕이었을까. 대가 어찌나 튼실하게 자랐던지 장에 내다 팔 수탉을 묶어놓기도 했고, 등을 기대고 서서 어머니 오시기를 기다리기도 했다. 어머니의 귀가가 늦을 때 울먹이며 푸념을 늘어놓으면 묵묵부답으로 받아주던 동무 같던 해바라기! 손으로 만지작거려서 들기름을 바른 것처럼 줄기가 반짝거렸다.

– 〈해바라기〉 중에서

이런 인연 때문에 화자는 그 많은 꽃들 가운데서 선뜻 해바라기를 자신의 닉네임으로 선정했던 것이다. 一向 최정순, 그녀는 수필가로 등단하면서 사회적 신분이 달라져 버렸다. 자기 이름이 분명히 있는데도 시인 정병렬의 아내, 누구누구의 엄마로 살아야 했었다. 그러나 화자가 수필가로 등단하면서 주민등록증 속에 묻어두었던 자신의 이름을 다시 꺼내 당당하게 사용하게 되었다. 그 이름에다 一向이란 호까지 하나 더 얹어 사용하기에 이르렀다. 게다가 첫 수필집 《속 빈 여자》까지 출간하게 되면 一向 최정순으로서는 신사임당이 부럽지 않을 것이다.

젖가슴은 몽실몽실 망울이 생기기 시작했고, 볼기와 새 다리도 개구리 뒷다리처럼 토실토실 살이 올랐다. 갸름한 얼굴에, 귀밑에는 버들강아지처럼 보송보송 명주털이 돋고, 속눈썹은 꽃술처럼 피어났으며, 복숭앗빛 볼에 발그레한 입술 사이로 드러난 이가 유난히도 반들거렸다. 피부는 화사해서 엄마 가루분을 몰래 발랐느냐며 짓궂은 애들은 내 볼에다 코를 바싹대고 냄새를 맡았던 기억이 난다. 하얀 깃을 단 까만 교복 차림이 이젠 버마재비 모양을 벗고, 물 오른 버들개지랄까, 물 찬 제비처럼 S자 몸매를 만들어 갔다. 더욱 두드러진 것은, 생각과 행동이 몸을 따라 나선 것이다.

– 〈꽃물〉 중에서

화자는 초등학교 시절엔 병약하고 식성이 좋지 않아서 얼굴엔 마른 버짐이 번졌고, 종아리는 새다리였으며, 초학을 자주 앓아 키니네를 입에 달고 살 정도로 허약했다고 고백한다. 그러다 중학생이 되면서 건강해지고 예쁜 여학생의 모습을 갖게 되었다. 위 인용문은 一向 최정순이 스스로 그린 중학생 시절의 자화상이다. 묘사가 꼼꼼하여 화가라면 초상화를 금세 그려낼 수 있을 것 같다. 이성에 눈뜰 나이에 아름다움과 멋과 부끄러움과 내숭까지 몸에 익히게 된 때의 이야기다.

요 밑에 깔아 주름을 잡은 바지를 입고, 애교머리로 멋을 부리며, 손수건과 손거울과 머리빗을 책가방 속에 넣고 다니는 이성을 의식하는 여학생으로 성장한 것이다.

꽃물은 손톱에 들이는 봉숭아꽃물이 아니다. 성숙한 여성의 달거리를 뜻한다. 꽃물이 찾아오면 소녀는 여인이 되고, 꽃물이 떠나고 나면 여인의 아름다운 한 철은 지나고 만다.

수필은 자신의 마음을 숨기지 않고 독자에게 드러내야 하는 문학장르다. 한번 발가벗고 나면 더 이상 두렵지도 않다. 어쩌면 수필쓰기는 양파껍질 까기나 다를 바 없다는 생각이 든다.

> 잘 삭은 식혜, 속이 빈 밥알은 무희처럼 춤을 춘다. 춤을 추는 밥알을 보면 나도 따라 춤을 추고 싶다. 몸이 가벼워지면서 마치 무중력 상태에 떠 있는 것 같은 기분, 손을 털고 다 내어주면 속 빈 밥알처럼 나도 저렇게 가벼워질 수 있을까, 자유로워질 수 있을까?
>
> 달을 바라본다. 초승달이 차올라 둥근 보름달이 떴다. 다시 몸을 비워가는 그믐달은 지고 새벽이 깨어난다. 인생의 밥알이 저런 것이고, 여인의 삶이 저런 것인가. 다 삭여주고 속 빈

밥알 동동 떠서 춤을 추는 식혜 속의 밥알.

아파트 옆 노인정이나 요양원에서 볼 수 있는 노인들은 마치 식혜 속의 하얀 밥알들과 같다. 우리의 어버이들이 이 가을, 잘 익은 햇볕 아래 나앉아 있는 모습을 본다. 유독 할머니가 많다. 속 다 내주고 껍질만 가볍게 나앉은 '속 빈 여자', 그분들로 하여 우리의 삶은 맛을 냈으니 눈물겹도록 아름답고 성스럽지 않은가.

비어 있다는 것은 새로운 것을 채울 수 있다는 뜻이다. 무한한 자유의 충만이다. 그러니 먼저 비워야 하지 않겠는가. 이제부터라도 나는 잘 삭아서 맛을 내는 식혜 속의 밥알 같은 '속 빈 여자'가 되고 싶다.

– 〈속빈 여자〉 결미

一向 최정순은 식혜 만들기의 달인이다. 그녀의 집에서는 언제나 식혜가 떨어지지 않는다고 한다. 이 〈속 빈 여자〉는 첫 수필집의 제호로 발탁된 작품이기도 하다. 이 작품은 관찰수필이다. 잘 삭은 식혜에서 둥둥 떠다니는 속이 빈 밥알들이 무희처럼 춤을 춘다는 표현이 있다. 그 묘사는 식혜라는 소재를 참신하게 해석한 것이고, 또 참신하게 표현한 절창絕唱이 아닐 수 없다. 그녀의 대표작이라고 해도 손색이 없을 만큼 뛰어난 작품이다.

속이 빈 식혜 속의 밥알과 초승달이 만월을 거쳐 그믐달로 변하는 과정, 그리고 노인정과 요양원에서 만난 속을 다 내어준 할머니들의 모습은 서로가 비슷한 처지들이다. 멋진 의미화가 아닐 수 없다. 〈속 빈 여자〉란 수필을 빚은 화자는 '속이 꽉 찬 수필가'라 하지 않을 수 없을 것 같다.

수필가 윤재천은 그의 저서 《수필 아포리즘》에서 뮤지컬은 연기와 노래와 춤이 어우러진 종합공연으로서, 완성도 높은 작품을 위해 끊임없이 사유사색하며 도전해야 수필문학도 발전할 것이라고 했다.

一向 최정순은 수필의 소재가 자신의 5감五感이란 안테나에 잡히면 금세 맛깔스런 한 편의 수필로 빚어낸다. 눈 깜짝할 사이에 생선으로 구이도 만들고 졸임도 만드는 요리의 달인 같다. 전남 담양의 죽록원竹綠園을 둘러보고 컴퓨터 자판을 두드려 〈푸른 군대〉란 수필을 완성한다.

> 오래전부터 대나무는 선비들의 정신적 지주로 문갑에서는 좌우명 죽편竹片이 빛나고, 농가에서는 생활도구로 가까이해 온 것이 한두 가지가 아니었다. 할아버지 곁에는 담뱃대와 효자손이, 농사꾼에게는 갈퀴와 도리깨가 되고, 때로는 자식을 훈계하는 회초리가 되었다. 나의 외할머니가 돌아가셨을 때 어머니는 대나무 지팡이로 땅을 치며 통곡하셨다. 대바늘을 깎아 뜨개질도 하고, 동생은 가오리연도 만들어 띄웠다. 어디 그뿐인가. 심지어 동치미 항아리 속에도 댓잎으로 우거지를 질렀으니 말이다. 이름난 소리꾼이 아니더라도 판소리를 하는 국악인이라면 쥘부채 하나는 필수품으로 간직해야 했으니 대나무만큼 사랑을 받으며 우리와 함께 한 나무도 드물 것이다.
>
> – 〈푸른 군대〉 중에서

대나무처럼 쓰임새가 다양한 식물도 없을 것이다. 활과 창 등 무기로도 쓰이고, 붓이 되어 서화작품의 제작도구로도 활용된다. 또 소쿠리 같은 살림도구도 대나무로 만들었다. 대나무의 무궁무진한 변신을 한 편의 수필에 담는 걸 보면 화자는 수필을 가슴으로 쓰는 작가임을 알 수 있다. 그 대나무를 수필의 소재로 삼으면서 그 수필에 군인이 된 푸른 옷을 입은 아들을 끌어들여 대나무에 대한 화소話素를 더 넓혀 놓았다. 수필의 길이를 스스로 잘 조절할 능력을 갖추었다는 뜻이다.

좋은 수필을 쓰려면 '참신한 소재'와 '참신한 해석' 그리고 '참신한 표현'을 할 수 있어야 한다고 했다. 이들 세 가지 능력을 지니고 수필을 써야 다른 수필가의 작품과 차별화될 수 있으려니 싶다.

> 숯덩이를 '애가 타서 까맣게 타버린 가슴'이라고 말하기도 하지만 숯이 정말 까만 존재던가. 이는 필경 숯의 겉모양만을 보고, 몸속에 활화산이 잠재하고 있다는 것을 모르고 하는 말일 것이다. 숯덩이에 불이 붙여지는 순간, 국밥이나 약탕기가 끓었다. 이는 마치 지금은 비록 경기가 꽁꽁 얼어붙어 숯처럼 검지만, 숯 속에 있는 잠재력이 발휘되는 날, 바닥을 치던 경기가 살아올라 캄캄했던 주식시장과 환율이 제자리를 찾는 것은 물론, 경제를 더욱 훈훈하게 데울 것이기 때문이다. 숯은 미래의 불이며 희망이다. 지금은 경제가 어둡다. 마치 숯처럼 새까맣다. 우리는 지금 숯처럼 구워지고 있는 것은 아닐까?
>
> – 〈숯〉 결미

이 작품은 숯에 대한 해석이 참신하고 그 표현 역시 남다른 점이 눈에 띈다. 숯을 일컬어 미래의 불이며 희망이라고 한 표현 역시 압권이다. 이 작품도 읽을 맛이 나는 수필이다. 시에서의 상상력이, 소설에서의 허구가 각각 시와 소설의 문학성을 갖게 하는 요체라면, 수필에서는 의미화가 그러한 역할을 한다고 볼 수 있다. 一向 최정순의 수필은 대체로 의미화가 잘 되어 있기에 문학성을 띤다. 비교적 속이 찬 수필가라고 할 만하다.

> 아들아! 너는 이제 반려자를 만난 터널 하나를 지났다. 네가

오가는 전주 창원 간에도 19개나 되는 터널이 있을진대, 앞으로 가정을 이뤄가자면 크고 작은 더 많은 터널을 지나야 할 것이다. 이젠 반려자와 동행하는 터널, 더욱 희망찬 터널을 함께 뚫어가야 하리라 믿는다. 터널이 없는 생활이란 제자리에 있는 거와 같다. 터널을 뚫고 지나야 한다. 그래야만 더욱 새롭고 너른 세계, 감동적인 절경도 볼 수가 있으니 말이다.

아파트 앞 동 어느 댁에선가 집을 수리하고 있다. 철판을 뚫는지 나무판을 뚫는지 드릴 소리가 오늘따라 소음이 아닌, 터널을 뚫는 개선행진곡처럼 들린다.

– 〈터널〉 결미

화자가 막내아들의 배필이 확정되기까지의 노심초사 과정을 유머러스하게 그린 수필이다. 인생을 살면서 겪게 되는 힘든 일을 터널에 비유하여 설득력 있게 그린 수필이다. 어머니가 아들에게 들려주는 '인생론 강의' 나 다를 바 없다.

남편의 식사 방법은 유별났다. 1950년대 후반 대학 시절, 고등고시 준비에 혼을 빼앗긴 남편은 심한 신경성 위장병에 시달리고 있었다. 신경성이란 놈은 한번 달라붙으면 평생을 같이 살자고 하니, 식성이 유별날 수밖에. 병은 하난데 약은 수백 가지다.

음식이 맛이 있고 없고는 문제가 아니다. 싱겁고, 맵지 않아야 되고, 기름에 튀기거나 굽거나 탄 음식은 철저히 가려 먹고, 찬물은 마시지 않고 끓여놓은 물도 다시 끓여 마실 정도였다. 자취나 하숙생활을 오래 하여서 어머니께서 지어주신 밥을 먹는 일은 초등학교 시절과 방학이나 휴가를 제외하고는 없었을 것이다.

– 〈잡곡밥〉 중에서

一向 최정순이 평생 식사 시중을 드느라 고생이 많았을 것 같다. 그러나 요즘 어느 집에서나 건강을 위해 잡곡밥을 먹지 않는 집은 없을 줄 안다. 하얀 쌀밥을 고슬고슬하게 지어 익은 김치를 척척 걸쳐 먹기 좋아하는 화자가 입맛 차이 때문에 얼마나 스트레스를 받았을 것인가? 그러나 남편의 건강을 챙겨야 할 아내로서 자기 고집을 버리지 않으면 안 될 것이다. 그러나 입맛의 차이 때문에 좋은 수필 한 편 건진 셈이니 그것 또한 소득이 아닌가?

작가는 모름지기 먼저 소재를 보는 법을 배우고, 사물의 근원을 간파하는 예리함을 기르며, 나아가 지금까지 존재하지 않았던 새로운 것을 창조해내는 능력이 있어야 한다고 했다. 지당한 이야기다. 一向 최정순의 수필을 읽으면서 깨닫는 점이다.

3. 一向 최정순 수필가의 내일을 위해

미국의 수필가 E. B 화이트는 일찍이 수필은 인간에 대해 쓰지 말고 한 사람에 대해 써야한다고 했다. 수필은 작가의 체험이 사유와 관조와 통찰을 통해 문장이라는 옷으로 형상화되는 것이기 때문이다. 한마디로 말해서 수필은 자기를 찾는 작업이라 할 수 있다. 자기 마음의 무늬를 문자로 그려내는 문자예술이 수필이기 때문이다. 따라서 나무는 클수록 그 나이테가 많고 멋지듯, 인생의 연륜이 많이 쌓일수록 깊이가 있는 글, 공감대가 넓은 글이 나올 수 있을 것이다.

문학의 길은 끝없는 수도의 길이다. 눈을 감을 때까지 구도의 길을 걷는 성직자처럼 수필가도 끝없이 자기 수련을 게을리하지 말아야 할 것이다. 수필은 겸손이란 바탕에 쌓아올린 자기 성찰의 탑이어야 한다. 자연은 신이 쓴 위대한 책이요, 인생은 다양한 소재로 쓴 한 권의 수필집이 아니겠는가?

一向 최정순의 첫 수필집 《속 빈 여자》 출간을 축하하며 문운이 더욱 창성하기를 빈다. 첫 수필집 출간은 최정순 수필가의 종착역이 아니라 출발역임을 명심하고 불광불급不狂不及의 정신을 잊지 말고 더 치열하게 수준 높은 작품을 빚어서 제2, 제3의 수필집을 출간하기 바란다.

■ 연보

일향一向 최정순崔貞順 (1946. 01. 20. / 음 45. 12. 18/)

전라북도 익산시 동산동 옴속골에서 아버지 전주최씨 최영필 어머니 전주류씨 류귀례의 4남 3녀 중 맏딸로 태어남

1960. 03	익산 동산초등학교 14회 졸업
1963. 03	익산 원광여자중학교 졸업
1966. 03	익산 원광여자상업고등학교 졸업
1966. 04	전주 형문고등공민학교 서무직 및 음악강사
1968. 01. 13	부 경주정씨 정윤조 모 김해김씨 김아죽님의 둘째 아들 정병렬과 혼인
1969. 07. 04	큰딸 소현素賢 전주 예수병원 산부인과에서 태어남
1971. 01. 13	큰아들 경균耕均 전주 예수병원 산부인과에서 태어남
1974. 11. 12	둘째아들 지균智均 전주 김산부인과에서 태어남
1995. 12. 14	전라북도립국악원 한국무용기초과정 수료
1996. 04. 14	큰아들 경균 경주김씨 김정미와 전주중앙성당에서 혼인
1997. 04. 19	딸 소현 청송심씨 심완섭沈完燮과 서울잠실성당에서 혼인
1997. 03. 21	손자 종욱鍾旭 태어남
1998. 12. 23	전라북도립국악원 고수반 기초과정수료
1998. 03. 31	외손녀 심혜원惠媛 태어남
1999. 03. 17	손녀 서현瑞現 태어남
2000. 02. 21	외손자 심재현在賢 태어남
2004. 06. 30	전라북도립국악원 판소리 연구반에서 수업
2005. 11.	전주신흥고등학교 컴퓨터교실 3개월 수업
2006. 09. 06	전북대학교 평생교육원 수필창작과정 수업 행촌수필문학회 회원
2007. 07	계간문예지 〈대한문학〉 제19회 수필 신인상 수상 등단 대한문학회 회원
2008. 01. 14	전북문인협회 회원
2009. 02.	한국문인협회 회원
2010. 10. 10	영호남수필문학회 회원
2008. 11. 22	둘째아들 지균 한양조씨 조정미와 혼인
2010. 01. 20	손녀 하랑夏浪 태어남
2012. 08	수필집 《속 빈 여자》 출간

최정순 수필집

속 빈
여자

인 쇄 | 2012년 7월 25일
발 행 | 2012년 7월 31일

지 은 이 | 최 정 순
발 행 인 | 서 정 환
발 행 처 | 신아출판사

출판등록 | 1984년 8월 17일 제28호
주 소 | 전주시 완산구 태평동 251-30
전 화 | Tel. 063-275-4000, 063-252-5633
팩 스 | (063) 274-3131
E-mail | shina321@chol.com
sina321@hanmail.net

값 12,000원

ISBN 978-89-97700-42-4 03810

* 이 책의 발간비 일부는 전라북도 문예진흥기금의 지원을 받았습니다.